aruco

ハノイ

Ha Noi

ハノイ行き、ついに実現！ なのに みんなと同じ、お決まりコース？

ずっと行ってみたかったベトナム。
どんな出会いが待ってるのか、
想像しただけでワクワクしちゃう！

名物料理も食べたいし、テッパン観光名所もおさえなきゃ……。

でも、待ちに待ったベトナム旅行だもん。
せっかくなのに、みんなと同じ定番コースだけじゃ、
もったいなくない？？

『aruco』は、そんなあなたの
「プチぼうけん」ごころを応援します！

★女子スタッフ内でヒミツにしておきたかったマル秘スポットや穴場のお店を、思い切って、もりもり紹介しちゃいます！

★観ておかなきゃやっぱり後悔するテッパン観光名所 etc. は、みんなより一枚ウワテの楽しみ方を教えちゃいます！

★「ハノイでこんなコトしてきたんだよ♪」
帰国後、トモダチに自慢できる体験がいっぱいです。

そう、ハノイでは、
もっともっと、
新たな驚きや感動が
私たちを待っている！

さあ、"私だけのハノイ"を見つけに
プチぼうけんに出かけよう！

arucoには、
あなたのプチぼうけんをサポートする
ミニ情報をいっぱいちりばめてあります。

地元の人とのちょっとしたコミュニケーションや、とっさに役立つひとこと会話を、各シーンにおりこみました☆

ハロン湾の伝説

ハ＝降りる、ロン＝龍を意味している。その昔、外敵の侵略に悩まされていたこの地に龍の親子が降り立ち、敵を打ち破って宝玉を吹き出した。それが奇岩となり、その後、海からの外敵の侵入を防いだという伝説が残る。

知っておくと理解が深まる情報、アドバイスetc.をわかりやすくカンタンにまとめてあります☆

女子ならではの旅アイテムや、トラブル回避のための情報もしっかりカバー☆

右ページのはみだしには編集部から、左ページのはみだしには旅好き女子のみなさんからのクチコミネタを掲載しています☆

フォー食べ歩き　TOTAL 2時間

オススメ時間 9:00〜11:00　  予算 20万ドン

ピーク時間は外して行こう

朝は8:00〜9:00、昼は11:30〜13:00頃が最も混み合うので、その時間を外すのがベター。店に入ったら席について注文し、退店する際に支払いをするのが一般的。英語が通じる店は少ない。

プチぼうけんプランには、予算や所要時間の目安、アドバイスなどをわかりやすくまとめています。

物件データのマーク

- 🏠……住所　※2F (2nd Floor)、L2 (Level 2) はビルの階数を現地表記で表しています。
- 電……電話番号
- 日問合…日本での問い合わせ先
- 🕘……営業時間、開館時間
- 休……休館日、定休日
- 料……予算、入場料、料金、税・サービス料
- 予……予約の必要性
- 交……交通アクセス
- URL… URL
- ✉ … e-Mail アドレス
- Card … クレジットカード　A：アメリカン・エキスプレス、D：ダイナース、J：ジェーシービー、M：マスターカード、V：ビザ
- 室……客室数
- 日 …日本語メニューあり
- 日 …日本語会話 OK
- 英 …英語メニューあり
- 英 …英語会話 OK
- 他……その他の店舗

別冊MAPのおもなマーク

- ●……見どころ、観光スポット
- Ⓡ……レストラン、食堂
- Ⓒ……カフェ
- Ⓢ……ショップ
- B……スパ、マッサージ
- H……ホテル

本書は正確な情報の掲載に努めていますが、ご旅行の際は必ず現地で最新情報をご確認ください。また、掲載情報による損失などの責任を弊社は負いかねますので予めご了承ください。

■発行後の情報の更新と訂正について
発行後に変更された掲載情報や訂正情報は「地球の歩き方」ホームページの本書紹介ページ内に「更新・訂正情報」で可能なかぎり案内しています（ホテル、レストラン料金の変更などは除く）。ご旅行の前にお役立てください。
URL www.arukikata.co.jp/travel-support/

aruco
ハノイでプチぼうけん！
ねえねえ、どこ行く？　なにする？
雑貨買いは当然マストでしょ、それに観光と、
ベトナムごはんと、そうそうスパも！
うーん、やりたいことはキリがない！
ココ行っておけばよかった、あれ食べたかった……、
そんな後悔をしないように、
ピピッときたものにはハナマル印を付けておいて！
ハノイには
ドキドキと
カワイイが
待ってるのだ☆

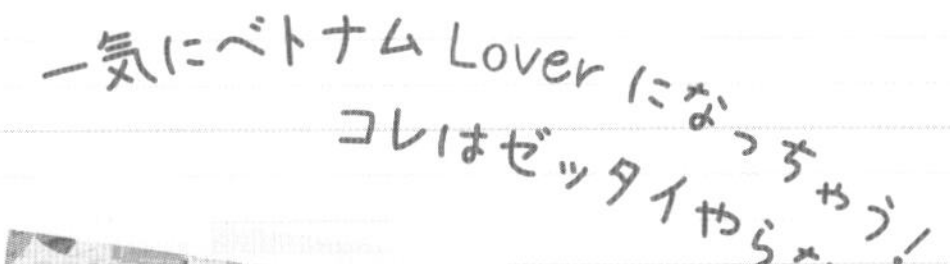

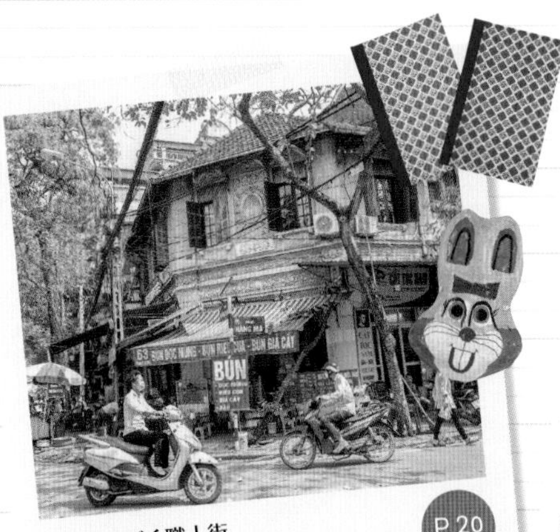

伝統が息づく職人街
ハノイ旧市街でレトロさんぽ

P.20 →

ハノイの昼下がりは
個性派カフェでほっこり

P.28 →

定番から
最旬ネタまで
チェック!

かわいいおみやげはホアン
キエム湖周辺でぜ〜んぶ GET

P.32 →

本場のフォーに感動&
バリエーションに驚き!

P.38 →

バー or カフェ? 今夜はどんな
気分? ナイトスポット案内

P.44 →

ハノイから郊外の町へ、Moreプチぼうけん!

世界遺産の奇岩がお出迎え
ハロン湾で絶景クルーズ

P.48 →

北部の秘境といえばココ
ハノイからサパへ週末トリップ

P.54 →

自然と文化の複合世界遺産
ニンビンの名所を訪ねる

P.60 →

食べすぎちゃってもNOプロブレム!? カラダよろこぶ♪ベトナムごはん

料理も雰囲気も一流！
とっておきのベトナム料理レストラン
P.66 →

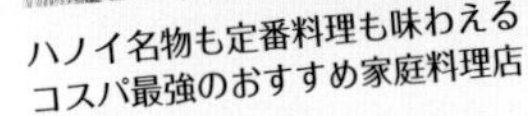
ハノイ名物も定番料理も味わえる
コスパ最強のおすすめ家庭料理店

P.72 →

地元のおいしい台所
「ビンザン」を上手に利用！
P.78 →

ダイエットって、
なんのこと？

ハノイっ子のソウルフード
ブンチャー＆ネムクアベー
P.74 →

ハノイはアフタヌーンティーも
あなどれない！
P.84 →

ベトナム生まれの甘いデザート
チェーでホッとひと息♪
P.88 →

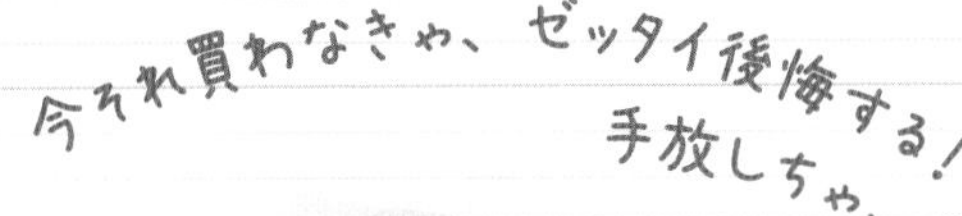

少数民族アイテムは
お店をハシゴして買うべし！
P.92 →

古都の伝統をお持ち帰り！
愛すべきベトナム伝統工芸品
P.94 →

レトロかわいいホーム＆
キッチン雑貨にひとめぼれ♥
P.98 →

カジュアルに進化した
モダンアオザイが熱い！
P.100 →

キレイになる悦びを実感！
思いっきり自分ケア、してあげましょ

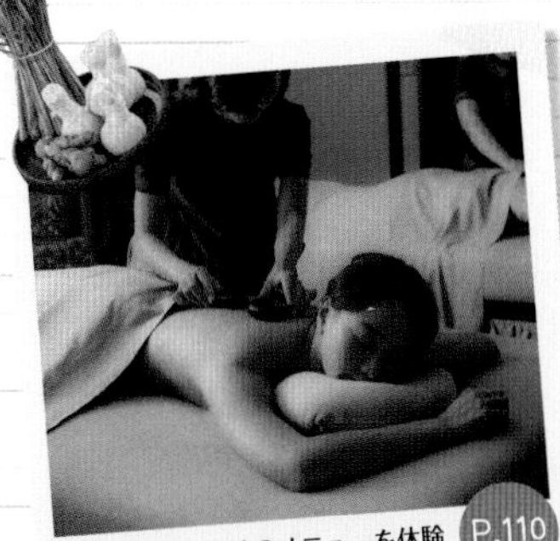
ベトナムならではのメニューを体験
高級スパで癒やしタイム
P.110 →

プチプラがうれしい
ネイルサロン＆マッサージ
P.114 →

メイド・イン・ベトナムの
ナチュラルコスメ
P.116 →

Contents

aruco ハノイ

Let's go!

巻末
"取りはずせる"
別冊MAP
便利だね！

旅立つ前に まずチェック！

ざっくり知りたい！ ベトナム基本情報

お金のコト

通貨・レート **VND1000（ベトナムドン）＝ 約5.90円**（2024年1月5日現在）

ベトナムの通貨単位はVND（ベトナムドン）。0（ゼロ）の数が多いので要注意。ベトナムドン表示価格の0を2つとって、×0.6が日本円換算時のおおよその価格。

両替 円→ドンは現地の銀行で

日本の一部の空港では日本円からベトナムドンへの両替が可能だが、両替は現地のほうがお得。ハノイの空港や街なかの銀行で両替できる。街なかには銀行よりレートのよい両替商もあるが、2012年初頭から外貨両替は銀行のみで行うよう通達が出されているので、極力銀行で両替して。また、ベトナムの法律では、外貨での料金表示、支払いは禁止されている。以前は観光地ではUSドル表示・払いの店が多かったが、近年政府がドン表示の徹底を強化し、今ではほとんどがドン表示に。USドル払い不可のところも増えており、現金はドンで持つことをおすすめする。クレジットカードでATMからドンをキャッシングするのも便利だが、金利には留意を。 ※本書では、一部わかりやすくUSドル表示にしている箇所がありますが、あくまでも目安とお考えください。

チップ 基本的に不要

高級レストランやホテルの料金には、通常10%（2024年6月までアルコール類以外は8%に減税中）の税と、5%のサービス料が加算されるので、その場合はチップ不要。領収書で明細を確認しよう。ホテルのポーターやルームサービスに対しては、2万〜5万ドン程度。スパでは別途サービス料を設けていたりするので基本的に不要だけれど、サービスがよければテラピストに直接渡しても（5万ドン程度）。タクシーでは不要。

物価 日本の3分の1くらい

（例：（500mL）＝3000〜6000ドン）

お金について詳細はP.152をチェック！

ベストシーズン

10月から11月頃

ベトナムは高温多雨、年間平均気温は22℃以上という熱帯モンスーン気候の国だが、地域によってかなり気候は異なっている。ハノイを含む北部では一応四季があり、比較的涼しく天気がよい10〜11月頃がベストシーズン。南部は12〜3月頃、中部は3月中旬と4〜8月。

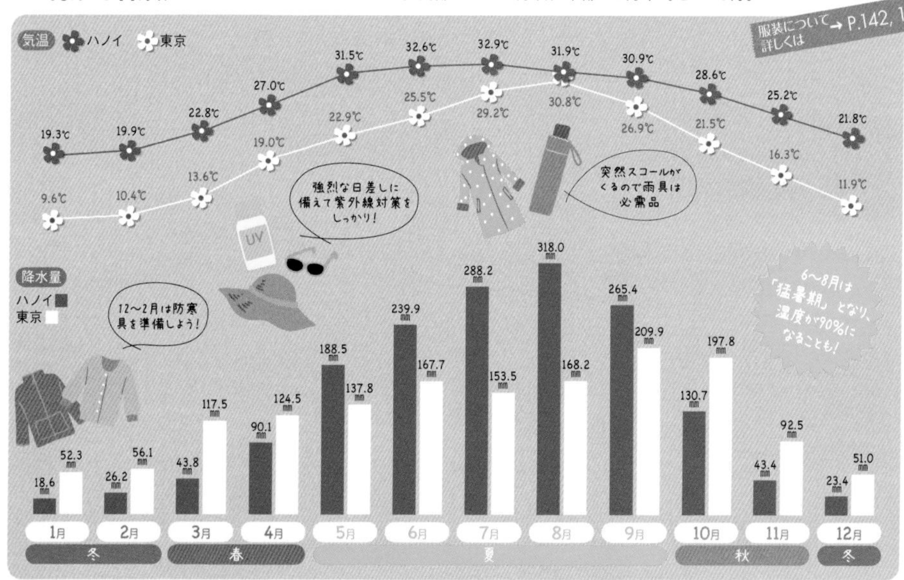

	1月	2月	3月	4月	5月	6月	7月	8月	9月	10月	11月	12月
気温 ハノイ	19.3℃	19.9℃	22.8℃	27.0℃	31.5℃	32.6℃	32.9℃	31.9℃	30.9℃	28.6℃	25.2℃	21.8℃
気温 東京	9.6℃	10.4℃	13.6℃	19.0℃	22.9℃	25.5℃	29.2℃	30.8℃	26.9℃	21.5℃	16.3℃	11.9℃
降水量 ハノイ	18.6mm	26.2mm	43.8mm	90.1mm	188.5mm	239.9mm	288.2mm	318.0mm	265.4mm	130.7mm	43.4mm	23.4mm
降水量 東京	52.3mm	56.1mm	117.5mm	124.5mm	137.8mm	167.7mm	153.5mm	168.2mm	209.9mm	197.8mm	92.5mm	51.0mm

データ：気温は最高気温の月平年値　ハノイ：World Meteorological Organization　東京：気象庁

日本からの飛行時間

直行便で4時間40分～5時間30分

成田、羽田、中部国際空港→ハノイ＝約5時間30分
関西国際空港→ハノイ＝約5時間
福岡国際空港→ハノイ＝約４時間40分

ビザ

45日間以内の滞在にかぎりビザは不要

パスポートの残存有効期間は入国時点で6ヵ月以上必要。

詳細はP. 144

時差

−2時間 （日本の正午はベトナムの午前10:00）

日本	8	9	10	11	12	13	14	15	16	17	18	19	20	21	22	23	0	1	2	3	4	5	6	7
ベトナム	6	7	8	9	10	11	12	13	14	15	16	17	18	19	20	21	22	23	0	1	2	3	4	5

言語

ベトナム語

都市部では英語が通じるところも多く、年配者にはフランス語やロシア語が通じることもある。街なかのみやげ物店などでは日本語で話しかけられることも。

交通手段

タクシーが便利

長距離は飛行機、中距離はバスや列車、ハノイ市内ならばタクシーでの移動がおすすめ。

詳細はP. 148～150

旅行期間

ハノイだけなら3泊5日くらい

ハノイ＋他都市なら5泊6日くらい

テト（旧正月）数週間前から街中が飾りつけられお祭りムードに！

2024年祝祭日&イベント

1月1日	元日
2月10日	※テト（旧正月、2024年の旧暦元日は2月10日、2025年は1月29日）
4月18日	※フンヴオンの命日（旧暦の3月10日）
4月30日	南部解放記念日
5月1日	メーデー
9月2日	国慶節（独立記念日） ※2024年は9月3日も祝日となる予定。

※印は毎年日付が変わるよ！

旅の情報収集

旅行前にarucoはもちろん、いろいろなウェブサイトからベトナムの情報や口コミを集めて、楽しい旅を計画しよう。

- 地球の歩き方ホームページ URL www.arukikata.co.jp
- ベトナム観光総局 URL vietnam.travel/jp
- ベトナムナビ URL www.vietnamnavi.com

テト（旧正月）の旅行は注意

テトとは1月下旬から2月中旬の旧正月に、国を挙げて祝う伝統的な農民の春祭り。日本でいう正月で、ベトナム最大の年間行事。毎年日付が変わり、2024年は2月10日、2025年は1月29日。この時期ベトナム人は皆、故郷に戻って先祖を祀るため、テト前後は交通機関が大混雑し、多くの店が休みになるので、この時期の旅行は避けたほうがよい。

北部のテトに欠かせないキンカンの木

ハノイのセール情報

クリスマスからテト（旧正月）あたりがセールの時期。街なかのショッピングセンターでは、通常セールが行われない高級ブランドも大幅値下げを行うので、この時期に旅行するなら要チェック。

ベトナムの詳しいトラベルインフォメーションは、P. 142～をチェック！

ハノイ中心部エリア&ベトナムぼうけん都市案内!

ベトナムの面積は日本の約90%。南北に細長いベトナムは、地域によって気候も文化も楽しみ方もまったく違う。ベトナムビギナーもリピーターも、まずはこの地図を見て、自分だけの楽しみ方を見つけよう。

ハノイ主要エリア

人口約840万人を抱えるベトナムの首都ハノイ。12区17県1市社と広いけれど、旅行者が訪れるエリアは市中心部のホアンキエム (Q. Hoàn Kiếm)、バーディン (Q. Ba Đình)、ドンダー (Q. Đống Đa)、ハイバーチュン (Q. Hai Bà Trưng)、タイホー (Q. Tây Hồ) の5つの区が中心。まずは中心エリアの位置関係を把握しておこう。

ハノイ Hà Nội

A 旧市街や歴史地区が残る ホアンキエム湖周辺
Q. Hoàn Kiếm

ハノイいちツーリスティックなエリア。ホアンキエム湖北側の旧市街 (→P.20) と、湖東側のフレンチコロニアル建築の残る歴史エリア (→P.128) に、ホテルやレストラン、カフェなどが集中。

→P.33

→P.126

見どころ

- 旧市街 …… P.20
- ホアンキエム湖 …… P.126
- オペラハウス …… P.128
- ハノイ大教会 …… P.33

B 歴代王朝の都がおかれた ホーチミン廟周辺
Q. Ba Đình

ホーチミン元国家主席が眠るホーチミン廟を中心に、世界遺産のタンロン遺跡 (→P.123) など見どころや美術館が集中する、旅行者が一度は訪れる観光エリア。

→P.122

見どころ

- ホーチミン廟 …… P.122
- ホーチミンの家 …… P.122
- ホーチミン博物館 …… P.123
- 一柱寺 …… P.122

C 豊かな自然に満ちた都会のオアシス 文廟(ぶんびょう)周辺
Q. Đống Đa

ベトナム初の大学である文廟の周辺は、現在も大学が多いアカデミックなエリア。各国の大使館や政府関係の建物も多い。

→P.124

見どころ

- 文廟 …… P.124
- ベトナム美術博物館 …… P.125

D 外国人が集う流行発信地 タイ湖周辺
Q. Tây Hồ

湖が多いハノイで最も美しいとされるタイ湖周辺は、観光の合間にほっとひと息つきたいときに訪れよう。湖北側は在住外国人が集うバーやカフェが多いグルメエリアとして人気。

→P.130

見どころ

- 西湖府 …… P.131
- スアンジエウ通り …… P.130
- 花束フォトを撮る …… P.14

棚田と少数民族の里
サパ Sa Pa

美しい棚田と、少数民族の村が点在することで有名な、ベトナム北部の高原リゾート。2014年にハノイ～サパを結ぶ高速道路が開通して以来、観光客が増加中。

→P.54

見どころ

ファンシーパン山 …P.58
サパ市場 ……… P.57
バックハー市場 …… P.59

ベトナムいちの景勝地
ハロン湾 Vịnh Hạ Long 世界遺産

海面から大小2000もの奇岩が突き出す幻想的な光景が見られる、世界遺産のハロン湾。ハノイを訪れる外国人の9割以上がハロン湾を訪れるほど定番の観光地。

→P.48

見どころ

闘鶏岩 ……… P.50
香炉岩 ……… P.50
ティエンクン洞 …… P.50
スンソット洞 …… P.53

ドンホー Đông Hồ

ハノイ市街から東へ約30kmの所に位置する、版画制作で有名な村。

→P.64

ハノイ

奇岩クルーズが人気急上昇！
ニンビン Ninh Bình 世界遺産

2014年、ベトナム初の自然と文化の複合世界遺産に登録されたチャンアン複合景観が有名。石灰岩の奇岩が連なる風光明媚なクルーズ体験がおすすめ。

→P.60

見どころ

チャンアン ……… P.61
タムコック ……… P.61
古都ホアルー …… P.61

バッチャン Bát Tràng

ハノイ市街から南東へ約10kmの所に位置する陶器の村。

→P.62

シェムリアップ Siem Reap

ハノイから ✈約2時間

世界遺産アンコール・ワットをはじめとするアンコール遺跡群があるのが、カンボジアのシェムリアップ。ハノイからは直行便でひとっ飛び。

『aruco アンコール・ワット』を要チェック

N

フエ
ダナン
ホイアン

フエ Huế 世界遺産

「建築上のポエム」と称される世界遺産の古都。ベトナム最後の王朝である阮朝の都がおかれたフエの町並みは、1993年にベトナム初の世界遺産に登録された。

ハノイから ✈約1時間

ダナン Đà Nẵng

ハノイから ✈約1時間

日本から直行便も運航する、人気上昇中のビーチリゾート。世界遺産のホイアンやミーソン遺跡への観光拠点。

シェムリアップ

Cambodia

Viet Nam

ホーチミン Hồ Chí Minh

ハノイから ✈約2時間

ホーチミン

ベトナム最大の商業都市。ホーチミンから南下したメコンデルタの町ミトーでのジャングルクルーズやホタル観賞はホーチミン旅行のハイライト。

『arucoホーチミン』を要チェック

ホイアン Hội An 世界遺産

ランタンがともる世界遺産の旧市街散策を楽しもうと、世界中から観光客が訪れるノスタルジックタウン。

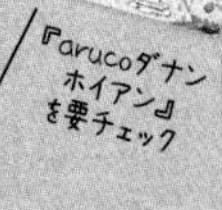

『arucoダナン ホイアン』を要チェック

ハノイがこんなに変わった!

aruco ハノイ 最旬TOPICS

News

”花束フォト”がハノイ女子の間でブーム

自撮り大好きハノイ女子の間で話題なのが、花束を山積みにした花売りの自転車屋台をバックに、花束をかかえて撮影する“花束フォト”。花が映えるシンプルな服装で、思いおもいに撮影する姿は、最近のハノイの定番となっている。

Map 別冊P.4-B1

ハノイ女子に交ざってパシャリ☆

ハスやカスミソウ、ひまわりなどの花束があり、ひと束10万ドンくらい

ソ連時代のジープ UAZ-469

シティツアーの新定番！ジープツアーで街を探索

6名まで乗車可能。プライベートツアーもある

ベトナム軍ジープに乗ってハノイの街を巡るジープツアーがツーリストに大人気。名所を巡るツアーのほか、グルメツアーやサンセットツアーなどもある。ハノイの景色や匂いを間近に感じられるエキサイティングな体験になりそう。

ハノイ・バックストリートツアーズ

Hanoi Backstreet Tours

Map 別冊P.7-D3 旧市街

- 3B Hàng Tre, Q. Hoàn Kiếm　097-2158383（携帯）
- ツアーにより異なる　料2時間30分35US$～　予要予約
- URL hanoibackstreettours.com　交ハノイ大教会からタクシーで約7分

民家スレスレを列車が疾走！線路カフェで映え写真を撮る

線路の両側にカフェやレストラン、ショップが点在する通りがSNS映えすると、世界中の旅行者が訪れる。

カフェの立て看板で列車が通過する時間をチェック

列車は1日5～7回通るよ

線路カフェ利用時の注意

線路に観光客が立ち入るには、住人の許可が必要。そのため線路の入口で客待ちをしているカフェの店員に連れて行ってもらい、その店でドリンクなどを注文することになる。どのカフェに行けるかは運次第。気になる人は立地やメニューを入口で確認しよう。

Map 別冊P.8-A1 ホアンキエム湖周辺

- 10 Điện Biên Phủ, Q. Ba Đình（ここから線路内に入れる）
- 交ハノイ大教会からタクシーで約5分

コーヒーやジュースは5万ドン～。一度線路エリアに入ってハシゴしてもいい

活気にあふれるハノイの街で、
今いちばんホットな話題をお届けします♪

タイ湖での花束フォトがおすすめ

Activity

ハノイをディープに楽しめる おすすめ体験いろいろ

初めてのハノイでも、リピーターにもおすすめのツウな体験プログラムで、ハノイをもっと楽しんじゃおう♪

電動ろくろでの陶芸体験ができるのはハノイではここだけ

電動ろくろ難しいけど楽しい〜！

バッチャン焼陶芸ワークショップ

オーセンティック・バッチャン

Authentic Bat Trang

バッチャンに工房がある同名のショップ(→P.34)が開催しており、先生は工房のアーティストたち。参加者はまず店に集合して色や形のイメージを決め、店近くの工房で体験。受け取りは1日後。

Map 別冊P.8-B1　ホアンキエム湖周辺

115 Hàng Gai, Q. Hoàn Kiếm（集合場所）
096-4800919（携帯）　8:30〜11:30、14:00〜17:00　料35US$　予電話かウェブサイトで1時間前までに要予約　URL www.authenticbattrang.vn　交ハノイ大教会から徒歩約4分

レンタルアオザイを着てハノイの街で撮影会

HISハノイ支店

HIS Hanoi

日系旅行会社が運営するツアーラウンジでアオザイレンタルができる。200着以上からお気に入りを探そう。アオザイレンタル料半日15US$。

Map 別冊P.9-C3　ホアンキエム湖周辺

10F, Hong Ha Center Bldg., 25 Lý Thường Kiệt, Q. Hoàn Kiếm　8585-5797　8:30〜17:30　休土・日曜、祝日　Card M.V.
URL www.his-discover.com/vietnam
交ハノイ大教会からタクシーで約10分

日本語スタッフ駐在で、スパやレストランの予約代行も可能

選定済みの原石を専用の道具で研磨する。磨いた宝石は持ち帰れる

無選別の原石を磨き上げる原石選びもある

ベトナム産の宝石の石ずり体験ができる

スター・ロータス　Star Lotus

石の中に星状の反射光が見える、希少なスタールビーやサファイヤ、スピネルなどベトナム名産の宝石やジュエリーを販売。日本人オーナーが厳選した雑貨やフードみやげも人気。

Map 別冊P.11-C2　ホアンキエム湖南部

111 Mai Hắc Đế, Q.Hai Bà Trưng
3974-9710　10:30〜19:30　休テト
Card J.M.V.　料50US$〜　予前日までに要予約　URL www.starlotus.com.vn　交ハノイ大教会からタクシーで約10分

Information

開通した2A号線は中国企業が建設した

高架を走る緑の電車は街の新アイコン

ついに開通！都市鉄道（ハノイ・メトロ）

詳細は→P.149

2021年11月、ベトナム初となる都市鉄道が開通した。現在運行しているのはツーリスティックなエリアではないものの、話のネタに乗ってみるのも楽しそう。都市鉄道は2030年までに全10路線を開通させる計画。

ハノイ旅の必須アプリ

タクシーやローカルなお店は、ベトナム語オンリーということも珍しくないハノイでは、移動と言葉の問題をクリアすることが重要。現地SIMを入手するかポケットWi-Fiをレンタルして、便利なアプリを活用しよう。

SIMカードは空港でも購入できるよ

■Grab（グラブ）
配車アプリ。運転手の身分や料金が明確でトラブルも少ない。

■Google翻訳
翻訳アプリ。音声翻訳のほかカメラによるメニュー翻訳も可能。

詳細は→P.148

ハノイ3泊5日 aruco的 究極プラン

レトロな旧市街を散策したり、フォーの名店をハシゴしたり、おしゃれエリアでショッピングも……。ちょっと足を延ばせば世界遺産のハロン湾にも行けちゃう。楽しみ満載のハノイの究極プランをご案内。

Day 1 直行便でハノイに到着! ローカルグルメとショッピングを満喫

チェックイン後、絶品ローカル麺でおなかを満たしたあとは、ハノイ随一のショッピングエリアに直行!

14:00 ノイバイ国際空港到着

タクシー約40分

16:00 ソフィテル・レジェンド・メトロポール・ハノイにチェックイン P.132

創業100年以上の名ホテル

タクシー約7分

17:00 ダックキムでブンチャーを食べる P.74

ハノイ名物のがっつり麺、ブンチャー

徒歩約5分

18:00 ホアンキエム湖周辺でショッピング! P.32

掘り出し物あります!

タクシー約8分

20:00 安くてうまいベトナム料理といえばココ ハイウェイ4で夕食 P.73

北部の名物料理がズラリ

3フロアある広い店内

Day 2 ハノイの定番をおさえながらちょっと豪華なランチ&ディナータイム

朝の旧市街をおさんぽしながら、気になるお店でショッピング。おみやげのまとめ買いはスーパーが便利。

10:00 旧市街さんぽ

やりたいことリスト

- ☑ レトロな旧市街観光とショッピング P.20
- ☑ フリーツアーに参加 P.23
- ☑ 映えカフェでお茶 P.28

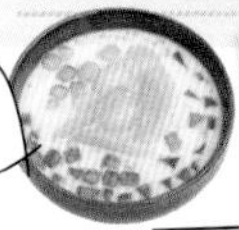

ハノイのチェーは色鮮やか!

フリーツアーで街歩き!

徒歩約5分

11:30 センテでランチ P.68

ハス料理よ

晴れた日はテラス席がおすすめ

徒歩約10分

13:00 トランクウィル・ブックス&コーヒーでほっこり P.31

バナナコーヒー6万5000ドン

徒歩約1分

15:00 ニョム・ハイフォンでホーロー食器を買う P.99

タクシー約10分

16:10 タンロン水上人形劇場で観劇 P.42

北部発祥の伝統芸能

徒歩約5分

17:30 **BRGマートでおみやげ探し** P.105

徒歩約6分

18:30 **カウゴーでベトナム北部料理の夕食** P.67

徒歩約10分

20:00 **パスター・ストリート・ブルーイング・カンパニーで**
ベトナムフレーバーのクラフトビールを P.46

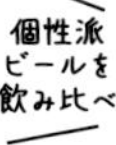

アレンジのヒント1

ハノイならではのグルメをチェック！

ビブグルマン獲得のブンチャー店から、ハノイだからこそ楽しめるお茶&コーヒーのカフェまで、ハノイの食を体験しよう。

☑ ブンチャー&ネムクアベーの有名店 P.74
☑ ハノイ式ティータイム P.82

Day3 フォーの人気店で朝食のあとはベトナムの英雄が眠るホーチミン廟へ

ホーチミン廟は連日、外国人観光客やベトナム人観光客で長蛇の列。時間に余裕をもって訪れよう。

7:00 **フォー・ティンでフォーの朝食** P.39

タクシー約15分

8:00 **ホーチミン廟に参拝** P.122

タクシー約10分

11:00 **バインミー25でバインミーを食べる** P.81

徒歩約10分

12:00 **レッセンス・ドゥ・ラ・ヴィ・スパでマッサージ** P.112

徒歩約10分

14:30 **メゾン1929でフュージョン料理の夕食** P.67

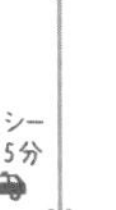

タクシー約15分

17:00 **ロッテ・マートでショッピングのあとトップ・オブ・ハノイで乾杯** P.44,105

Day4 ベトナム北部旅行のハイライト 世界遺産のハロン湾へ日帰りツアー

ハノイから日帰りツアーに参加してハロン湾クルーズへ。奇岩が連なる絶景に感動！

9:00 **ハロン湾クルーズツアーへ出発** P.48

オプショナルツアー約12時間

深夜 **ノイバイ国際空港発（翌日着）**

Good bye!

こんなおみやげ買っちゃいました

アン・ハンドメイドのスカーフ。35万ドン P.92

オーセンティック・バッチャンの陶器。左は15万ドン、右は22万ドン P.34

タンミー・デザインの刺繍ポーチ。各9万4000ドン P.35

アレンジプランも！

周辺都市も一緒に楽しんじゃお♪

ハノイを満喫したあとは、周りの都市へ。南国ムード満点のホーチミン、話題のリゾート地ダナン、神聖な遺跡が眠るアンコール・ワットなど、ハノイとはまた違った感動が待っているはず。

アレンジplan 1 美しい棚田と少数民族に会いに サパへ

+2泊~

詳しくは→P.54

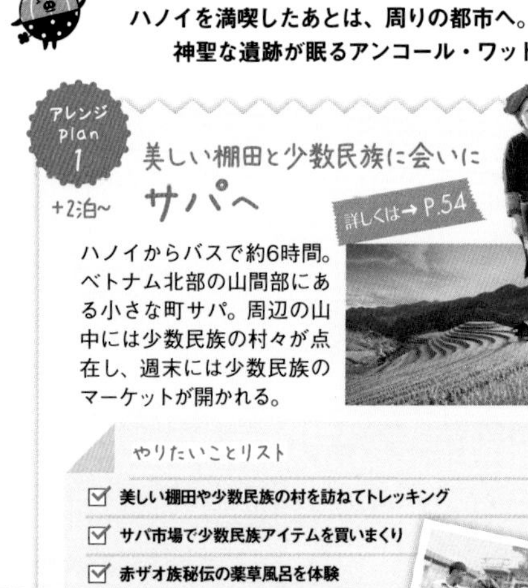

ハノイからバスで約6時間。ベトナム北部の山間部にある小さな町サパ。周辺の山中には少数民族の村々が点在し、週末には少数民族のマーケットが開かれる。

やりたいことリスト

- ☑ 美しい棚田や少数民族の村を訪ねてトレッキング
- ☑ サパ市場で少数民族アイテムを買いまくり
- ☑ 赤ザオ族秘伝の薬草風呂を体験
- ☑ サパ名物を食べ尽くす
- ☑ バックハーの花モン族の日曜市場に行く

少数民族アイテムも激安！

アレンジplan 2 ベンタン市場にメコンデルタクルーズ！ ホーチミンへ

+2泊~

『arucoホーチミン』を要チェック！

ベトナムでいちばんエネルギッシュなホーチミンへは、ハノイから飛行機で約2時間でアクセスできる。見どころは中心部に集まり、短い滞在でも十分楽しめる。

やりたいことリスト

- ☑ ベンタン市場散策
- ☑ タオディエン通りでおみやげ探し
- ☑ メコンデルタでクルーズ体験
- ☑ チョロンで中華街探検

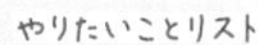

ホーチミン最大のベンタン市場

アレンジplan 3 ベトナム中部のビーチ&世界遺産 ダナン、ホイアンへ

+2泊~

『arucoダナン ホイアン』を要チェック

成田からの直行便が運航している、日本のメディアでも話題のビーチリゾートダナンと、世界遺産の古い町並みが残るホイアンは、リピーターにも初心者にもおすすめ！

やりたいことリスト

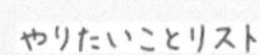

- ☑ ホイアンで世界遺産のノスタルジックな町並みを散策
- ☑ ダナンでリゾートホテルステイ
- ☑ ダナンのビーチで泳ぐ

リゾート気分を満喫！

アレンジplan 4 一生に一度は見てみたい憧れの聖地 アンコール・ワットへ

+2泊~

『arucoアンコール・ワット』を要チェック

アンコール・ワットをはじめとするアンコール遺跡群は1992年に世界遺産に登録された。毎年300万人を超える観光客が訪れる、世界屈指の観光地。

やりたいことリスト

- ☑ アンコール・ワットに昇る朝日観賞
- ☑ 気球からアンコール・ワットを見下ろす
- ☑ パブ・ストリートで夜遊び

気球に乗って朝日観賞も♪

異国情緒と刺激あふれるハノイを朝から晩まで楽しむ、とっておきのプチぼうけんへ！

11世紀にタンロンの都がおかれて以来、1000年以上の歴史が続く首都ハノイ。
古都の風情が残る旧市街や、コロニアル建築が建ち並ぶフレンチ・クオーターなど
東西・新旧が混ざり合ったモザイクな街歩きが楽しい。
なんだか懐かしいのに刺激的なハノイのプチぼうけんへ、さあ出発！

プチぼうけん 1

カオスな下町の路地裏でローカル体験！ハノイ旧市街レトロさんぽ

ホアンキエム湖の北側に広がる旧市街。ここは古くからハノイの人々の生活を支え、伝統を守り続けてきた職人街。レトロとモダンが混在する街のパワーを感じるおさんぽに出発！

ハノイいち刺激的な旧市街を完全ガイド

通りごとに同種の職人工房や専門店が集まり、角を曲がるたびにめくるめく光景に出くわす旧市街（Old Quarter）。人々の生活と歴史や文化が街の隅々まで息づき、一瞬にして別世界へと導いてくれる。

混沌の旧市街を歩く

TOTAL 6時間

オススメ時間 8:00〜14:00

予算 40万ドン〜

バイクやシクロに要注意

歩道まで商品を並べている食堂や店もあるため、必然的に観光客が歩くのは車道になることがあるので十分気をつけよう。トイレ休憩はP.24〜25の③⑤⑥などで。

Hãy đi dạo ở phố cổ Hà Nội!

ハノイ旧市街 Q&A

Q 旧市街ってどんなところ？

A 職人街が残るかつての城下町

1010年のタンロン（現ハノイ）建都から、歴代の宮廷（→P.143）に献上するための品を作る職人たちによって形成された城下町。通りごとに同種の商店や工房が集まり、後黎(レ)朝（1428〜1789年）時代に36の職人通りがあったことから「ハノイ36通り」と称されるようになった。

通りには「扱う商品の名前」が付けられ、時の流れとともに名称や通りの数は変遷しているものの、現在まで伝統を受け継ぐ商店が存在する。

Q どうやって観光する？

A 乗り物で下見のあと徒歩で

旧市街は、北はドンスアン市場周辺から南はホアンキエム湖北側までのエリア（→P.22～23）。ぐるりと歩いて街の空気を感じるのがおすすめ。

フリーツアー（→P.23）を利用したり、歩き始める前に電気カーやシクロでひと巡りして、気になる建物や通り、かわいいものを先にチェックするのもいい。

★シクロ

シクロの乗車ポイントはオペラハウスの近く Map 別冊P.9-D2。料金は要交渉で1時間20万ドン程度。1時間旧市街を巡っていくら、というふうに交渉すれば運転手おすすめのルートで巡ってくれる。

★電気カー

乗車ポイントはドンスアン市場前 Map 別冊P.6-B1 とタンロン水上人形劇場前 Map 別冊P.7-C3。7人まで乗車可能で、旧市街、またはホアンキエム湖南側を1周するルートがある。

🕘8:00～17:00　㊡無休

㊎スピード運転で約30分24万5000ドン、スロー運転で約60分36万ドン（ともに1台当たりの料金）

Q 楽しみ方は？

モデルルートは→P.24

A 異文化体験にグルメ・お買い物も！

旧市街は、ハノイで最も刺激的なエリア。カオスな下町の雰囲気にどっぷりつかって、商店や屋台をのぞきながら気の向くまま歩いてみよう。

バイクや車がひっきりなしに行き来するが、朝は比較的交通量が少なく、夜は19:00頃には多くの店が閉まる。排気ガスが気になる人はマスクがあると安心。

15世紀頃から移り住んだ華僑が建てた極彩色の会館や、19世紀後半のフランス植民地時代に建てられたコロニアル建築など、趣のある建物も必見。

旧市街巡りへGO！

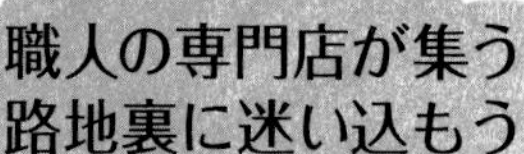

職人の専門店が集う路地裏に迷い込もう

通りごとに業種が異なり、どこかノスタルジックな旧市街は、買い物はもちろん見て回るだけでも楽しめる。P.24〜27のプランを参考に路地裏探検に出発！

1〜17の番号はP.24〜27のモデルルートに対応しているよ

━━ は同業種が集まるエリア

Map 別冊P.6〜7

HANOI OLD QUARTER MAP
旧市街おさんぽマップ

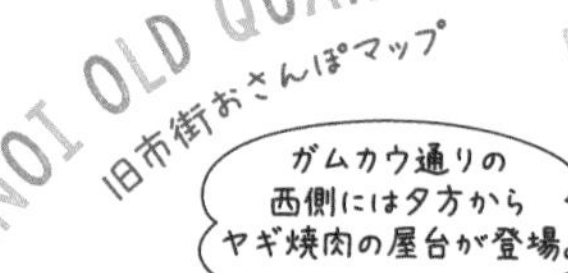

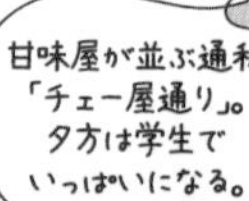

ハンザイ通り
キッチン用品
ガムカウ通り
ガムカウ通りの西側には夕方からヤギ焼肉の屋台が登場。
生鮮食品の路上市場は迫力満点！
生鮮食品
グエンティエン
生活雑貨
ハンコアイ通り
電気カー発着所 →P.21
ドンスアン通り
寝具や衣料品
CHO DONG XUAN
ドンスアン市場
ローカル食堂が並ぶ →P.25
9
ハンチエウ通り
ハンルオック通り
ハンコット通り
野菜〜安いよ〜
ハノイ名物チャー・カー・ラボン
11
ハンマー通り
祭祠用品
ドライフルーツや洋服
10
ござ、カゴ
ハンドゥオン通り
おもちゃ
チャーカー通り
トゥオック・ラオという水たばこ
竹製の水たばこから5mほどもある竹まで揃う竹屋街。昔は布（ヴァイVải）屋通りだった。
19世紀末にできた「チャー・カー・ラボン」という料理を発案した店が評判になり、周辺にも類似店が増えたため、チャー・カー通りと呼ばれるようになった。
ハンヴァイ通り
フォー屋も点在するよ
ハンガー通り
トゥオックバック通り
12
ランオン通り
漢方薬
ハンカン通り
文房具
ハンガン通り
「バンブー」のバッチャン焼
クアドン通り
蝶番やドアノブなどを扱う金物屋街。アンティーク風の物もある。
通称朝ごはん通り →P.27
13
14
ハンボー通り
裁縫道具
バイン・バオ屋が数軒ある。
バッダン通り
お茶屋が多い。通り名の由来となったキセル（ディエウĐiếu）の喫煙具を扱う店も数軒残る。
15
ハンティエック通り
ブリキ製品
ハンディエウ通り
ルオンバンカン通り
旧市街のランドマーク的存在
17
ハンコ屋
トーティック通り
ハンクアット通り
ハンノン通り
楽器
16
儀式、祭事用品、仏具などを扱う店が並ぶ派手な通り。通り名の由来となった扇（クアットQuạt）の店はもうない。
ハンホム通り
甘味屋が並ぶ通称「チェー屋通り」。夕方は学生でいっぱいになる。
ハンザ・ギャレリア

ショッピングセンター

ハンザ・ギャレリア Hang Da Galleria

近代的な建物に生まれ変わった、かつてのハンザ市場。建物内にはインテリアや雑貨店が入店している。エントランスの右手前にある地下入口から進むと、洋服店、食料品店などがズラリと並ぶ市場にアクセスできる。地下のバッチャン焼専門店「バンブー」(→P.94) は要チェック。

Map 別冊P.6-A3 旧市街

🏠Ngõ Trạm, Q. Hoàn Kiếm ⏰店によって異なるがだいたい7:00〜18:00 休テト

ハノイ最大の市場

ドンスアン市場

Chợ Đồng Xuân

ハノイ中心部最大の市場。1階は日用雑貨やみやげ物、2、3階は衣料品の店が並ぶ。おみやげにはハノイらしいキッチュなプチプラ雑貨（→P.96）やレトロな生活雑貨（→P.98）がおすすめ。市場の北側からホアンキエム湖間の通りは、週末ナイトマーケット（→P.47）でにぎわう。

Map 別冊P.6-B1 旧市街

店によって異なるがだいたい7:00～18:00　休無休

ドンスアン市場の正面入口

お店がびっしり

ベトナムコーヒーで休憩

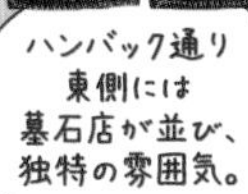

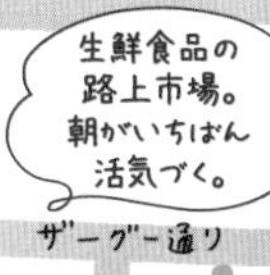

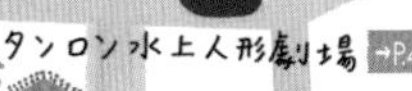

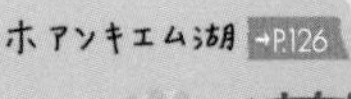

フレンチコロニアルな建物も残る

ハ ミ ダ シ 情 報

旧市街フリーツアーでお得に観光

ベトナム・ツーリズムが催行する、無料の旧市街ウオーキングツアーは利用価値大。大学生ボランティアがガイドを務め、旧市街の歴史や伝統文化、建築などを英語で説明してくれる。約1時間30分で旧市街通になれちゃうかも。

お気軽にどうぞ

Map 別冊P.7-C3 旧市街

Tourist Information&Support Center
28 Hàng Dầu, Q. Hoàn Kiếm
033-6678438（携帯）9:00～17:00（フリーツアーは前日までに要予約）休無休　※最少催行人数はひとり。最大10人まで。

祠が多いのも旧市街の特徴

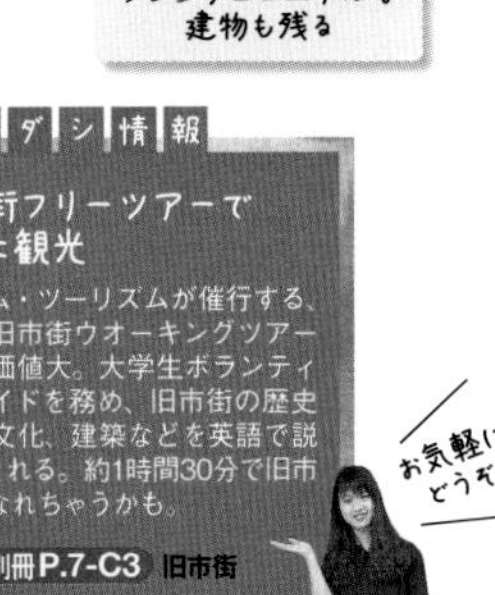

フリーツアーでは市場野菜や香草の説明も

arucoおすすめルートでハンドメイドのプチプラみやげ探し♪

職人街が集中する旧市街では、専門店巡りが楽しい。カフェで休憩しながら、見どころもチェックしてゴールを目指そう。

1～17の番号はP.22～23のマップに対応しているよ

キッチュでかわいい！

Start!

Get

サンダル25万ドン

5分でできあがり！

1 8:00 靴屋通り（ハンザウ通り Hàng Dầu Street）でサンダルオーダー

油（Dầu）や石油の店があったことから名付けられたこの通りには、現在は靴屋がびっしりと並ぶ。下記の「ギアハイン」ではサンダルを中心に100種類以上の商品を扱っており、靴底とストラップを選んでサンダルのオーダーもOK。予算は25万ドン～。

ギアハイン Nghia Hanh Map 別冊P.7-C3 旧市街

住所 16 Hàng Dầu, Q.Hoàn Kiếm 電話 094-3944178（携帯）
営業 8:00～20:00 休 テト Card 不可

3 8:45 町家カフェ バンコン・カフェで朝食

築100年以上の古い建物を改装した雰囲気のあるカフェ。ビンテージ風の家具がセンスよく配され、居心地抜群！　2階のテラス席からは通りを見下ろせる。

バンコン・カフェ Bancong Cafe Map 別冊P.7-C2 旧市街

住所 2 Đinh Liệt, Q. Hoàn Kiếm 電話 096-5300860（携帯） 営業 8:00～23:00
休 テト Card M.V. 予 不要 URL www.banconghanoi.com

1. 朝食メニューが人気（～14:00）。手前はバゲット、スクランブルエッグ、ベーコンがセットになったイングリッシュ・ブレックファスト（13万5000ドン）。コーヒーは4万5000ドン～　2. スタッフのサービスもスマート　3. 古さを残し、味わい深いたたずまい

食事メニューがおいしい

ハミダシ情報

B級バッチャン焼が格安の露店を発見！

ザーグー通り（Gia Ngư Street）2番地あたりの路面にあるバッチャン焼のB級品を扱う店。センスのいい商品が揃っている。

Map 別冊P.7-C3

2 8:30 みやげ物通り（ディンリエット通り Đinh Liệt Street）でおみやげショッピング

1427年の中国（明）との戦いで、明の将軍を討った名将軍のディン・リエットの名を冠した通り。Tシャツ、バッチャン焼、刺繍小物、菅笠といった定番ベトナムみやげの店や、リュックやスーツケースの店などが並び、価格も良心的。Map 別冊P.7-C3

1. この通りを歩けば定番みやげがひととおり揃う　2. 軒先にランタンを飾ったみやげ物店

Get

子供用の菅笠は10万ドン～

バインミーTシャツ13万ドン

P.26へ

4 9:15
銀屋通り（ハンバック通り Hàng Bạc Street）で銀製品を見る

15世紀中頃から、金銀の装飾品や銀貨を作る職人が集まる歴史ある通り。アクセサリーや金塊を量って売り買いする様子は興味深い。銀線細工も販売している。 Map 別冊P.7-C2

9 11:15
ござ通り（ハンチエウ通り Hàng Chiếu Street）でカゴバッグを買う

Get カゴバッグ15万ドン

昔からござ（Chiếu Cói）を扱う店が多く並ぶ。チェックしたいのは、プラカゴやウオーターヒヤシンスを編み上げたバッグを売る店。

Map 別冊P.6-B1

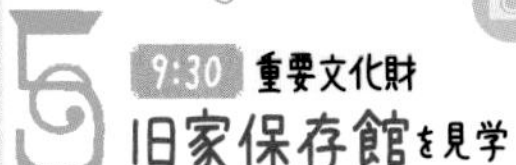

5 9:30 重要文化財
旧家保存館を見学

19世紀末に建てられた旧市街の伝統的な木造町家が保存のため修復され、博物館として開放。居間、台所、寝室、中庭など当時の生活がうかがえる、国の重要文化財。

旧家保存館 Bảo Tồn, Tôn Tạo Phố Cổ Hà Nội

Map 別冊P.7-C2 旧市街

87 Mã Mây, Q. Hoàn Kiếm ☎3928-5604 8:00～17:00（金～日曜～19:00） 休無休 料1万ドン

ハミダシ情報
超ローカルな食堂街
ハンチエウ通りからドンスアン市場へいたる細い路地に、ローカル食堂がズラリと並び、異様な活気に満ちている。 Map 別冊P.6-B1

8 11:00
お菓子問屋通り（ハンザイ通り Hàng Giầy Street）でローカルお菓子を買う

Get テト（旧正月）仕様パッケージのクラッカー 1万ドン

キャンディ、チョコレートなどキッチュなパッケージのベトナムのお菓子が、問屋の軒先から天井まで積み重ねられた、めくるめくお菓子の世界。

Map 別冊P.7-C1

6 10:00
ハノイ旧市街文化交流センターで旧市街の歴史を学ぶ

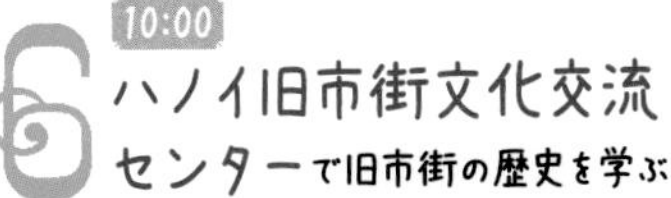

旧市街の職人街の成り立ちや発展の歴史、伝統家屋のジオラマなどが展示されていて興味深い。ベトナム語、英語、フランス語の解説あり。常設展のほか企画展もある。

ハノイ旧市街文化交流センター Trung Tâm Giao Lưu Văn Hóa Phố Cổ Hà Nội

Map 別冊P.7-C2 旧市街

50 Đào Duy Từ, Q. Hoàn Kiếm ☎なし 8:00～12:00、13:30～17:30 休無休 料無料

1. トイレ休憩にも使える 2. 伝統家屋は門口が狭く奥行きが深い

7 10:30
ハノイ最古の寺院バックマー祠にお参り

1. 築1000年を超えるハノイ最古の祠 2. 神々しい白馬神

ハノイの東西南北を守る「ハノイ四鎮」のひとつで、いつも地元の人と旅行者でいっぱい。本祠に祀られている白馬神には、タンロン建都の際、李朝の始祖李太祖（リータイトー）（→P.143）の夢に白馬が現れ城壁の要所を示したという伝説が残る。

バックマー祠（白馬最靈祠） Đền Bạch Mã

Map 別冊P.7-C2 旧市街

76 Hàng Buồm, Q. Hoàn Kiếm ☎なし 8:00～12:00、13:30～17:00（旧暦1・15日8:00～21:00） 休月曜 料無料

工夫を凝らしたディスプレイを見て歩くのも楽しい

左：ハスの実14万7273ドン
中：ソフトマンゴー5万4000ドン
右：ココナッツチップス6万3818ドン

11:30

10 ドライフルーツ通り
(ハンドゥオン通り Hàng Đường Street) で
ドライフルーツを買う

Đường＝砂糖という名のとおり、昔からドライフルーツの砂糖漬け（Mứt）や塩漬け、もち菓子、飴などの専門店が多い。「ホンラム」はドライフルーツや伝統菓子を扱う大手チェーン店で、安心して購入できる。

ホンラム Hong Lam Map 別冊P.6-B2 旧市街

11 Hàng Đường, Q. Hoàn Kiếm ☎3928-1838
8:00〜22:00 休無休 Card M.V. URL honglam.vn

12:15

12 漢方通り
(ランオン通り Lãn Ông Street)
でベトナム漢方入門

漢方独特の匂いが漂い、植物系から動物系までありとあらゆる漢方薬が手に入る。漢方薬店の古い木製の薬箪笥（くすりだんす）や、40番地の福建会館の立派な門を眺めながら歩こう。

Map 別冊P.6-B2

一見さんは質の悪い商品を売られることもしばしば。購入するならしっかり見極めて

ハミダシ情報

旧市街でよく見る人&もの覚書（おぼえがき）

●花売り：季節の花を自転車に山盛りにして売り歩くのは、四季のあるハノイならでは。

●ビアホイ（Bia Hơi）：旧市街の辻々に、小さなプラスチックの椅子と机を並べ、真っ昼間からおじさんがビールのようなものを飲んでいる。これはBia Hơiという薄〜いベトナムの生ビール。このビールとそれを飲める場所をBia Hơiという。

●お面：ハット・トゥオン（Hát Tuồng）というベトナム式宮廷オペラの登場人物をモデルにしている。

●小鳥を愛でる人：小鳥を愛でるのは中国の流れを汲んだ、男性の娯楽のひとつ。鳥籠を見ながらまったりするのもハノイの日常。

12:00

11 祭祀用品通り
(ハンマー通り Hàng Mã Street) で
縁起物の飾りを買う

祭礼の際に軒先に飾る鮮やかなランタンなど、中国色満点のアイテムが店先を埋め尽くす。縁起がよさそうなご祝儀袋や壁飾りなどは、おみやげにも。

Map 別冊P.6-B1

ポップな孫悟空のお面を発見！

56 HÀNG MÃ

通り名の由来のMã（冥器）って何？
紙でできたお金や洋服のこと。葬儀や法事などで燃やし、故人に届けるための物。

薄いセロファンにハンドペイントを施した中秋節の飾り。ひとつ2万5000ドン〜

1. Mặt Nạ Giấy Bồiという紙のお面。ベトナムの民話や文学作品に登場するキャラクターをかたどっている　2. 旧正月や中秋節の頃はひときわにぎわう

13 12:30 文房具通り（ハンカン通り Hàng Cân Street）でレトロなノートを買う

かつて大小さまざまな秤（Cân）を扱う店が並んでいた通り。現在は文房具問屋が数軒と、ローカルブティックが連なる。

Map 別冊P.6-B2

Get
レトロな花柄ノート4万ドン～

14 12:45 裁縫道具通り（ハンボー通り Hàng Bồ Street）でチロリアンテープを買う

かつて竹籠（Bồ）の店が多かったが、現在は約100mの通りにズラリと裁縫道具店が並ぶ。店によってビーズ、糸、ワッペン、ボタンなど扱っているものが微妙に異なり、少数民族の衣装に使われる蝶の形の留め具など珍しいものもあるのでじっくり眺めてみたい。

Map 別冊P.6-B2

アクセサリーパーツ3万ドン～

カラフルなメジャー各5000ドン

チロリアンテープは1巻き2万ドン Get

Get 縫い針（左）とボタン各種5000ドン

17 13:30 はんこ屋通り（ハンクアット通り Hàng Quạt Street）で似顔絵ハンコをオーダー

Goal!

はんこ屋が数軒並ぶこの通りでいちばん有名な店。ハンコは5万ドン～で文字や似顔絵を彫ってもらうこともできる。

似顔絵ハンコは所要半日～。25万ドン Get

フックロイ Phuc Loi

Map 別冊P.6-B3 旧市街

6 Hàng Quạt, Q. Hoàn Kiếm ☎3994-0970 7:30～17:30 休テト Card不可

プチぼうけん1 ハノイ旧市街レトロさんぽ

ブタの形のギロ15万ドン Get

鳥の形の木鼓8万ドン

口琴（Đàn Môi）6万ドン

16 13:15 楽器通り（ハンノン通り Hàng Nón Street）でベトナム楽器の世界にハマる

Nónとはベトナムでよく見かける菅笠で、かつては通りの西側に菅笠を売る店が多かった。通りの東側はマーヴィー（馬尾＝管楽器の弓）通りと呼ばれ、北部の伝統楽器を扱う「ビック・フオン」などが数軒残る。

ビック・フオン Bich Huong Map 別冊P.6-B3 旧市街

11A Hàng Nón, Q. Hoàn Kiếm ☎098-8442969（携帯） 7:00～19:00 休無休 Card不可

ハミダシ情報 通称朝ごはん通りへ！

バッダン通り（Bát Đàn Street）は、もともと麺屋が多く、10:00頃までおこわやブン・ダウの露店も登場。

Map 別冊P.6-A3

15 13:00 ブリキ通り（ハンティエック通り Hàng Thiếc Street）でキッチュなブリキ商品を買う

ブリキ製ボックス5万ドン

ブリキ（Sắt Tây）、錫（Thiếc）、トタン（Tôn）などを扱う店が並び、現在も職人街の趣を残すブリキ通り。

Map 別冊P.6-B3

Get 水上を動くブリキのポンポン船 25万ドン

プチぼうけん 2

ハノイは空前のカフェブーム SNS映えも完璧な空間でほっこり♡

古い建物や歴史建築を使用したカフェや、アパートの1室にある隠れ家風の店舗など、写真映えするカフェがいっぱい。そんなハノイならではのおしゃれすぎるカフェをご紹介。

古きよきハノイにタイムスリップ

窓際席がお気に入り

CAFE IN HANOI

POINT

光が差し込む窓際席で、壁やインテリアを入れて撮ってみて。フラッシュは使わず自然光でレトロな雰囲気を出そう。

編集部厳選カフェをハシゴ

ランチのあとは、編集部おすすめのカフェをいくつか回ってフォトジェニックな写真を狙ったり、ハノイならではのドリンクやスイーツを楽しんでみるのはいかが？　撮影する前にカメラマン直伝のポイントをおさえておこう。

フォトジェニックなカフェ巡り　TOTAL 3時間

オススメ時間 14:00〜17:00　予算 50万ドン〜

狙うは平日の午後！

休日はハノイっ子でいっぱいになる人気カフェも、平日の午後はすいていることが多い。ほとんどのカフェでWi-Fiを利用できるので、カフェ間の移動はグラブ（→P.148）を利用して。

在住外国人に人気のカフェ。アパート内にはバッチャン焼の店やブティックも入店している

Loading T Cafe

ローディング・ティー・カフェ

古いアパート内の小さなカフェ。むき出しのれんがの壁や味のあるインテリアが退廃的な雰囲気と相まって独特の雰囲気を醸し出している。

Map 別冊P.8-B1　ホアンキエム湖周辺

8 Chân Cầm, Q. Hoàn Kiếm　☎090-3342000（携帯）　🕘8:00〜18:00　㊡テト3日間　Card不可　図ハノイ大教会から徒歩約3分

1. 1930年代に建てられたコロニアル建築の2階にあるカフェ　2. 手前はエッグコーヒー6万ドン、奥は菊花茶4万5000ドン

SNS映えも完璧な空間でほっこり♡

1. 左はココナッツコーヒー、右はストロベリー&バナナスムージー（各5万ドン） 2. チーズケーキ4万8000ドン

POINT
ドリンクやケーキ類などを撮影する場合は、背景となるカラフル付箋がよく映るようにズームで撮影しよう。

The Note Coffee
ノート・コーヒー

訪れた客によって貼られたカラフルな付箋が壁や天井、テーブルなど店内を埋め尽くす話題のカフェ。3階からはホアンキエム湖が望める。

Map 別冊P.7-C3 ホアンキエム湖周辺

64 Lương Văn Can, Q. Hoàn Kiếm 097-5194466（携帯） 8:00～23:00（土・日曜7:00～） 休テト5日間 Card M.V. 交ハノイ大教会から徒歩約5分

Cong Ca Phe コン・カフェ

ハノイ発のコン・カフェはベトナム全土に支店をもつ人気のカフェチェーン。店内は昔のプロパガンダ風のイメージで統一。ココナッツミルクシャーベットをのせたココナッツコーヒーが看板メニュー。

Map 別冊P.8-B1 ホアンキエム湖周辺

27 Nhà Thờ, Q. Hoàn Kiếm 086-9353605（携帯） 7:30～23:30 休テト Card 不可 URL congcaphe.com 交ハノイ大教会から徒歩すぐ

ベトナム色満載の
元祖映えカフェ

POINT
2階にあるレトロな花柄の布を張ったソファが映えスポット。ソファに座るか、ソファを背景にするように撮ると◎。

夜カフェもおすすめ

1. 3階まであり、フロアごとに趣が異なる
2. プロパガンダ風の店内にマッチした制服
3. スパイシーな揚げトウモロコシ2万5000ドン 4. ココナッツコーヒー5万5000ドン～
5. キンカンの塩漬け入りアイスティー4万5000ドン

1. 緑に包まれたテラス席　2. 静かな時間が流れるカフェ　3. 茶葉の特徴や入れ方をスタッフが説明し、実演してくれるティーセレモニーもある

Thuong Tra トゥオンチャー

豊富なベトナム茶を揃える本格茶店。ザボンの花茶など季節限定の珍しいお茶もあり、味など好みを伝えるとスタッフが茶葉をおすすめしてくれる。

Map 別冊P.9-D1　ホアンキエム湖周辺

Room 301, Nhà Tập Thể 2E Tông Đản, Q. Hoàn Kiếm　088-8222991（携帯）
8:00～22:00　休テト　Card不可
URL www.facebook.com/ThuongTra
交ハノイ大教会からタクシーで約6分

POINT
ズラリと並ぶ茶葉や茶器を背景にスタッフがお茶を入れる姿が、ベトナム風茶藝館の趣ですてき。撮影前にひと声かけてね。

1. 保存料不使用のマカロンは数種類ある　2. ここがハノイの旗艦店なので品揃えが充実している　3. チョコレートドリンク9万ドン～　4. ケーキは10万ドンくらいから　5. スタッフもにこやか

Maison Marou Hanoi

メゾン・マルウ・ハノイ

日本でも話題のベトナム発チョコブランドの「マルウ」が運営するカフェ＆ショップ。カフェではチョコレートドリンクやスイーツを提供。

Map 別冊P.8-B3　ホアンキエム湖周辺

91A Thợ Nhuộm, Q. Hoàn Kiếm
3717-3969　9:00～22:00（金・土曜～22:30）休テト　Card A.D.J.M.V.　URL maisonmarou.com　交ハノイ大教会から徒歩約10分

マルウチョコを使った
スイーツが味わえる

POINT
ギフトボックスを模したメニューボードや、額に入れて飾られたパッケージなど、チョコレートモチーフを探してみて。

Tranquil Books & Coffee
トランクウィル・ブックス&コーヒー

店名のとおり穏やかな空気が流れるブックカフェ。ハンドドリップのコーヒー（5万5000ドン〜）とともに、オーナー厳選の本を楽しんで。

Map 別冊P.6-A3 旧市街

5 Nguyễn Quang Bích, Q. Hoàn Kiếm
039-5049075（携帯） 8:00〜22:30
休テト2日間 Card不可 URL www.facebook.com/cafetranquil 図ハノイ大教会から徒歩約10分

1. 手前はサンドイッチ（9万ドン）、後方左はバナナコーヒー（6万5000ドン） 2. コーヒー豆はハノイのロースターで焙煎されるベトナム産を使用

TOKA COFFEE
トカ・コーヒー

最近ハノイで増えている、細い路地の奥にある一軒家を利用したカフェ。ここは築100年ほどのコロニアル建築を再生。新旧のコントラストが楽しい。

Map 別冊P.11-C1 ホアンキエム湖南部

36 Thi Sách, Q. Hai Bà Trưng
091-3529464（携帯）
8:00〜23:00 休テト Card M.V.
図ハノイ大教会からタクシーで約10分

1. 手前はベトナム産の豆を使用したトカカフェ6万5000ドン。後方左はアールグレイライムケーキ5万5000ドン 2. 大きな窓から自然光が入る2階席

La Place
ラ・プレイス

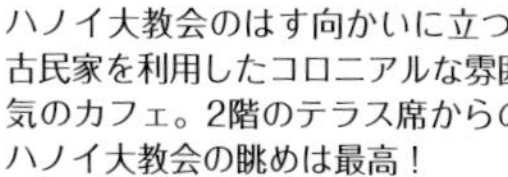

ハノイ大教会のはす向かいに立つ、古民家を利用したコロニアルな雰囲気のカフェ。2階のテラス席からのハノイ大教会の眺めは最高！

Map 別冊P.8-B1 ホアンキエム湖周辺

6 Ấu Triệu, Q. Hoàn Kiếm
3928-5859 7:30〜23:30 休テト
Card M.V. 図ハノイ大教会から徒歩すぐ

POINT
日没後、空が青くなるブルーアワーにテラス席から大教会を撮影するのがおすすめ。早めに行ってテラス席を確保して。

モヒートなどのカクテルは9万5000ドン

個性豊かなベトナム雑貨がズラリ ホアンキエム湖周辺でお買い物クルーズ

ハノイ大教会（→P.33）をはじめ、ホアンキエム湖（→P.126）の周りは、こだわりのベトナム雑貨店が集まっている。デザインも品質も文句なしの旬のベトナム雑貨をゲットしよう。

TOTAL 3時間

注目ショップをハシゴ♪

オススメ時間 9:00〜12:00　予算 50万ドン〜

涼しい時間に巡ろう
紹介のルートは徒歩なら所要約30分。朝の涼しい時間に出発して、ショッピング終了後にランチを取るのがおすすめ。小さなショップはスタッフの昼休憩で、12:00〜13:00頃クローズになることがあるので注意。

ハノイの最先端の雑貨店15軒を制覇！

旬のお店が入れ替わり立ち替わりオープンするこのエリアは、滞在中にぜひ立ち寄りたいショッピングスポット。洗練された雰囲気と下町風情がミックスした街並みのなか、雑貨巡りスタート！

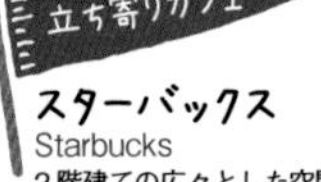

スターバックス
Starbucks

2階建ての広々とした空間でひとりでも入りやすい。より洗練されたコーヒーが楽しめるリザーブも併設。ベトナム限定グッズも販売。

Map 別冊P.8-B1

☎3832-5678　🕘7:00〜22:30

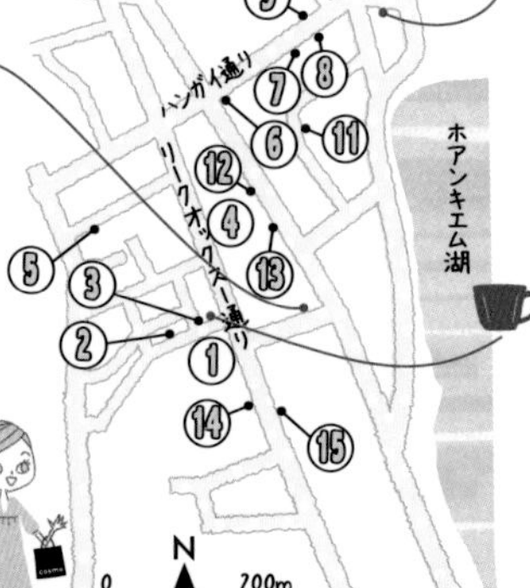

Map 別冊P.8〜9

カフェ・フォー・コー
Cafe Pho Co

みやげ物店が連なる路地の奥にある古民家カフェ。屋上テラス席からはホアンキエム湖が望める。名物はエッグコーヒー（→P.83）4万5000ドン。

Map 別冊P.7-C3

☎3928-8153　🕘8:00〜23:00

ゴッドマザー
Godmother

大教会を眺めながら食事ができるおしゃれカフェ。おすすめはソルテッドラテ（9万5000ドン）やキュートなフォルムのシフォンケーキ（18万ドン）。

Map 別冊P.8-B1

☎087-6075777（携帯）
🕘8:00〜21:00

上はソルテッドラテ、下は生搾りジュースのブースタージャック（8万5000ドン）

1 ハノイのシンボル 大教会前で記念写真を撮る

Nhà Thờ Lớn Hà Nội
ハノイ大教会（セント・ジョセフ教会）

ハノイ最大の教会。1886年に仏教寺院の跡地に建立され、1900年初頭に現在のふたつの尖塔をもつネオ・ゴシック建築の教会に改装された。教会の外壁は白と黒の石材を使用。

アオザイで記念撮影☆

Map 別冊P.8-B1 ホアンキエム湖周辺

🏠Nhà Thờ, Q. Hoàn Kiếm ☎なし 🕘5:00～11:00、14:00～19:30（ミサは平日5:30、18:30、土曜5:30、18:00、日曜5:00、7:00、8:30、10:00、11:30、16:00、18:00、20:00） 休無休 料無料 交ホーチミン廟からタクシーで約12分

1. パスポートケース15万ドン 2. 名刺入れにも使えるカードケース15万ドン 3. A5サイズのブックカバー各8万5000ドン
4. パッチワークのポーチ32万5000ドン

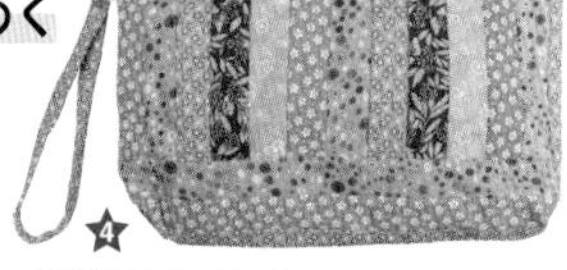

2 レトロかわいい ハンドメイド雑貨にときめく

Flora フローラ

どこか懐かしさを感じる手作り雑貨が小さな店内にぎっしり詰め込まれている。ベトナム人女性オーナーがデザインしたアイテムはどれも色鮮やかで、ギフトにもおすすめ。愛用品が見つかりそう。

Map 別冊P.8-B1 ホアンキエム湖周辺

🏠62 Âu Triệu, Q. Hoàn Kiếm ☎3928-8338 🕘9:00～20:00 休無休 Card J.M.V. 交ハノイ大教会から徒歩約1分

ベトナム北部ハザン省産のコスメやハチミツ

3 少数民族の知恵が詰まったオーガニックコスメを探す

Moriko Saigon
モリコ・サイゴン

肌触りやデザインのセンスがよい刺繍入りのワンピースやアオザイ、布小物、コスメなどを扱う小さなブティック。ハザン省の天然素材で作られたコスメ（→P.117）は要チェック。

Map 別冊P.8-B1
ホアンキエム湖周辺

🏠18 Au Trieu, Q. Hoàn Kiếm ☎093-8780522（携帯） 🕘8:30～20:30 休テト Card J.M.V. URL morikosaigon.vn 交ハノイ大教会から徒歩約1分

1. 刺繍入りトートバッグ75万ドン
2. ホーチミンで作られたリネン生地のアオザイ196万ドン

4 ベトナム産のお茶を試飲してお気に入りをゲット

1. 左はロータスウーロンティー（47万9520ドン）、右はオレンジとシナモンの煎じ薬30万2500ドン 2. ココナッツオイルベースのナチュラルソープ8万6000ドン～

Master Tan
マスター・タン

ベトナムに古くから伝わるハーブ療法に基づいた煎じ薬、お茶、お菓子、ハーブ、スパイス、ナッツ、エッセンシャルオイルなど、オーガニックにこだわったベトナム産アイテムが揃う。

Map 別冊P.8-B1
ホアンキエム湖周辺

🏠35 Lý Quốc Sư, Q. Hoàn Kiếm ☎082-8341188（携帯） 🕘8:30～22:30 休テト Card J.M.V. URL mastertan.vn 交ハノイ大教会から徒歩約2分
ディンティエンホアン通り店 Map 別冊P.9-C1

ポップなアクセサリーにテンションアップ！

Liu Lo Arts & Craft
リウロー・アーツ&クラフト

カラフルな手作りアクセサリーブランド「リウロー」のアイテムをはじめ、ローカルアーティストのポストカードやポスター、プラカゴ、コスメなどをセレクト。

Map 別冊P.8-B1　ホアンキエム湖周辺

19 Chân Cầm, Q. Hoàn Kiếm　093-4519488（携帯）　9:00～21:00　休テト　Card M.V.　URL liuloarts.com　図ハノイ大教会から徒歩約5分

1. ポリマークレイのカラフルなピアス（15万ドン～）はオーナーによるデザイン　2. シリコン製スマホカバー（16万ドン）はiPhoneとアンドロイドに対応

1. レンゲ8万ドン、ティースプーン5万ドン　2. 愛らしい犬の小皿各12万ドン　3. 北欧風のデザインも流行。コップ各15万ドン

暮らしが楽しくなる器をおみやげに

Authentic Bat Trang
オーセンティック・バッチャン

手描きイラストのかわいい物からシックな雰囲気の物までデザイン豊富なバッチャン焼専門店。ろくろ回しや絵付け体験ができる（詳細は→P.15）。

Map 別冊P.6-B3　ホアンキエム湖周辺

115 Hàng Gai, Q. Hoàn Kiếm　096-4800919（携帯）　8:30～23:00　休テト　Card M.V.　URL www.authenticbattrang.vn　図ハノイ大教会から徒歩約4分

何でも揃う"おみやげの百貨店"でバラマキみやげをまとめ買い

1. 螺鈿細工は小さい器で6万5000ドン～　2. ローカルフードが描かれたタイルコースター4個セット28万5000ドン　3. 花柄の竹ざるセット22万ドン

Amazing Hanoi
アメージング・ハノイ

刺繍小物、螺鈿細工（→P.95）などの伝統工芸品からキッチュな雑貨、食品、コスメまでありとあらゆるベトナムみやげを集めた店。タイルコースターなどの旬のアイテムや豊富なフードみやげは要チェック。

Map 別冊P.6-B3　ホアンキエム湖周辺

69-73 Hàng Gai, Q. Hoàn Kiếm（69番地は同経営のカフェ）　3828-5104　9:00～22:00　休無休　Card M.V.　図ハノイ大教会から徒歩約5分

水上人形劇の木製人形だよ

8 最先端のベトナムブランドをチェック

Tanmy Design タンミー・デザイン

ベトナムのファッショントレンドを象徴する約40のブランドが集結する大型セレクトショップ。3フロアある店内には、リネンやウエア、バッグ、雑貨などがセンスよく並び、カフェも併設。

Map 別冊P.6-B3 ホアンキエム湖周辺

61&63 Hàng Gai, Q. Hoàn Kiếm
3938-1154 8:30〜20:00 休テト4日間
Card A.J.M.V. URL tanmydesign.com
図ハノイ大教会から徒歩約5分

1. ホーチミンに旗艦店がある「Metiseko」のシルクワンピース 2.「QH Mode」の民族刺繍×デニムのワンピース810万ドン 3.刺繍入り巾着は7万1000ドン〜

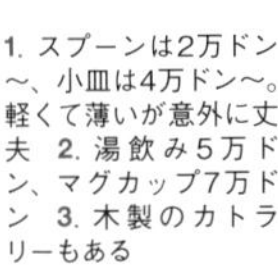

9 オリジナルTシャツとセレクト雑貨を買う

Ginkgo Concept Store ギンコー・コンセプトストア

Tシャツはサイズ豊富です

ベトナムをモチーフにしたデザインTシャツ専門店「ギンコー」がオープンさせたコンセプトストア。子供たちの描く絵をプリントしたアイテムが人気の「Tohe」など国内のブランドを取り揃える。

Map 別冊P.6-B3 ホアンキエム湖周辺

60 Hàng Gai, Q. Hoàn Kiếm 3938-2265 9:00〜22:00
休無休 Card A.D.J.M.V.
URL ginkgotshirts.com
図ハノイ大教会から徒歩約5分
ギンコー Map 別冊P.6-B3

1. 取り外し可能なパッチワークの布カバー付き菅笠19万5000ドン 2.「Tohe」のボディバッグ37万ドン 3. クロスステッチの果物がかわいいTシャツ89万ドン 4. バイク女子柄のタンクトップ49万ドン

1. スプーンは2万ドン〜、小皿は4万ドン〜。軽くて薄いが意外に丈夫 2. 湯飲み5万ドン、マグカップ7万ドン 3. 木製のカトラリーもある

10 ガーリーなパステルカラーの陶器をアウトレット価格でゲットする

Dragonfly ドラゴンフライ

ヨーロッパ各国へ陶器の卸を行うファミリーが経営する倉庫兼ショップ。手になじむ曲線のフォルムとパステルカラーがキュートで、ここ数年国内で大人気の器も格安で手に入る。小さな店だけど、探せばお宝を発掘できるはず。

Map 別冊P.6-B3 旧市街

10 Tô Tịch, Q. Hoàn Kiếm 097-3274956(携帯) 8:00〜18:00
休無休 Card A.J.M.V. 図ハノイ大教会から徒歩約7分

11 ベトナム人アーティストのデザイン雑貨を買う

TiredCity タイアードシティ

200名以上の国内若手デザイナーとコラボし、ベトナムモチーフのウエアやポストカード、バッグなどのアイテムを作成。商品タグにはアーティストとアイテムの紹介文が記載されている。

Map 別冊P.8-B1 ホアンキエム湖周辺

37 Hàng Hành, Q. Hoàn Kiếm
036-8011016（携帯） 8:30〜22:30
休テト Card A.J.M.V. URL tiredcity.com
交ハノイ大教会から徒歩約6分

1. トートバッグ29万5000ドン。アルファベットをよく見るとベトナムの風景になっている 2. ピンバッジとキーホルダー各16万5000ドン 3. ポストカード各4万5000ドン

12 芸術品のような少数民族雑貨に感動!

Chie Du Pu Du Pa
チエ・ズプズパ

少数民族に伝わる伝統の手織り布を守る組織が経営する。北部山岳地方に住むターイ族、ラオ族、モン族の織物を使ったオリジナルの布小物はどれも上品なデザインで、手仕事のぬくもりを感じる逸品揃い。

Map 別冊P.8-B1 ホアンキエム湖周辺

66 Hàng Trống, Q. Hoàn Kiếm 3938-7215 8:30〜21:00 休テト3日間
Card A.D.J.M.V. 交ハノイ大教会から徒歩約2分

1. 見返り美人風の花モン族女性の刺繍が施された麻のバッグ95万ドン 2. ターイ族の織物を使ったパソコンケース 3. 麻布のブックカバー各20万ドン

簡単なセミオーダーもOKです

1. 刺繍入りの2wayポーチ各40万8000ドン 2. 菅笠をかぶったティディベアはいちばん小さいSサイズが38万4000ドン 3. 鍋つかみはふたつで21万6000ドン 4. パスポートケース各52万8000ドン

小鳥の形がかわいらしい

13 菅笠をかぶったティディベアに胸キュン♡

Nagu ナグ

日本人オーナーがデザインしたオリジナルアイテムがズラリ。繊細な刺繍が施されたポーチや革製のバッグはどれも上品で、素材や縫製にもこだわっている。菅笠をかぶったティディベアが看板商品。

Map 別冊P.8-B1 ホアンキエム湖周辺

78 Hàng Trống, Q. Hoàn Kiếm
3928-8020 9:00〜19:00 休テト
Card A.J.M.V. URL nagu-vietnam.com
交ハノイ大教会から徒歩約1分

14 メイド・イン・ベトナムのデザイン雑貨大集合

Collective Memory コレクティブ・メモリー

ベトナム人オーナーカップルが、ベトナム全土を旅して見つけた約30の国内ブランドを扱うセレクトショップ。ビンテージ小物で彩られた空間に並ぶ雑貨や食品、ウエアなどはどれもセンス抜群。

Map 別冊P.8-B1 ホアンキエム湖周辺

12 Nhà Chung, Q. Hoàn Kiếm ☎098-6474243(携帯) 10:00〜18:30 休無休 Card D.J.M.V. 図ハノイ大教会から徒歩約1分

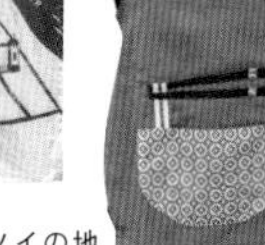

1. ハノイの地図が描かれたキッチンタオル35万ドン 2. ベトナムモチーフのノート（各25万ドン）はオリジナル商品 3. フォーの刺繍がインパクト大のキッズエプロン55万ドン

15 ボードゲームと雑貨に興味津々!

The Craft House クラフト・ハウス

世界各国のボードゲームとベトナム発のブランドを集めた、見ているだけで楽しいセレクトショップ。ホーチミンに本店があるため、ハノイではあまり見かけないアイテムを発見できるのが魅力。

1. コロニアルタイルのコースター4個セット26万200ドン 2. パスポートサイズのノート3冊セット10万8000ドン 3. ベトナムコーヒーのワッペン付きキャップ25万4000ドン

Map 別冊P.8-B1 ホアンキエム湖周辺

19 Nhà Chung, Q. Hoàn Kiếm ☎090-9991042（携帯） 9:00〜21:30 休テト Card M.V. URL thecrafthouse.vn 図ハノイ大教会から徒歩約2分

16 キュートなバッチャン焼がズラリ

Cerender セレンダー

電子レンジや食洗機も使用可能なニュータイプのバッチャン焼専門店。10人以上の職人が手作業で絵付けをした、味わい深い陶器が店内を彩る。おすすめはネコ形の箸置きや、魚を描いたティースプーン。

Map 別冊P.9-C2 ホアンキエム湖周辺

11A Tràng Thi, Q. Hoàn Kiếm ☎093-8632481(携帯) 8:30〜21:00 休テト1日 Card J.M.V. 図ハノイ大教会から徒歩約4分

1. 豆皿各6万ドン 2. マグカップは30万ドン〜。作家やサイズで値段が異なる 3. 白クマの薬味入れ15万ドン 4. ネコの箸置きは種類豊富。各3万5000ドン

本場ハノイで食べ尽くし！ 知られざるフォーの魅力に迫る フォー7変化

刻みネギがどっさりのるのがハノイ流。こってりスープの店も多い

言わずと知れたベトナム人のソウルフード、フォー（Phở）。本場ハノイには数々の名店があり、さらにほかのエリアではお目にかかれないたくさんのバリエーションが存在する。未体験のフォーを目指して、専門店をハシゴしよう。

まずは王道の超有名店から

数あるフォー屋のなかでも、ハノイ人なら知らない人はいない有名店3軒で食べ比べしてみよう。店ごとに工夫を凝らしてオリジナルの味を追求しており、同じフォーでもここまで違うのか！　と驚くはず。

フォー食べ歩き

TOTAL 2時間

オススメ時間 9:00〜11:00

予算 20万ドン

ピーク時間は外して行こう

朝は8:00〜9:00、昼は11:30〜13:00頃が最も混み合うので、その時間を外すのがベター。店に入ったら席について注文し、退店する際に支払いをするのが一般的。英語が通じる店は少ない。

フォーのはなし

★フォーの歴史

諸説あるが、ハノイ北部のナムディン省発祥説が有力で、ベトナム全土に多くの専門店があるベトナム人のソウルフード。フォーというのは米でできた平麺の名称で、それを使った料理全般をフォーと呼ぶ。

★地域によって味や食べ方に違いがあるのが特徴

南部のスープは甘味が強いのに対して、北部は甘くなくあっさりとした味。また、南部は香草をたっぷり入れるのに対して、北部ではネギやパクチーなどが少量入るのみ。

★頼み方

フォー＋○○（肉の種類）＋△△（調理方法）と頼む。発音が難しいので、メニューを指さしでもOK。ちなみに「フォー」は語尾を上げるように発音すると通じやすい。

肉の種類	調理方法
牛肉 Bò ボー	よく火を通す Chín チン
鶏肉 Gà ガー	半生 Tái タイ
牛肩バラ肉 Nạm ナム	

いちばんメジャーな半生牛肉のフォーなら「Phở Bò Tái フォー・ボー・タイ」

フォーの食べ方

1 注文の際にトッピングを一緒に注文。卵（Trứng Gà）、スープにつけて食べる揚げパン（Quẩy）など。卵は生なので要注意。

2 お箸とレンゲをティッシュで拭いてスタンバイ。フォーがきたらアツアツのうちにまずはそのまま味わう。

3 味が足りなければ、酢、醤油、ライム果汁、チリソースなどを入れて好みのスープに仕上げる。ちなみにハノイの人は調味料を山ほど入れる。

裏技 牛肉／鶏肉おかわり！Cho Tôi Thêm Bò／Gà　チョー・トイ・テム・ボー／ガー

左からチリソース、醤油、ライム果汁、トウガラシ、揚げパン

Type 1 スープ・フォー

牛骨＋豚骨の濃厚ミックススープ

牛骨と豚骨を炭火で煮込んで取る濃いめのスープ

野菜はネギ、パクチーのみ

中太の自家製麺

ニンニクで炒めた牛肉がたっぷり

フォー・タイ・ラン
Phở Tái Lăn
7万ドン

食べ応え満点！ "漢のフォー"

フォー・ティン

Pho Thin

ボリューム度	★★★
こってり度	★★★
行列度	★★★

1979年の創業以来、レシピと素材を守り続ける名店。こちらの本店のメニューはフォー・タイ・ラン1品のみだが、この味を求めて高級車を乗りつける常連客の姿も。味もボリュームもがっつり系の一杯でどちらかといえば男性に人気。売り切れることもあるので、夕方までに訪れたい。

素材にもこだわってるよ

創業者のティンさん

Map 別冊P.11-C1 ホアンキエム湖南部

13 Lò Đúc, Q. Hai Bà Trưng
なし 6:00〜21:00 休テト
Card不可 図ハノイ大教会からタクシーで約8分 ホアンゴックファック通り店 Map 別冊P.3-C3

あっさり透き通った牛骨スープ

牛骨で取ったさっぱりだけどコクのあるスープ

野菜はネギやパクチーなど少なめ

軟らかい牛肩バラ肉がおいしい

麺は細め

半生肉はスープの熱で火を通しながら食べる

フォー・タイ・ナム
Phở Tái Nạm
6万ドン

ボリューム度	★★☆
こってり度	★★☆
行列度	★★★

ミックスが人気だよ

トータルバランスがよい

ザーチュエン Gia Truyen

地元民、観光客ともに人気で常に行列が途切れない人気店。まずは店頭で注文して料金を支払い、席について料理がくるのを待つスタイル。メニューは煮込み牛肉（Chín）、半生牛肉（Tái）、牛肩バラ肉と半生牛肉ミックス（Tái Nạm）の3種類で5万〜6万ドン。

Map 別冊P.6-A3 旧市街

49 Bát Đàn, Q. Hoàn Kiếm
なし 6:00〜11:00、18:00〜20:30（スープがなくなり次第閉店）
休テト Card不可 図ハノイ大教会から徒歩約10分

鶏肉のフォーならこの店

鶏ガラを10〜12時間煮込んで取るスープ

トッピングの生卵5000ドン

キノコ入りの鶏肉団子

太めの自家製麺

ライムの葉、ネギ、パクチー

細切りのゆで鶏

フォー・ガー
Phở Gà
6万ドン

シンプル・イズ・ベスト！

マイアイン

Mai Anh

創業約40年の鶏肉フォーの専門店。ヘルシーな鶏肉フォーは1日300〜500杯も売れるという。卵（5000ドン）や揚げパン（5000ドン）、常連にはホルモンを追加する人もいる。シンプルな味わいなので、ニンニク酢、ヌックマム、ライム、チリなどを入れて変化を楽しもう。

女性に人気だよ

創業者のマイアインさん

ボリューム度	★☆☆
こってり度	☆☆☆
行列度	★★☆

Map 別冊P.11-C1 ホアンキエム湖南部

32 Lê Văn Hưu, Q. Hai Bà Trưng
090-4196635（携帯） 5:00〜16:00 休無休 Card不可 図ハノイ大教会からタクシーで約8分

全部制覇したい変わり種フォー

こんなフォー見たことない、けどハノイでは定番なのです。フォーの本場ならではの変わり種がめじろ押し！

Type 3 巻きフォー Ⓑ

片手でいけるラップフォー

フォー・クォン
Phở Cuốn
10本7万5000ドン

カット前のフォー生地を使った生春巻風フォー。具材は甘辛い味付けの牛肉炒めとレタス、パクチーなどで、ヌックマムだれをつけて食べる。

オススメ度 90%

comment
フォーはしっとりプルプルで、普通の生春巻よりこっちのほうが好きな人は多いはず。おやつ感覚でイケる。

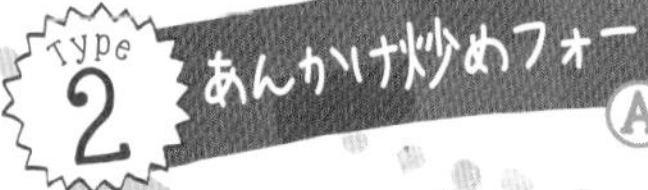

Type 2 あんかけ炒めフォー Ⓐ

“フォー界のやきそば” はバリエーション豊富

フォー・サオ・ボー
Phở Xào Bò
7万5000ドン

炒めたフォーの上に牛肉と野菜炒めをのせたもの。牛肉と麺を一緒に炒めたり、牛肉炒めにとろみがついたりと店によって味はさまざま。

オススメ度 85%

comment
ここは牛肉と麺を別に炒めていて、牛肉は醤油ベースのあんかけ風。コショウがピリッと効いていて食欲が止まらない！

フォーの作り方を拝見！

①具材や揚げパンは作り置き。麺は注文が入ってからサッとお湯に通す

②麺をお湯から取り出し器に盛る係、その上に肉をのせる係がてきぱきと連携プレイ

③その上にネギやパクチーなど各店それぞれの野菜を盛る

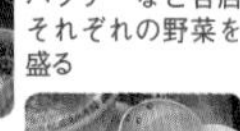

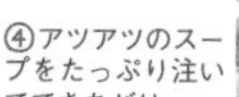

④アツアツのスープをたっぷり注いでできあがり

Type 4 あえフォー Ⓒ

夜だけ味わえるレアなあえ麺

フォー・チョン
Phở Trộn
6万ドン

フォー、割いたゆで鶏肉、香草、揚げニンニクの下に、たれ（フォーのスープ＋だし＋砂糖）が入っており、混ぜて食べるあえ麺。

オススメ度 80%

comment
ヘルシーで夜食にぴったり。この店のゆで鶏とキャベツサラダ（Gỏi Gà、6万ドン）も、鶏肉がぷりぷりで絶品です！

Type 5 あんかけ揚げフォー Ⓑ

フォー・ザン・チュン
Phở Rán Trứng
8万ドン

フォーを素揚げしながら卵を回しかけ、牛肉と野菜炒めのあんをのせたかき揚げ風フォー。

カリカリ食感があと引くおいしさ

オススメ度 70%

comment
カリカリの香ばしい揚げフォーは、しばらくするとあんかけが染み込んで2度おいしい！

野菜&牛肉たっぷりとろみスープがウマイ

Type 6 あんかけスープ・フォー Ⓐ

フォー・アップ・チャオ
Phở Áp Chảo
6万5000ドン

Áp Chảoとはベトナム語でソテーするという意味。スープ・フォーに、牛肉と野菜をソテーしてとろみをつけたあんをかけたもの。

オススメ度 75%

comment
普通のスープ・フォーよりほどよくこってり感があり、食べ応えがある。味もかなりしっかり。

揚げもちフォーの作り方を拝見！

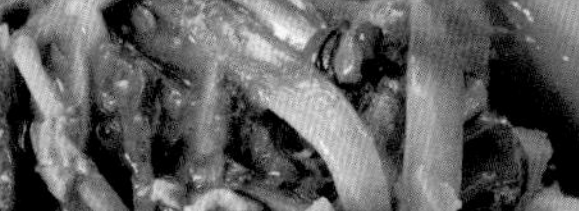

①フォーを熱した油に投入 → ②2分ほど揚げたのち卵を回しかける → ③卵を入れたらすぐに油から引き上げる

Type 7 揚げもちフォー Ⓑ

ジャンクなおいしさにハマる人続出！

四角く切ったフォー生地を油で揚げて膨らませ、牛肉と野菜炒めのあんをのせた、揚げもちのようなフォー。

フォー・チエン・フォン
Phở Chiên Phồng
8万ドン

オススメ度 100%

comment
このもっちり感はぜひ体験してほしい！ 食感、味付けともに◎で、ビールのつまみにもよさそう。

プチぼうけん 4

知られざるフォーの魅力に迫る フォーア変化

A フォー・サオが名物メニュー
フーミー Phu My

ザーチュエン（→P.39）の2軒隣にある牛肉フォーの店。客数はザーチュエンに及ばないが味は絶品。フォー・サオ・ボーは食べる価値あり！

Map 別冊P.6-A3 旧市街

住 45 Bát Đàn, Q. Hoàn Kiếm 電 3828-6574 営 6:30～13:30、16:30～22:00 休 テト Card 不可 交 ハノイ大教会から徒歩約10分

B 変わり種フォーの種類が多い
フォー・クォン・フン・ベン Pho Cuon Hung Ben

この通りにはフォー・クォン（巻きフォー）の店が多いが、そのなかでもおいしいと評判。フォー・クォンと揚げフォーなど数品頼んでシェアしたい。

Map 別冊P.5-C1 ホーチミン廟周辺

住 33 Nguyễn Khắc Hiếu, Q. Ba Đình 電 3829-2040 営 9:00～23:00 休 テト1週間 Card 不可 交 ホーチミン廟からタクシーで約8分

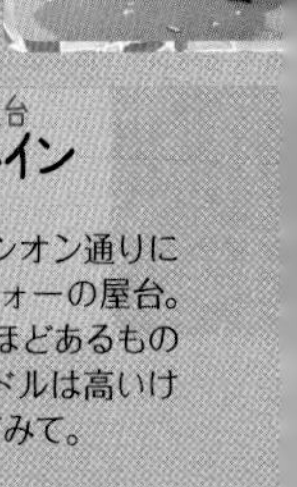

C 超満員になる屋台
フォー・ハイン Pho Hanh

漢方薬店が並ぶランオン通りに夜だけ出る鶏肉フォーの屋台。道路を挟んで50席ほどあるものの常に満席。ハードルは高いけれどチャレンジしてみて。

Map 別冊P.6-B2 旧市街

住 65 Lãn Ông, Q. Hoàn Kiếm 電 091-534 0341（携帯） 営 18:00～23:00 休 テト10日間 Card 不可 交 ハノイ大教会から徒歩約10分

プチぼうけん 5

コミカルで繊細な動きに夢中！ 北部発祥の伝統エンタメ 水上人形劇を本場で楽しむ

ハノイで絶対に外せないのが、ベトナムを代表するエンタメである水上人形劇観賞。事前に歴史や見るべきポイントを知っておけば、さらに楽しくなること間違いなし！

最後に登場する仙女

土地の神様"オンディア"

伝統楽器の生演奏も！

テウさんかわいい

冒頭に登場するテウさん

水上人形劇を観賞

TOTAL 1時間

オススメ時間 16:10 17:20 18:30

予算 10万ドン～

チケットは事前購入がマスト！

座席は全席指定で、劇場横のチケット窓口◷8:30～20:30で購入できる。前方の席は旅行会社によって多数が押さえられているため、チケットは早めに購入しておくこと。

水上人形劇って何？

ベトナムに1000年も昔から伝わる、水面を舞台にして繰り広げられる人形劇。もともとはベトナム北部タイビン省の農民たちが、収穫の祭のときなどに屋外の水辺を使って演じていた。11～15世紀（李朝、陳朝）の頃には、娯楽として宮廷にまで広まったといわれている。

由緒ある劇場の雰囲気と、どこにも負けない愛嬌のある人形の動きをお楽しみください

タンロン水上人形劇団
団長ニーさん

1988年に水上人形劇の世界に入り、日本など世界各国での公演も成功させた女性団長。

舞台裏図解

幕 客席側 舞台裏 水面

歴史を感じる劇場

タンロン水上人形劇場

Nhà Hát Múa Rối Thăng Long（ウオーター・パペットリー）

1956年、ベトナムの国民的英雄、ホーチミン主席が子供たちのために建てた劇場。何度も修繕、改築がなされ、今も大切に使われている。1階にはカフェがあり、2階では水上人形劇のレプリカ人形なども購入できる。

Map 別冊P.7-C3 ホアンキエム湖周辺

🏠57B Đinh Tiên Hoàng, Q. Hoàn Kiếm ☎3824-9494 ◷毎日16:10、17:20、18:30の3回公演、観客が多い日は20:00の回もある（チケット窓口は8:30～20:30） 休無休 料10万～20万ドン Card不可（自動券売機はA.J.M.V.） URL thanglongwaterpuppet.com 交ハノイ大教会から徒歩約10分

太鼓上奏

タンロンの繁栄を願って

タンロン城の祭の際に、王に捧げるために演奏された太鼓の音色が響きわたる。劇場内はおごそかな雰囲気に包まれる。

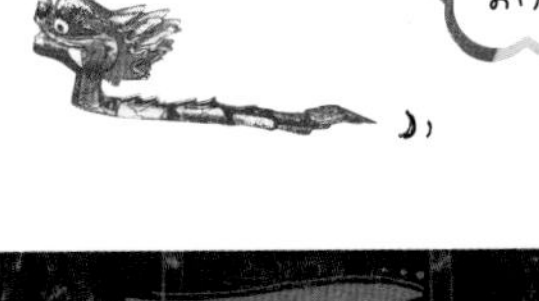

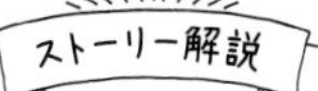

舞台は3 ～ 5 分の短編が14話。民話、習慣、伝説、民族的な話が、ベトナム伝統楽器の軽やかな音色とともに、水上を舞う人形によって綴られてゆく。言葉がわからなくても、そのコミカルで繊細な人形の動きには見入ってしまい、おおまかなストーリーは理解できる。

魚釣り夫婦

しっかり押さえておけよ！

夫婦が小舟で魚釣り。ふたりで協力して魚を取ろうとするも、失敗続きの夫をしり目に、しっかり者の妻だけが魚をつかまえる。テンポのよいコミカルな動きで笑える。

キツネ狩り

家畜のアヒルをキツネから守ろうと夫婦が奮闘。妻に急かされながらキツネを退治したが、実はまだキツネが生きていて大パニック！

チャウバンの演奏

神様をお呼びするのです

ベトナムの民間信仰「聖母道」の儀式の最中に、神様を迎えるために演奏される「チャウバン」を模した演目。火を持って登場する霊媒師に神が降臨するといわれる。神秘的な雰囲気。

スーイスイッ

鳳凰の踊り

黄金に輝く鳳凰2羽が求愛し、卵が産まれ、やがてひながかえる。夫婦の幸せが表現された演目。ひながかえるシーンでは会場は拍手喝采。

還剣伝説

1428年、後黎(レー)朝の始祖、レ・ロイ（＝レ・タイ・トー）は、湖にすむ亀から授かった宝剣で明軍を駆逐し、ベトナムを中国支配から解放した。平和が訪れた頃、再び亀が姿を現し、剣を返すよう啓示され、湖の中の小島（→P.126ホアンキエム湖の亀の塔）で剣を奉還したという伝説に基づいている。

仙女の踊り

幻想的な世界に誘います

水上人形劇で最も美しく幻想的なシーン。8人の仙女が舞う姿はクライマックスにふさわしい。

四霊獣の踊り

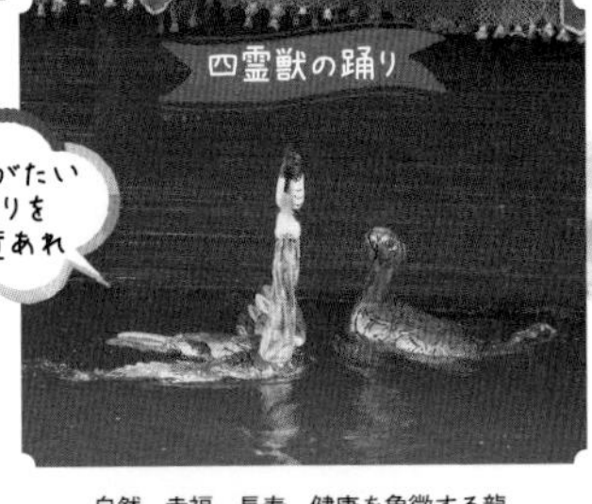

自然、幸福、長寿、健康を象徴する龍、鳳凰、亀、獅子の四霊獣が、火や水を吹きながら水上を駆け巡る。

ローカルから高級まで

今夜はどんな気分？ タイプ別☆ナイトスポット案内

旅人街の路上から夜景きらめくルーフトップバーまで、普段着で楽しめるのがハノイの夜の魅力。気分に合わせて選べるスポットをご紹介。

広々として開放感抜群。火・水・金・土・日曜は生演奏あり

ハノイいち **高所** で乾杯！

NIGHT SPOT

ハノイの夜遊びプラン　TOTAL 2時間

オススメ時間 19:00〜21:00　予算 20万ドン〜

ハノイの夜遊び事情

夜景やハイソな気分が味わいたいならホテルのルーフトップバーへ、ローカル気分を味わいたいなら地元のバーやターヒエン通りへ。帰りはお店で信頼できるタクシーを呼んでもらおう。

夜遊びは早め出発 早め解散がハノイ流

一部24時間営業が許可されているエリアもあるが、法令により、バーを含むほとんどの飲食店が24:00にはクローズする。ちょっと早めにディナーを終えて、夜の街に繰り出そう。

1

ハノイの街をぐるりと360°見渡せる特別な空間。眼下に広がるのはタイ湖

ハノイでいちばん高所にあるルーフトップバー

トップ・オブ・ハノイ Top of Hanoi

ロッテ・ホテル・ハノイ(→P.135)の最上階に位置するバーはベトナムの若者に人気。ハノイの街全体を見下ろすダイナミックな夜景が楽しめる。はやりのベトナムミュージックに包まれてノリノリの夜を過ごそう。

2

Map 別冊P.4-A2　ホーチミン廟周辺

67F, Lotte Center Hanoi, 54 Liễu Giai, Q. Ba Đình　☎3333-3016
17:00〜24:00　休 無休　料 +税・サ15%　Card A.D.J.M.V.　予 不可　交 ホーチミン廟からタクシーで約10分　ビーチサンダルやタンクトップで入場不可

3

1 左はクランベリーやスパークリングワインのカクテル「シンデレラ」、右はジンベースにレモングラスやオレンジ、ピーチジュースが入った「トロピカルトップ」。各27万ドン　2 近未来的な空間を通ってバーにアクセス

ROOFTOP BAR ルーフトップバー

きれいな夜景が見たい！

プチぼうけん 6

タイプ別☆ナイトスポット案内

ハノイ随一の夜景はここから

サミット The Summit

「パン・パシフィック・ハノイ」(→別冊P.14) のルーフトップにあるバー。20階にある客席からはハノイの街並みを一望できる。おすすめは夕暮れどきで、刻々と変わっていくハノイの空を眺めながら楽しむカクテル (19万ドン～) は格別。ぜひとも湖側のテラス席を予約しておきたい。シャンパン、ワイン、ウイスキーの種類も豊富。ブルスケッタ (29万5000ドン) などの軽食もある。

夕暮れどきも絶景！

Map 別冊P.5-C1
ホーチミン廟周辺

🏠20F, Pan Pacific Hanoi, 1 Thanh Niên, Q. Ba Đình ☎3823-8888 (内線5314) 🕘14:00～24:00 休無休 料+税・サ15% Card A.D.J.M.V. 予不要 交ホーチミン廟からタクシーで約10分

1 目の前にタイ湖が広がるテラス席　2 ナッツやオリーブがサービスで付く　3 パッションフルーツ・マルガリータ20万ドン　4 スパークリング・ベリーニ22万ドン

ホアンキエム湖が一望できる！

270°のホアンキエム湖ビューが楽しめる

マジェスティ・スカイバー Majesty Sky Bar

「ラ・シンフォニア・マジェスティ・ホテル&スパ」のルーフトップにあるスタイリッシュなバー。ロマンティックな景色を眺めながら、コブミカンやコショウを使った南国フレーバーのオリジナルカクテル (22万5000ドン～) を味わいたい。

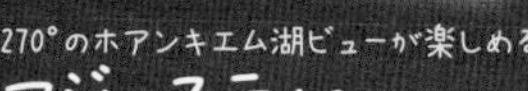

Map 別冊P.7-C3　旧市街

🏠8F, La Sinfonia Majesty Hotel & Spa, 1 Cầu Gỗ, Q. Hoàn Kiếm ☎3938-0963 🕘17:00～23:30 休無休 料+税・サ15% Card A.D.J.M.V. 予望ましい 交ハノイ大教会から徒歩約10分

1 毎日17:00～19:00はハッピーアワー　2 バーの隣にフュージョン料理を供する「シンフォニー・レストラン」がある　3 湖がよく見える席は予約をして訪れたい

ローカルバー

LOCAL BAR

Beer

ホーチミンのブルワリーがハノイに進出

パスター・ストリート・ブルーイング・カンパニー

Pasteur Street Brewing Co.

ベトナム産のコーヒーや果物、スパイスなどをブレンドしたクラフトビール（10万5000ドン～／400mL）が楽しめる。酸味が効いたパッションフルーツ・ウィートエールと甘い口当たりのジャスミンIPAがイチオシ。

Map 別冊P.8-B1 ホアンキエム湖周辺

1 Âu Triệu, Q. Hoàn Kiếm
6294-9462 11:00～23:00
休 無休 Card A.J.M.V. 予 週末は要予約 URL pasteurstreet.com
交 ハノイ大教会から徒歩約1分

1 缶ビール（5万9000ドン）も販売 2 ナッシュビル風チキンサラダ17万9000ドン 3 ビールは常時約14種類。6種類のサンプリングは28万5000ドン

1 夜はテラス席がおすすめ 2 モダンなバーカウンターとレトロな建築が心地よく調和

Cocktail

レトロ建築の隠れ家バー

ハノイ・ハウス

Hanoi House

築100年を超えるコロニアル建築を再利用したカクテルバー。路地を進んで民家の階段を上った先にあり隠れ家感満載。カクテルメニューは季節ごとに変わり、25万ドン～。平日は19:00までハッピーアワー。

Map 別冊P.8-B1 ホアンキエム湖周辺

2F, 47 Lý Quốc Sư, Q. Hoàn Kiếm
086-5551847（携帯） 9:00～翌0:30
休 テト Card M.V. URL www.facebook.com/thehanoihouse
交 ハノイ大教会から徒歩約1分

Cocktail

フォー・カクテル考案のバー

ネー・カクテルバー

Ne Cocktail Bar

フォー・カクテルを考案した名バーテンダーがオーナー。豆腐デザートから着想を得たカクテル（23万ドン）や青米のカクテル（Cốm）などハノイならではの新感覚カクテルが味わえる。

1 フォーの風味が不思議なフォー・カクテル26万ドン 2 フォー・カクテルを作る様子は必見！ 3 青米のカクテルは25万ドン

Map 別冊P.8-A1 ホアンキエム湖周辺

3B Tống Duy Tân, Q. Hoàn Kiếm
079-3993934（携帯） 19:30～翌1:00（土・日曜～翌2:00） 休 テト Card A.M.V.
予 不要 交 ハノイ大教会から徒歩約11分
クアドン通り店（Map 別冊P.6-A2）

Live

大人の時間が過ごせる

ビンミン・ジャズ・クラブ

Binh Minh's Jazz Club

ベトナムのジャズ界の第一人者である、サックス奏者のグエン・ヴァン・ミン氏が経営するジャズクラブ。演奏バンドは毎日変わり、オーナーの息子のドラマーや著名なアーティストが出演することもある。

Map 別冊P.9-D2 ホアンキエム湖周辺

1A Tràng Tiền, Q. Hoàn Kiếm 3933-6555 7:00～24:00
休 テト Card M.V.
予 不要 URL minhjazzvietnam.com 交 ハノイ大教会からタクシーで約5分

週末の夜は **WEEKEND**

ショッピング派は

週末の夜は旧市街がお祭りムード！

旧市街ナイトマーケット
Night Market

毎週、金・土・日曜（冬季：18:00～24:00、夏季：19:00～24:00）に、旧市街のドンスアン市場北側 Map 別冊P.6-B1 からホアンキエム湖 Map 別冊P.7-C3 間のハンザイ通り～ハンダオ通りが歩行者天国になり、みやげ物やファッション、スナックなど約200店の露店が並ぶ。スリには十分注意すること。

Map 別冊P.6～7 旧市街

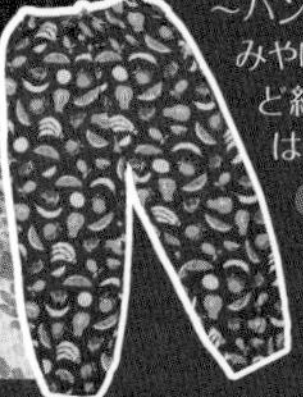

ポップなフルーツ柄ズボン15万ドン～

夕涼み

風情たっぷりな夜の湖畔を散歩

ホアンキエム湖の歩行者天国エリア

毎週金曜の19:00～日曜24:00まで、ホアンキエム湖（→P.126）周辺の歩行者天国が実施されており、バイクや車を気にすることなく老若男女がくつろげる人気のスポットとなっている。湖畔北側にはみやげ物屋の屋台が立ち、子供用の電動カーや電動スクーターのレンタルも行われている。

Map 別冊P.9-C1～C2 ホアンキエム湖周辺

1 似顔絵描きも多い　2 ローカルスナックやスイーツ、バルーンなどを売り歩く自転車屋台

安心して歩けるね♪

旧市街の一大飲み屋ストリート

ターヒエン通り Ta Hien St.

ビールも安いよ！

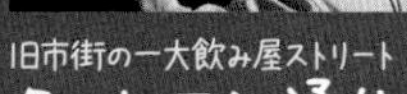

数年前はあやしげな路地裏だったが、今やすっかり観光スポット。約50mの通りにズラリと軒を連ねる飲み屋が夕方18:00頃からオープンし、毎晩国内外の若者が路上を埋め尽くす。平日もオープンしているが、週末は特に盛り上がる。

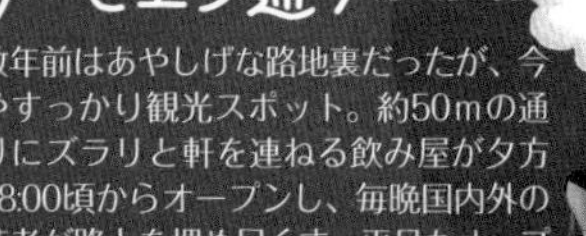

Map 別冊P.7-C2 旧市街

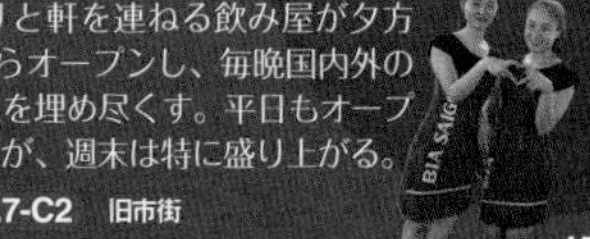

ベトナムいちの景勝地

幻想的な 世界遺産 ハロン湾で 感動と癒やしの極上クルーズ体験

海面から大小2000もの奇岩が突き出すハロン湾は、ベトナムいちの景勝地。世界遺産にも登録された美しい景観を見に、ハノイからショートトリップ。

Vinh Ha Long

ハロン湾ってどんなところ?

氷河期時代に沈降した石灰岩大地が、長い年月をかけて風雨や海水に浸食されてできた、約2000の奇岩が海から突き出す「海の桂林」。

ベストシーズンは?

9〜11月頃までは晴天の日が多い。12〜3月は晴れてもかなり寒いので防寒着が必要。4〜10月は雨も降るが、島などで泳ぎたいなら6〜8月がベスト。クルーズは1年中催行しているが、天候や波の具合によっては当日に突然「全クルーズ船出航中止」となることもあるので、9月中旬〜10月の台風シーズンは要注意。

ハロン湾の伝説

ハ=降りる、ロン=龍を意味している。その昔、外敵の侵略に悩まされていたこの地に龍の親子が降り立ち、敵を打ち破って宝玉を吹き出した。それが奇岩となり、その後、海からの外敵の侵入を防いだという伝説が残る。

Map 別冊P.2-A1

幻想的な世界遺産ハロン湾

アクセス

ハノイから、ハロン湾のクルーズ船が発着するハロン国際港か、トゥアンチャウ国際港までは高速道路利用の場合車で約2時間。ハノイからの日帰りツアーが一般的。個人で訪れることも可能だが、クルーズツアーは乗り合いで、定員になるまで長時間待つ場合もあるのであまりおすすめしない。

ツアー

ハノイからの日帰りツアーは前日までにハノイの旅行会社（→P.151）で要予約。会社によって内容や料金が異なるため、事前に要確認。

時短派＆人気No.1

日帰りで楽しむ

P.50

aruco イチオシ

1泊2日で堪能する

P.52

クルーズ＋αで

水上飛行機でひとっ飛び

P.51

時短派は日帰りクルーズへ

ハロン湾日帰りクルーズは、ハノイ発のオプショナルツアー人気No.1。朝9:00頃ハノイを出発し、20:00頃帰着という弾丸トリップだけど、サクッとリーズナブルに世界遺産に行けるのは魅力。

ハノイ発日帰りクルーズ TOTAL 11時間

オススメ時間 9:00〜20:00　予算 50US$〜

最安値は50US$くらい
通常往復バス、クルーズ、昼食が含まれており、50〜100US$と内容によって料金が変動する。手こぎボートの料金が含まれているかは要確認。

申し込みは →P.151

START! 12:00 出発

12:00頃、バイチャイのハロン国際港か、トゥアンチャウ島のクルーズターミナルからハロン湾へ出航！

ワン！

犬の形に見える岩 Hòn Chó Đá

おすわりした犬の横顔に見えるという岩

ゴリラ岩 Hòn Khỉ Đột

座ったゴリラにもゴリラの顔にも見えるゴリラ岩

12:15 奇岩を見ながら海を進む

ハロン湾の世界遺産エリア約1530km²にある大小2000の奇岩のうち、約半分に名前がついている。名物岩のアナウンスを聞き逃さないように。

香炉岩 Hòn Đỉnh Hương

20万ドン札にも描かれている、ハロン湾で最も有名な岩

12:30 ランチ

船内でランチタイム。内容はツアーによって異なるので事前に要確認。

闘鶏岩 Hòn Gà Chọi

2羽の鶏が戦っているように見える

13:30 手こぎボートに乗り換える

大型船では行けない奇岩洞窟やフローティングビレッジを見学。

GOAL! 15:30 ティエンクン洞を見学

「天宮」という意味の鍾乳洞。高さ20m、幅10mほどの鍾乳洞内では、自然が織りなす造形美が堪能できる。

ライトアップされて幻想的！

水上飛行機で空からも楽しむ

ハノイのノイバイ国際空港〜ハロン湾間を運航するハイアウ航空の水上飛行機なら、車で2時間かかる距離をなんと45分でひとっ飛び。空から世界遺産を眺めたあと、ハロン湾に着水するという、スリル満点でスペシャルな体験はいかが？

水上飛行機でハロン湾へ

TOTAL 1時間

オススメ時間 9:20〜10:20、10:00〜11:00

予算 片道900万ドン

お得なプロモーションをチェック

料金はハノイ〜ハロン湾間片道のフライトと、ハロン湾上空での15分間の遊覧飛行を含む。往路のハノイからハロン湾への自動車送迎、ハロン湾でのクルーズ、ハロン湾〜ハノイ間の片道水上飛行機代が含まれた日帰りまたは1泊2日クルーズなどもあり、時期によってはお得な割引価格あり。

2回目のハロン湾なら絶対おすすめ

ハイアウ航空 Hai Au Aviation

セスナ社製の水上飛行機でハノイ〜ハロン湾間のフライトを1日2往復運航。片道約45分。

☎096-2069689（携帯、ホットライン）
URL www.seaplanes.vn

Bhaya
halong bay vietnam

arucoイチオシ！ 1泊2日豪華クルーズ

降龍伝説の舞台でもある神秘的なハロン湾を味わい尽くすなら、1泊2日の船上泊クルーズが断然おすすめ。奇岩の海でカヤッキングや遊泳を楽しんだり、デッキから夕日や星空を眺めれば、身も心もパワーチャージできるはず。

ハロン湾1泊2日クルーズ

TOTAL 2日間

オススメ時間 8:00〜翌日13:00

予算 313US$〜

事前にウェブで要予約

ハロン湾の船上泊クルーズは「バーヤ」をはじめとする数社が行っている。ハノイの宿泊ホテル〜トゥアンチャウ島のクルーズターミナル間はミニバンでの往復送迎付きで快適。ハノイ出発は8:00頃。

歴史あるクルーズ会社

バーヤ Bhaya

豪華客船のバーヤクルーズと、ラグジュアリーを極めたアウコークルーズを運航。ウェブのほかハノイオフィスでの申し込みも可。

Map 別冊P.11-C1 ホアンキエム湖南部

47 Phan Chu Trinh, Q. Hoàn Kiếm ☎3944-6777
8:30〜18:00 休土・日曜
Card A.D.J.M.V. URL www.bhayacruises.com

12:00 START!

トゥアンチャウ島のクルーズターミナル着

出発前はバーヤの専用ラウンジでゆっくりできる。

welcome!

12:45

出航&客室にチェックイン

全客室にシャワー、トイレ、バルコニー付き。Wi-Fiは共用エリアで。

13:00

ランチビュッフェとガイダンス

新鮮な海鮮をふんだんに使った料理に舌鼓。食後はルート説明が行われる。

本日のルートは……

Free time

波の音を聞きながらデッキでコーヒーを飲んだり、マッサージを楽しむのもいい。夏なら遊泳できる。

ライフジャケットを着用して！

15:00

フローティングビレッジを見学

手こぎのボートに乗り換えて、水上生活を営む家や漁船を見学。オプションでカヤック体験もできる（有料）。

カヤックでスイスイ

水の上にお家が！

17:30

デッキで料理教室

乗客同士が春巻の早巻き対決。春巻はその場で試食。

※ベトナム政府は水上生活者に対して陸上生活へ移るよう推奨しており、水上生活者を見学するツアーをよしとしていないため、まれに取り締まりが行われる。運悪く取り締まりの日に当たったら、小舟クルーズは諦めるしかない。

GOAL!

10:30 ターミナル到着！

お疲れさまでした！　トゥアンチャウ島のクルーズターミナルからハノイの滞在ホテルまで約2時間は睡眠タイム。ハノイ到着は13:00頃。

これはびっくり！

7:45 ハロン湾最大のスンソット洞見学

スンソット洞からの絶景

「びっくり洞窟」という意味のハロン湾最大の鍾乳洞。160段の階段を上った先にある洞窟の入口からはハロン湾の絶景が見渡せる。

7:00 朝食

太極拳のあとの軽食。洞窟見学のあとにもビュッフェの朝食がある。

6:15 朝日とともに太極拳

呼吸はゆっくり

ハロン湾に昇る朝日をたっぷり浴びながら、パワーチャージ！

21:00 星空観賞

デッキに出て流れ星を探そう。フェリー内での映画上映や、オプションのイカ釣り体験を楽しむこともできる。

19:00 地元素材を生かしたコースディナー

エビのココナッツ蒸し

スープ、前菜、サラダ、メイン、デザートが付くフルコース。

メインはハロン湾で取れたシーバス

18:00 感動的なサンセットタイム

日帰りでは見られない、夕日に染まる海と奇岩群の絶景は必見！

17:00～18:00はハッピーアワーで2杯頼めば1杯無料。

ココがポイント
美しい夕日と星空、朝日を船上で！
天気がよければ、デッキからさまざまなハロン湾の表情が楽しめる。

高原の避暑地へ週末トリップ 棚田と少数民族の里サパへ

ハノイ近郊
バックハー
サパ
ハロン湾
ハノイ
ニンビン
Map 別冊P.2-A1

ハノイから北西へ約300km、海抜1560mの山間部にあるサパは、インドシナ最高峰のファンシーパン山トレッキングの拠点や少数民族の里として有名で、近年国内外からツーリストが急増中。ベトナムの自然と文化に触れたいならサパへ行こう。

SAPA

ライステラスの絶景!

サパ周辺の棚田(ライステラス)は5～6月頃田植え、9～10月頃に収穫が行われる

市場が開かれる週末が狙い目!

サパでは毎週土・日曜に少数民族の市場が開かれてにぎわう。また、サパから車で約3時間のバックハー(→P.59)では、ベトナムいち華やかな民族衣装を身に着けた花モン族のマーケットが日曜に開かれる。

サパへ週末トリップ

TOTAL 3泊4日～

オススメ時期 4～5月頃、9～11月頃

予算 200US$～

週末のホテル予約は早めに!

サパの中心部は非常にツーリスティックで、高級ホテルからゲストハウスまでたくさんある。予約をしなくても宿泊場所は確保できるが、週末はベトナム人の国内旅行客も多く、評判のいいホテルに泊まりたいなら事前予約がおすすめ。

3泊4日 MODEL SCHEDULE

1DAY(金)
- 22:00 サパ・エクスプレスの寝台バスでサパに向けて出発 P.54

2DAY(土)
- 4:00 サパのオフィスに到着後、夜明けまでバスで待機
- 6:00 日が昇ったら、タクシーでホテルに移動 P.57
- 午前 サパの町を散策し、市場やショップで少数民族グッズ探しやランチ P.56
- 午後 現地ツアーで町近郊の少数民族の村や棚田トレッキングへ(※ルートはツアーにより異なる) P.58
- 夜 町に戻り、ディナーと薬草風呂体験 P.56

3DAY(日)
- 7:30～16:00 現地ツアーでバックハー市場へ P.59

4DAY(月)
- 7:30 サパのオフィスからハノイへ向けて出発
- 13:30 ハノイのオフィスに到着

夜 サパの町に戻らず、ラオカイ駅から寝台列車もOK!

アレンジのヒント

左記はバスを利用した週末プラン。もう1日あれば、町近郊のファンシーパン山や滝(→P.58)などの絶景巡りもおすすめ。時間に余裕があれば寝台列車を利用した鉄道旅もおすすめ。

サパの町には黒い民族衣装を身に着けた黒モン族の女性が多い

Information

サパってどんなところ?

町周辺に美しい棚田が広がり、インドシナ最高峰のファンシーパン山がそびえ立つ山岳リゾート地。夏でも涼しく、フランス植民地時代から避暑地として有名。棚田や少数民族の村を訪ねるトレッキングツアーに参加して、文化や自然を肌で感じてみよう。

ベストシーズン

トレッキングなら4～5月頃、9～11月頃がベスト。6月後半～8月にかけては雨が多く、1～3月は寒さが厳しい。

ツアー

スケッチトラベルの「専用車・日本語ガイドで行くサパ1泊2日」(340US$～)など各社で催行している。詳細は→P.151。

アクセス

ハノイのミーディン・バスターミナルからサパ行きの寝台バスが6:00～23:55の間に1時間間隔で運行。所要5時間～6時間30分、31万ドン。

ハノイ駅からラオカイ駅まで1日1本(金～日曜は2本)運行。所要約8時間、40万ドン～。ラオカイ駅～サパ間は列車の発着時刻に合わせて路線バスとミニバスが運行。所要約1時間、6万ドン。

サパ・エクスプレス Sapa Express

ハノイとサパにあるオフィス間を約6時間で結ぶバス会社。ハノイ発は7:00、22:00で18～20US$。

Map 別冊P.7-D3 旧市街

70 Nguyễn Hữu Huân, Q. Hoàn Kiếm ☎6682-1555 6:00～21:00
URL sapaexpress.com

困ったときはココ!

ツーリスト・インフォメーション・センター Tourist Information Center

トレッキングのアレンジやホテル紹介を行っている。ラオカイ発の列車のチケット手配も可能。

Map 別冊P.13-C1 サパ中心部

2F, 2 Phan Xi Păng ☎038-8789888(携帯) 7:30～11:30、14:00～17:30 休不定休
URL www.sapa-tourism.com

サパ周辺で出会える少数民族の衣装図鑑

サパの町を彩る、原色カラーの民族衣装。驚くほど繊細な刺繍や
美しい藍染め生地に思わず見とれてしまう、少数民族のファッションに注目。

A：バックハー市場　B：ラオチャイ　C：タフィン　D：タヴァン →P.59

首から下げた刺繍ポーチがキュート

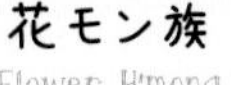

花モン族の男性はインディゴで染めた麻のシンプルな衣装

花モン族 Flower H'mong

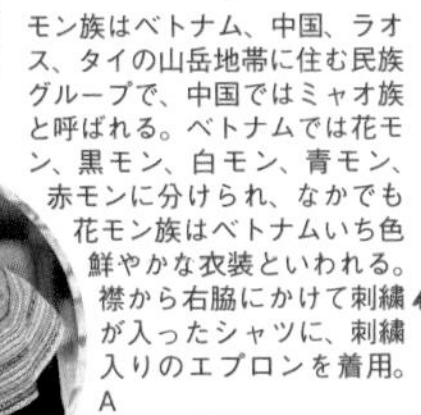

モン族はベトナム、中国、ラオス、タイの山岳地帯に住む民族グループで、中国ではミャオ族と呼ばれる。ベトナムでは花モン、黒モン、白モン、青モン、赤モンに分けられ、なかでも花モン族はベトナムいち色鮮やかな衣装といわれる。襟から右脇にかけて刺繍が入ったシャツに、刺繍入りのエプロンを着用。A

何層も重なった刺繍は棚田を表しているそう。太陽やカタツムリ、車輪、ヘビなど円形のモチーフがよく見られる

刺繍のスカートは1kgほどあり、最近は中国製のプリントスカートを着用する人がほとんど

クロスステッチの立体的な幾何学模様の刺繍が特徴

腰巻きにも見事な刺繍が

黒モン族 Black H'mong

サパ周辺に住み、サパの町に最も多い民族。袖口と襟に刺繍が入った藍染めの麻シャツに、スカートを着用。畑仕事の際に足を守るため、足もしっかり覆っている。B

頭頂で長い髪をぐるっと束ね、筒状の帽子をかぶるのも特徴

成人女性は眉毛、前髪を剃るのも特徴

黒ザオ族 Black Dao

ライチャウ、バックハーなど中国との国境付近の山岳部に住む。赤ザオ族と同様に黒い麻の衣装を身に着け、黒い布を頭に巻いているが、刺繍は見られない。A

タイ族 Tày

ラオカイやハザンなどに住む。ベトナムでキン族に次いで2番目に人口の多い民族。黒いパンツにシャツ、かぶりものを着用する。現在では黒いパンツのみが特徴。成人女性はお歯黒の習慣がある。A

右肩の留め具付近の刺繍が特徴

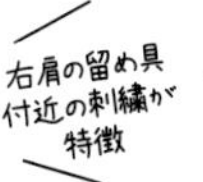

ヌン族 Nùng

北部山岳地帯に住み、中国ではタイ族とともにチワン族に分類される。普段は青いシャツに黒いズボンを着用しているが、特別な日には藍染めの黒い衣装を身に着ける。A

赤ザオ族 Red Dao

ザオ族は北部山岳地帯の中国との国境付近に住み、サパの町でもよく見かける。刺繍入りパンツと、襟と袖口に刺繍が入った黒い麻の上着を着用し、頭に鈴や房飾りを付けた赤い布を巻いている。C

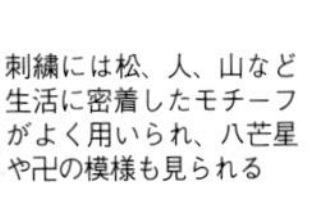

刺繍には松、人、山など生活に密着したモチーフがよく用いられ、八芒星や卍の模様も見られる

ナムモン村に住んでます

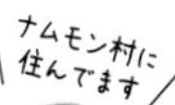

フーラー族 Phù Lá

ラオカイのNậm Mòn村や中国との国境付近に住む。黒いパンツに藍色のシャツを着用。腕章のようなカラフルな刺繍が特徴。A

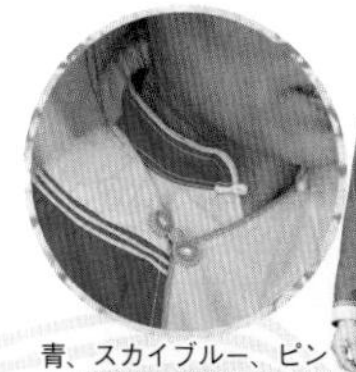

青、スカイブルー、ピンク、黄緑など鮮やかな色合いのシャツが多い

ザイ族 Giáy

ラオカイ、ハザン、ライチャウなどに住む。薄い生地に襟から右の脇にかけて刺繍入りの布を縫い合わせたシャツに黒いパンツを着用。D

ラーチー族 La Chí

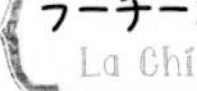

バックハー、ハザン、ラオカイなどに住む。襟元に刺繍の入った浴衣風の藍染め衣装に身を包み、黒い麻布を頭に巻く、黒一色のモードな民族。A

フランス植民地時代の避暑地の名残を感じる、かわいらしい町並み

町のランドマークとなるサパ教会

サパの町歩きを楽しんでね

サパの町なかでよく見かける少数民族の露店

サパの町で楽しむ食・買・美・泊！

少数民族アイテムは、ハノイよりも安くて種類豊富！　サパの特産品に舌鼓を打ったら、薬草風呂体験はいかが？

Sa Pa MAP

サパ湖　サパ教会　ハムロン丘　ファンシーパン通り　0　50m

Map 別冊P.13

EAT

山岳料理や絶景ビューカフェは要チェック！

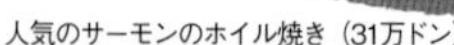

人気のサーモンのホイル焼き（31万ドン）

Map 別冊P.13-C1 サパ中心部

🏠4B Thác Bạc
☎(0214)3872927
🕘8:00～21:00　㊡無休
Card M.V.　㊢要予約

1 老舗の人気レストラン レッド・ザオ・ハウス

Red Dzao House

山小屋風の店内で地元の食材を使った料理が味わえる。おすすめはサパ・サーモンやシカ肉。

3 サパ名物と地酒で乾杯！ カムファー・ヴィエット

Kham Pha Viet

郷土料理が食べられる地元の人に人気の大衆居酒屋。野菜を山のように入れて食べるサーモン鍋（50万ドン～）はマストトライ！

Map 別冊P.13-C2 サパ中心部

🏠15 Thạch Sơn　☎091-2032430（携帯）　🕘9:00～22:00　㊡無休　Card 不可　㊢不要

1. 竹筒にもち米を詰めて焼き上げたコム・ラム（Cơm Lam）　2. クレソン炒め5万ドン　3. リンゴ焼酎タオメオ（Táo Mèo、5万ドン）がおすすめ　4. サーモン、鶏肉、豚肉入りのミックス鍋50万ドン～

2 天気のよい日に行きたいビューカフェ サパ・スカイビュー

Sapa Sky View

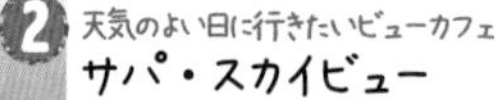

中心部にありながら、山々を見渡せる。テラス席でドリンクを飲みながら深呼吸すれば、旅の疲れも吹き飛びそう。

Map 別冊P.13-D1 サパ中心部

🏠24 Đông Lợi（チャウロン・ホテル内）　☎091-4602529（携帯）　🕘7:00～22:00　㊡無休　Card M.V.　㊢不要

山々や棚田が一望の下

4 しっぽり飲めるバー モン・シスターズ

The H'mong Sisters

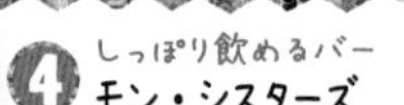

モン族のファブリックで飾られた店内は雰囲気満点。ビールは4万5000ドン～、カクテルは12万ドン～。軽食もある。

Map 別冊P.13-D2 サパ中心部

🏠31 Mường Hoa　☎097-6934303（携帯）　🕘16:00～24:00　㊡月曜　Card 不可　㊢不要

BUY キュートな少数民族グッズがいっぱい！

5 お宝が見つかるかも
ヘンプ&エンブロイダリー
Hemp & Embroidery

黒モン族や花モン族の刺繍布の端切れを使ったアイテムやビンテージの衣装などが揃う店。

Map 別冊P.13-D2 サパ中心部

4 Mường Hoa ☎035-5523850（携帯） 8:00～22:00 休無休 Card不可

民族模様を刺繍したヘアバンド20万ドン

iPadケースとパスポートケース各20万ドン

モン族の藍染めとヘンプ生地を組み合わせたポーチ15万ドン

花モン族の布を使った帽子42万ドン

6 センスのよい小物が揃う
インディゴ・キャット Indigo Cat

モン族の手工芸品を扱うフェアトレードショップ。工房での製作体験も可能（要予約、有料）。

Map 別冊P.13-D1 サパ中心部

34 Phan Xi Pang ☎098-2403647（携帯） 8:30～21:00 休無休 Card M.V.

7 民族雑貨好きはマスト！
サパ市場 Chợ Sa Pa

生鮮食品、雑貨、服、食堂など何でもある近代的な市場。2階北側の少数民族雑貨エリアは要チェック。

Map 別冊P.13-C3 サパ中心部

6:00頃～18:00頃 休無休

カラフルなポーチは3万ドンくらいから

十数種類の薬材入りの薬草風呂セット3万ドン

サパ市場の正面口

RELAX 赤ザオ族秘伝の薬草風呂でデトックス

8 ホテルのスパでスペシャルな体験
チー・スパ
Chi Spa

ホットストーン・マッサージやスウェディッシュ・マッサージのほか、赤ザオ族の薬草風呂（80万ドン）も体験できる貴重なホテルスパ。

Map 別冊P.13-C1 サパ中心部

シルクパス・グランド・サパ・リゾート&スパ（→右記）内 ☎（0214）3788555 9:00～22:00 休無休 Card A.J.M.V. 予要予約

1. 薬草風呂は美肌や筋肉痛、関節炎などに効果があるとされる
2. 十数種類の薬草をお湯に入れる

STAY 個性豊かな5つ星ホテルでゆっくり過ごす

9 館内全体がアーティスティック
ホテル・ドゥ・ラ・クーポール・Mギャラリー
Hotel De La Coupole - MGallery

フレンチコロニアルと山岳民族の文化の融合をコンセプトにしたラグジュアリーホテル。遊び心とセンスあふれる意匠で非日常が味わえる。

Map 別冊P.13-C1 サパ中心部

1 Hoàng Liên ☎(0214)3629999 料398万7000ドン～（朝食付き。+税・サ15%） Card A.D.J.M.V. 室249室 URL www.hoteldelacoupole.com

1. ホテルの設計は著名建築家のビル・ベンスリー氏が担当 2. クラシカルな調度品で統一された客室

10 インテリアにときめくリゾートホテル
シルクパス・グランド・サパ・リゾート&スパ
Silk Path Grand Sapa Resort & Spa

黄金に染まる秋の棚田をイメージしたグランドスイート

小高い丘の上に立つ5つ星リゾート。少数民族のテキスタイルで彩られた客室は全室バルコニーかテラス付き。レストランやスパがある。

Map 別冊P.13-C1 サパ中心部

Doi Quan 6 ☎（0214）3788555 料280万ドン～（+税・サ15%） Card A.J.M.V. 室152室 URL silkpathhotel.com/Sapa

全面ガラス張りの温水プール

サパの町から近郊プチトリップ!

少数民族の村々や絶景スポットへ!

サパ郊外には、心洗われるベトナムの原風景が広がる。少数民族の村や棚田巡りはツアーに参加しよう。近郊の滝や展望台なら個人でも気軽に行ける。

※Ⓐ〜Ⓘの地図位置は Map 別冊P.13-D3

Information

トレッキングツアー情報

少数民族の村へはタクシーを手配して個人で訪れることもできるが、コスパを考えるなら少数民族のガイド付きの現地日帰りツアーがいちばん。半日〜1日までコースはさまざま。

ツアー内容と価格例

一番人気のイーリンホー〜ラオチャイ〜タヴァンの1日トレッキングツアーは30万ドン〜。9:30にホテルを出発し、歩いて3つの村を巡り、帰路はバスで戻る。カットカット半日は10万ドン〜。

旅行会社 サパ・トラベルメイト Sapa Travelmate Map 別冊P.13-D2

5 Mường Hoa ☎091-2346693(携帯) 7:00〜11:30、14:00〜18:00 休無休 Card J.M.V.

アドバイス

ツアー内容を事前によく確認し、必ず滑りにくい靴で! サパ周辺では少数民族の女性に写真を撮らせてもらったら、2万ドン程度のチップか、その女性から何かを買うというのが暗黙のルールになっている。コロナ禍以降、入村料を免除している村と通常通り支払わなければならない村があるため、事前に現地で要確認。

ロマンティックな“愛の滝”

Ⓐ ティンイエウ滝(ラブ・ウオーターフォール) 絶景

Thác Tình Yêu タック・ティン・イエウ(Love Waterfall)

サパ中心部から西に約15km。国立公園内の緑豊かなトレイルコースを30分ほど歩いた先にある美しい滝。夏は水着持参で行こう。

9:00〜17:00 料7万5000ドン 交サパ中心部からタクシーで約30分

約200mの落差がある大きな滝

Ⓑ バック滝(シルバー・ウオーターフォール) 絶景

Thác Bạc タック・バック(Silver Waterfall)

標高1800mのムオンホア(Mường Hoa)山の頂から落下する迫力満点の滝。遠くから眺めるだけでは物足りなければ、階段を上って滝の近くを散策できる。

8:00〜17:30 料2万ドン 交サパ中心部からタクシーで約20分

インドシナ半島最高峰

Ⓒ ファンシーパン山 絶景

Núi Phan Xi Păng ヌイ・ファン・シー・パン

3143mというインドシナ半島最高峰の高さを誇るファンシーパン山へは、サパ中心部からトラムとロープウエイであっという間に登頂できちゃう。山頂付近には大仏や寺が設けられ、まるで天空のテーマパークのよう。

サンワールド・ファンシーパン・レジェンド
Sun World Fansipan Legend
☎(0214)3818888 7:45〜18:30(土・日曜7:00〜19:30) 料サパ中心部のサパ・ステーション〜ムオンホア・ステーション間のトラム往復18万ドン、ホアンリエン・ステーション〜ファンシーパン・ステーションへのロープウエイ往復80万ドン(土・日曜は85万ドン)、ファンシーパン・ステーション〜山頂へのトロッコ上り15万ドン、下り12万ドン Card M.V. URL fansipanlegend.sunworld.vn/en

D カットカット Cát Cát

サパから歩いて行ける

少数民族の村

9:00〜18:00　料15万ドン　交サパ中心部からタクシーで約5分

観光整備された黒モン族の村。伝統家屋や機織り風景、村内にあるふたつの滝などを見て回るコース。町から近く訪れやすい。

E タフィン Tả Phìn

赤ザオ族が暮らす村

少数民族の村

この周辺の赤ザオ族のセールス攻撃は激しい。近郊にはモン族の美しい棚田が見られる。

9:00〜18:00
料4万ドン　交サパ中心部からタクシーで約30分

G シンチャイ Sín Chải

牧歌的な風景が広がる

少数民族の村

黒モン族ののどかな村。まったく観光地化されておらず普段の生活を見ることができる。

9:00〜18:00　料4万ドン
交サパ中心部からタクシーで約15分

F イーリンホー Ý Linh Hồ

徒歩でしかたどり着けない絶景

絶景

サパ周辺でいちばん美しいといわれる棚田がここ。サパから約1時間棚田を上り下りしてたどり着く見晴らし台からの眺めは感動もの。

交サパ中心部から徒歩約1時間

H ラオチャイ Lao Chải

棚田もきれい

少数民族の村

黒モン族の村。村の入口のレストランには多数の黒モン族がたむろしており迫力がある。

交サパ中心部からタクシーで約17分

I タヴァン Tả Van

3つの民族が住み分ける

少数民族の村

黒モン族、赤ザオ族、ザイ族の3民族が住む珍しい村。みやげ物店あり。

交サパ中心部からタクシーで約30分
料7万5000ドン

週末はバックハー市場へ

サパから北東へ約110km、車で約3時間走った山奥にバックハーの町がある。毎週日曜に開かれる花モン族のマーケットが有名で、市場が色鮮やかな民族衣装で埋め尽くされる光景をひとめ見ようと、国内はもちろん世界中から観光客が訪れる。せっかく週末にサパまで来たのなら、予定を変更してでも日曜はバックハーへ出かけよう。

6:00〜13:00頃まで

アクセス

サパからの日帰りツアー※は日曜7:00頃発、15:00頃帰着で7〜38US$。

※バスはラオカイを経由

1. 花モン族のお店で購入したポーチ6万ドン　2. ヌン族の室内履き　3. このあたりで取れるスターアニス

Map 別冊P.2-A1

人気急上昇！ 古都の風情と自然を堪能

世界遺産 ニンビンで絶景！ 奇岩クルーズ

10～11世紀にかけて王都がおかれたホアルー、石灰岩の奇岩が連なる風光明媚なチャンアンやタムコック……。これら周辺のエリアが「チャンアン複合景観」として2014年にベトナム初の自然と文化の複合世界遺産に登録され、注目が集まっている町ニンビン。癒やしの聖地を訪れてみよう。

Map 別冊P.2-A1

Ninh Bình

日帰りモデルスケジュール

- 8:30 ホテルまでガイドがお迎え
- 10:00 ホアルー※に到着&観光
- 12:00 昼食
- 13:00 チャンアン※※クルーズ
- 15:30 チャンアン※※からハノイへ
- 18:00 ハノイのホテルへ到着

※またはバイディン寺
※※またはタムコック

奇岩が目の前に！

青い空に奇岩が映えるチャンアンクルーズ。日傘や帽子を忘れないようにしよう

クルーズを含む日帰りツアーが人気

かつての王都ホアルー

ニンビン周辺の世界遺産エリアは1万2000ヘクタールにも及び、見どころは点在している。ハノイからなら、チャンアンかタムコックのクルーズと、古都ホアルーやバイディン寺の見学を含む日帰りツアーで訪れるのがおすすめ。

ニンビンで世界遺産クルーズ TOTAL 11時間

オススメ時間 8:00～19:00　予算 75US$～

週末は観光客が押し寄せる！
ベトナム国内はもちろん、中国からの観光客も多いニンビン。特にチャンアンクルーズは、週末はかなりの数の観光客が訪れ、にぎやか。

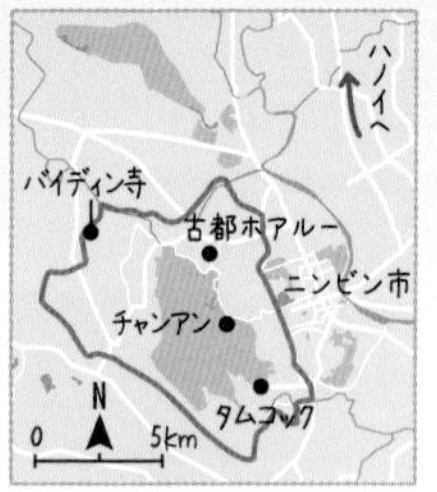

世界複合遺産エリア

Information ニンビン

ニンビンってどんなところ？
ハノイから南へ約100km、ニンビン省の省都。近年発展が急速に進むニンビン市西部に広がるホアルーの地には、10～11世紀にかけて首都がおかれ、ベトナムの歴史を知るうえでも重要な町。

クルーズのベストシーズン
クルーズは1年中催行。11～4月頃は雨が少ないが、どんよりとした曇り空が続く。5～10月は雨が多く、7～8月には増水して洞窟に入れない場合がまれにあるが、晴れた日には水面に映る渓谷がとてもきれい。

ハノイからのアクセス
🚌ハノイのザップバット・バスターミナル Map 別冊P.3-D3参照 からニンビン行きのバスが6:00～18:00に運行。所要約2時間30分、7万ドン～。メータータクシーでも行くことができ、片道100万ドン～。
🚃ハノイ駅 Map 別冊P.8-A2 からニンビン駅まで1日3～5本運行。所要約2時間10分～、7万6000ドン～。

ツアー
スケッチトラベルの「古都ホアルー&世界遺産チャンアン」(105US$～)など各社で催行。通常クルーズ料金は含まれている。詳細は→P.151。

アドバイス
クルーズに参加した際はこぎ手ひとりにつき2万ドン程度のチップを渡すのが望ましい。船着き場に無料のライフジャケットを備えている。

ココがおすすめ！
★しっかりコースが決められており安心。
★鍾乳洞の数が多く、冒険感が楽しめる。
★映画『キングコング』のロケ地がココ。

奇岩に囲まれた光景は圧巻！

ボートツアーは所要約3時間。ボート乗り場でチケットを購入する

Tràng An
チャンアン

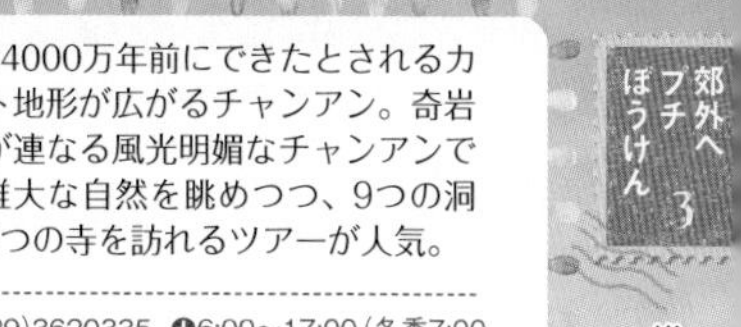

約2億4000万年前にできたとされるカルスト地形が広がるチャンアン。奇岩奇峰が連なる風光明媚なチャンアンでは、雄大な自然を眺めつつ、9つの洞窟と3つの寺を訪れるツアーが人気。

☎(0229)3620335 ◷6:00～17:00（冬季7:00～） 料入域料、ボート代込みで25万ドン（4～5人乗り。4人に満たない場合は相乗りになるが、5人分の料金を支払えばチャーター可能。所要約3時間）

チャンアンには48もの鍾乳洞がある

どちらのクルーズに参加する？

VS

Tam Cốc
タムコック

ベトナム語で"3つの洞窟"を意味するタムコックは「陸のハロン湾」とも称される景勝地で、フランス映画『インドシナ』の撮影も行われた。魚を取る人々や野菜を運ぶ小舟など、生活の風景も見られる。

☎094-9585180（携帯） ◷7:00～17:00 休無休 料12万ドン＋ボート代15万ドン（乗船人数で割る。1隻に外国人ふたりまで）

チャンアンに比べて訪れる人は少なく、ボートをこぐ櫂の音が癒やし効果抜群

シラサギを発見☆

ココがおすすめ！
★人が少なく、静寂に包まれてのんびりクルーズが楽しめる。
★タイヴィー祠を見学できる。
★しっかりとルートが決められているわけではなく、自由度が高い。

ナイスビューをひとり占め！

ニンビンでは2期作を行っており、3月・6月頃の田植えのあとには、緑色の稲がタムコックの水路一面を埋め尽くす

名所ツアーも！

かつての王都
古都ホアルー
Cố Đô Hoa Lư

968年にディン・ティエン・ホアンがベトナム北部を統一し、初の独立王朝の丁朝（ディン）が誕生。それから1010年に現ハノイに遷都されるまで都がおかれていた（→P.143）。

☎（0229）3620099 ◷6:30～17:00（冬季～18:00） 休無休 料2万ドン

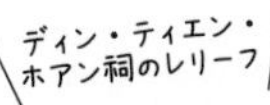
ディン・ティエン・ホアン祠のレリーフ

ディン・ティエン・ホアン祠の門。このあたりが古都ホアルーの中心地だったとされている

東南アジア最大級の仏教寺
バイディン寺
Chùa Bái Đính

釈迦仏殿に鎮座する高さ約10mのアジア最大の金銅像や、重さ約4トンの五百羅漢など見どころが多く、ベトナム人観光客に人気。

☎(0229)3620099 ◷6:30～17:00 休無休 料2万ドン、宝塔の参拝料5万ドン

郊外へプチぼうけん 4

器好き女子必訪！

焼き物の村、バッチャンでかわいい陶器探し

バッチャンは、15世紀頃から陶器作りが始まったという職人の村。小さなエリアに約100軒の工房が密集していて、右も左も陶器だらけ！大きなかばんを持って陶器屋さんをハシゴしちゃお♪

ときめく器を探しにプチ旅行

Bát Tràng

いっぱいあって迷っちゃう！

博物館は必見！

ハノイ近郊

サパ
ハノイ
ハロン湾
バッチャン
ニンビン

Map 別冊P.2-A1

焼き物の歴史を学べる新名所が誕生！

バッチャンの村はゆっくり歩いても30分ほどで回れる大きさ。工芸村を見学後、道の両脇にズラリと並ぶ陶器ショップをのぞきつつ散策してみよう。

伝統柄の陶器もかわいい♪

ろくろで陶器を形成する様子に着想を得たという奇抜な建物

2～3階が陶磁器博物館。バッチャン村や陶器の歴史についての展示や作品が陳列されている

バッチャン村で陶器探し

TOTAL 3時間

オススメ時間 13:00～16:00

予算 20万ドン～

ローカルバスの旅もいい

ロンビエン・バスターミナルに発着する47A番、47B番の路線バスの停留所がバッチャン村の中心部。郊外の風景を楽しむ、約40分の路線バスの旅もおすすめ。

1 ベトナム工芸村センター

2022年オープンの陶器にまつわる博物館

Trung Tâm Tinh Hoa Làng Nghề Việt

6フロアある館内には、陶器にまつわる博物館のほか、レストランやカフェ、ショップ、陶芸体験ができる施設などがあり、屋上には休憩スペースも完備。

28 Thôn 5, Bát Tràng ☎086-6959288（携帯）
8:00～17:30（土・日曜～18:00）
休テト 料5万ドン～ Card不可
URL tinhhoalangnghe.vn

Information

バッチャンってどんなところ？

人口約5000人のうち9割近くが陶器作りを行う陶器村。もともとはれんが作りが盛んで、今もこのあたり一帯ではれんが造りの窯が見られる。

ハノイからのアクセス

ロンビエン・バスターミナル Map 別冊P.5-C1 からバッチャン行きの路線バス（47A番、47B番）が運行。所要約40分、7000ドン。タクシーなら片道20万ドン～。

ツアー

スケッチトラベルのバッチャンツアー（35US$～）など各社で催行。詳細は→P.151。

アドバイス

バッチャン村内で値段が統一されているためほとんど定価販売で、値引きに応じてくれない店が多い。それでもハノイ市内よりは若干安い。

焼き物の村、バッチャンでかわいい陶器探し

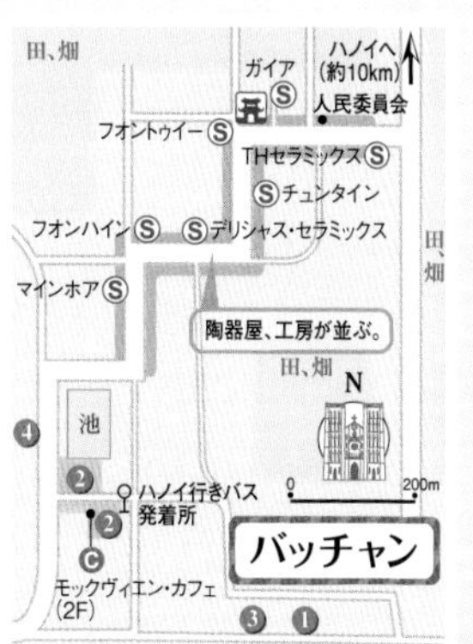

連れて帰ってね♪

1. 手のひらサイズのブタの貯金箱各2万5000ドン　2. ベトナム人観光客も多い　3. 市場は道を挟んで2ヵ所にある　4. スイカ柄の器6万5000ドン、スプーン2万5000ドン　5. まとめ買いすると安くしてくれることが多い

2 バッチャン焼大集合 バッチャン焼き物市場

Chợ Gốm Làng Cổ Bát Tràng

バス発着所の近くにある焼き物市場には、大小100軒ほどの店が入店。ぐるりと1周してみよう。

☎3874-0887　🕘8:00〜18:00頃　休テト　Card店によって異なる

バッチャンおすすめの立ち寄り所

3 おしゃれでリーズナブル LCホーム LC Home

熱に強く、電子レンジや食洗機の使用可能な「ニュー・バッチャン」を制作する工房兼ショールーム。

🏠18 Xóm 5, Bát Tràng　☎3878-8222
🕘8:00〜16:30　休テト1週間
Card不可

1. ティースプーン各5万ドン
2. 果物柄の箸置き各3万ドン
3. 少数民族の刺繍風コースター各8万ドン　4. 伝統的な花柄の小皿6万ドン　5. 北欧チックな絵柄の大皿18万ドン
6. マグカップ6万ドン

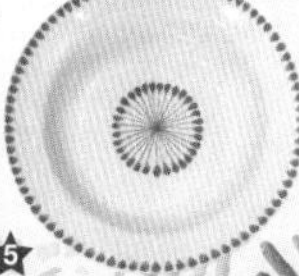

"紅河窯"の別名がある

1. 40年前までは20基以上が稼働していたという　2.「カフェみなみ」を併設。飲食店の少ないバッチャンのオアシス　3,4. ドリンクは4万ドン〜

4 巨大な登り窯は迫力満点 妊婦窯 Lò Bầu Cổ

バッチャンで唯一の登り窯が残る。斜面を利用して作られた窯の形状が妊婦のおなかのよう。ショップも併設。

🏠Xóm 3, Bát Tràng　☎097-9236326（携帯）
🕘8:00〜17:00　休テト　料無料　Card不可

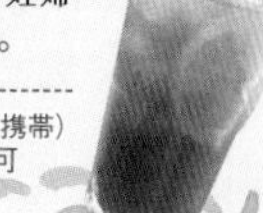

愛すべきレトロ版画 ドンホー版画の里を訪ねる

ハノイで買うなら→P.95

ハノイみやげとしても人気のドンホー版画は、16世紀頃にドンホー村で生み出された。今や2軒のみとなった伝統版画の制作所を見学しよう。

伝統の技を間近で見てください

ドンホー版画の里を訪ねる

TOTAL 4時間30分

オススメ時間 8:00〜12:30、13:00〜17:30

予算 45US$〜

日本語ガイドツアーが効率的

ドンホーはバッチャンと違って個人で行くのが難しいため、バッチャン、ドンホーなどの伝統工芸村を訪ねる日本語ガイドツアーがおすすめ。

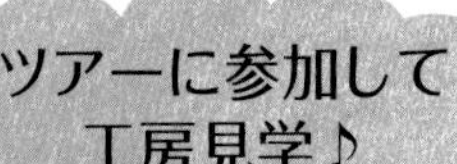

現在ドンホー版画制作だけで生計を立てているのは2軒のみ。スケッチトラベル（→P.151）なら、ドンホー版画の第一人者、グエン・ダン・チェ氏の作業風景を見学できる。

グエン・ダン・チェ氏は海外からも高い評価を得ており、日本でいう無形文化財に当たる勲章を授与された、ドンホー版画の第一人者

1

2

3

4

Information

ドンホーってどんなところ？

ハノイから東へ約30kmの所に位置するバクニン省の村。16世紀頃から版画制作が始まり、村全体で版画作りを行っていた。現在は村の人口約2000人のうち約50人が版画刷りに携わる。

Map 別冊P.2-A1

アクセス

ハノイから車で約1時間。

ツアー

スケッチトラベルが日帰りツアー「バッチャン★ドンホー」（45US$〜）を催行している。

ドンホー版画ってどんなもの？

生活や四季の風物、民族英雄などをモチーフとし、手すきの紙に柑子色やからし色などで色を塗り、その上に多彩な色で手刷りされた多版多色の木版画。今も正月の飾りとして人々に愛されている。

手前左はおよそ200年前の貴重な木型。手すきの紙に手前右の砕いた貝殻を塗って、独特の光沢を生み出している

5

1.『ネズミの嫁入り』。右上には権力者であるネコが大きく描かれ、結婚の祝いの品を献上する小さなネズミが行列を作っている。封建社会における権力者と農民の姿を風刺した作品 2. ドンホー版画の代表作『嫉妬』。はさみを持って愛人の髪を切ろうとする妻、愛人を守る夫、それを見る子供が描かれている 3. ハスの葉を日よけにして水牛の上で笛を吹く少年は、水上人形劇にも登場する有名なモチーフ 4.『アヒルを抱く女の子』は、子供の健やかな成長を願って『雄鶏を抱く男の子』の版画と対で飾られる 5.『カエルの学校』。左の大きくて偉そうなカエルと、右下で鞭を振るっているカエルが先生。生徒のカエルのやる気のない表情がユーモラス

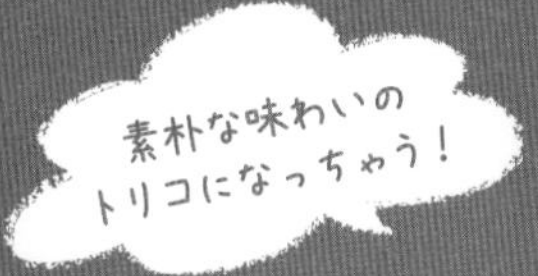

名店からストリートフードまで、マイルドな味わいがうれしいハノイのグルメを満喫する！

ハノイグルメは塩や醤油がベースで、ベトナムのほかのエリアと比べるととってもマイルド。
高級レストランで味わえるハノイ名物料理はもちろん、
北部が本場のフォー、多彩な麺料理、甘～いスイーツなど
絶品ハノイグルメを集めました。

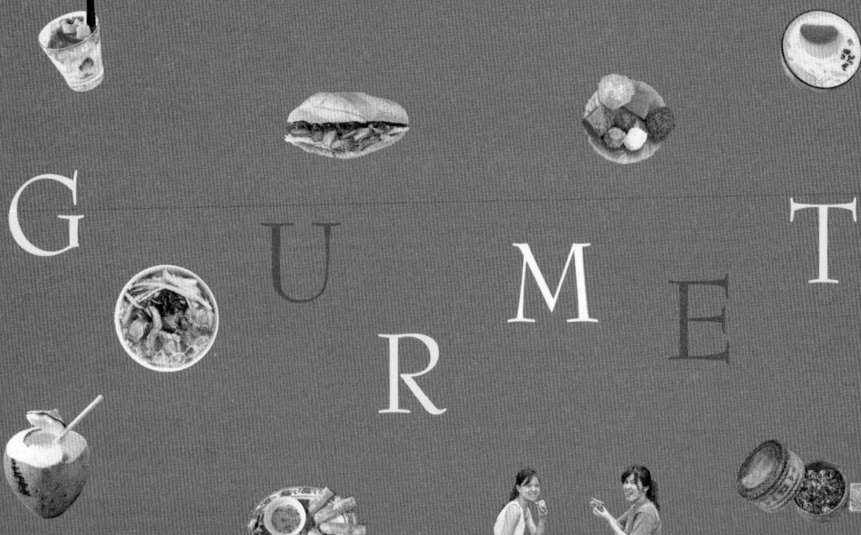

ベトナムの美食を味わい尽くす ハノイのとっておきレストラン

古いフランス風建築を改装したレストランや、湖畔に立つ眺望抜群のダイニングなど、ちょっと贅沢な気分になれるレストランをセレクト。

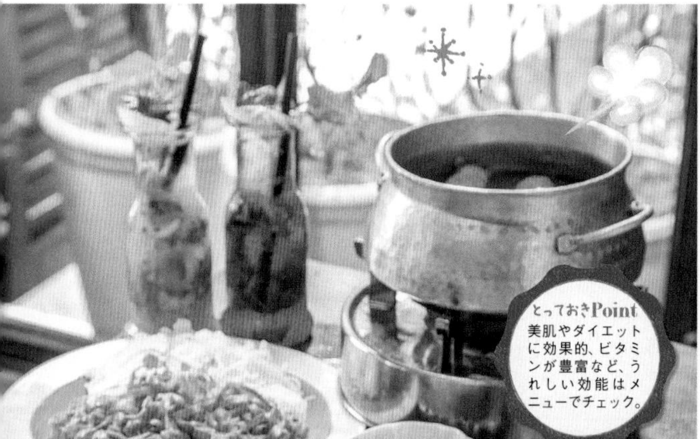

とっておきPoint
美肌やダイエットに効果的、ビタミンが豊富など、うれしい効能はメニューでチェック。
体の中からキレイになれます♪

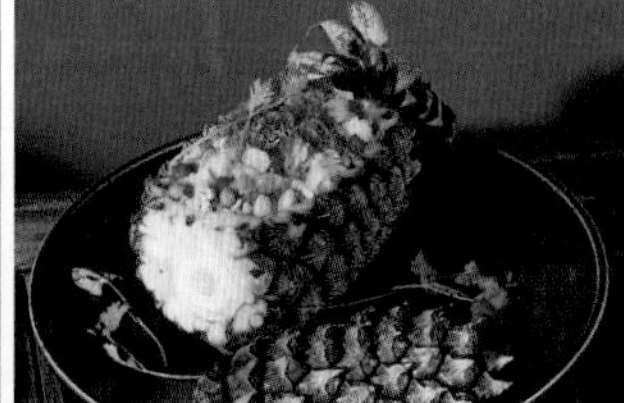

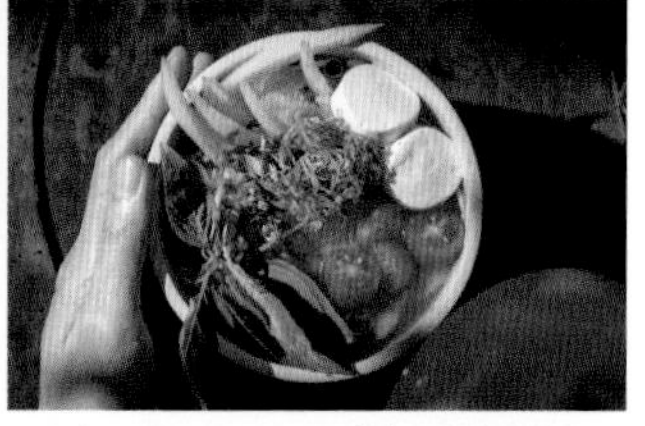

マカダミア入りチャーハン（上）と甘酸っぱいスープのカイン・チュア（下）各12万5000ドン

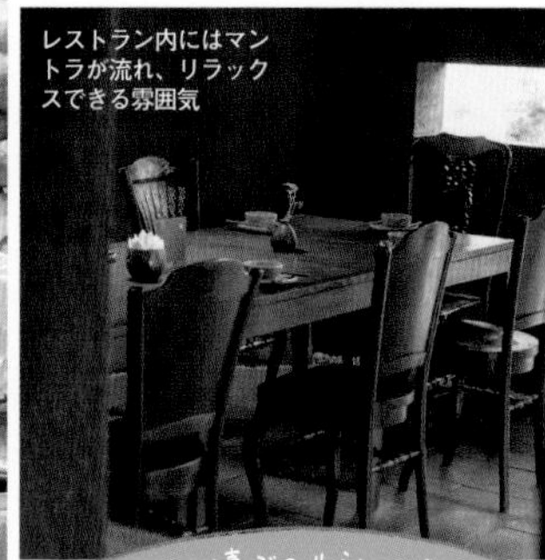

レストラン内にはマントラが流れ、リラックスできる雰囲気

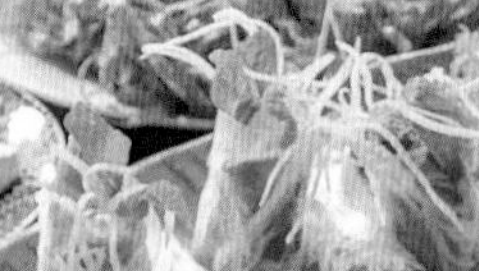

Recommend

ベトナム南部の花鍋
Rice-Flower Hotpot
35万5000ドン

根菜類でだしを取った南部風の酸っぱいスープに、バナナの花やキムチャムの花、スイレンの茎、麩などを入れる南部の鍋料理。シメには玄米で作った自家製麺バインダーを投入。

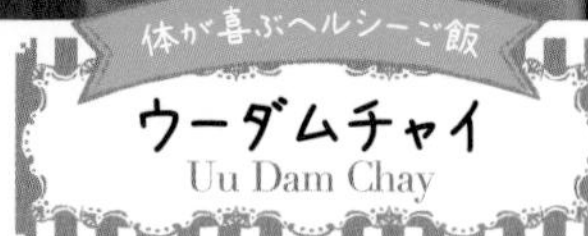

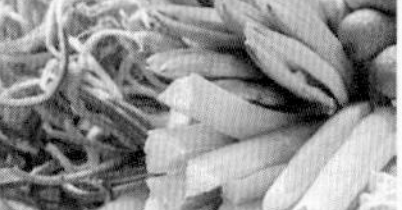

2フロアあり、開放的な空間を演出。テラス席もある

体が喜ぶヘルシーご飯

ウーダムチャイ
Uu Dam Chay

動物性食品を一切使用しないヴィーガン料理専門店。厳選された食材で作るベトナムやタイ料理は、栄養たっぷりで万人受けするおいしさ。見た目も楽しいえりすぐりの逸品が揃う。

Map 別冊P.10-B1 ホアンキエム湖南部

住55 Nguyễn Du, Q. Hoàn Kiếm 電098-1349 898（携帯） 営10:30～23:00 休テト1週間 Card A.J.M.V. 予望ましい URL www.facebook.com/Uudamchay 交ハノイ大教会からタクシーで約5分

「ウーダムチャイ」は精進料理なのでアルコールはないですが、ノンアルコールカクテルなどはありました。（千葉県・O）

ノスタルジックながらも洗練された空間が広がる

とっておきPoint
7階テラス席からはホアンキエム湖の眺めがすばらしい。夜景は特におすすめ。

レトロなのに新しい！

カウゴー
Cau Go

「ハノイの文化を伝える」というコンセプトのとおり、料理はハノイの家庭に代々伝わるレシピを、そしてインテリアはアンティークのカメラや扇風機を利用。

Map 別冊P.7-C3 ホアンキエム湖周辺

6-7F, 9 Đinh Tiên Hoàng, Q. Hoàn Kiếm（レストラン「FU RONG HUA」内のエレベーターを利用）
083-8332688（携帯） 10:00〜22:00
休 無休 料 ＋税・サ15％ Card A.J.M.V. 予 ディナーは要予約 URL www.caugorestaurant.com
交 ハノイ大教会から徒歩約7分

ハノイの味を体験してください

テラス席は人気のため早めの予約を

伝統衣装に身を包んだ女性スタッフ

Recommend
春巻の盛り合わせ
エビと豚肉の生春巻（Gỏi Cuốn Tôm Thịt、18万9000ドン／4本）、フォー生地の生春巻（Phở Cuốn Thịt Nướng、15万ドン／4本）、揚げ春巻（Nem Cổ Truyền、14万5000ドン／4本）を人数分注文できる。写真手前は各2本注文。

オリエンタルバジル入りの鶏鍋29万ドン〜

とっておきPoint
ていねいに作られた料理はどれも絶品。旧市街にこのレベルのレストランはあまりない。

中央右はローストポーク（29万ドン）、中央左はイカの肉詰め（32万ドン）

バルコニー席もある

ココナッツアイスを添えた温かいバナナケーキ9万ドン

Recommend
蒸し野菜 特製“コー・クェット”ソースがけ
Rau Luộc Thập Cẩm Chấm Kho Quẹt 13万ドン
豚肉、エビ、砂糖、ヌックマムなどを煮詰めた甘じょっぱいコー・クェットというソースで蒸し野菜を食べる南部の料理。

旧市街の歴史建築をリノベ

メゾン1929
Maison 1929

1929年建築のフレンチヴィラを改装したレストラン。フレンチビストロのような空間で、ベトナム人オーナーの家庭に代々伝わるレシピと、創意を加えたベトナムフュージョンが楽しめる。

Map 別冊P.6-A2 旧市街

2 Cửa Đông, Q. Hoàn Kiếm 3325-5005 11:30〜23:00（L.O.22:00）
休 テト Card M.V. 料 ＋税10％ 予 望ましい
交 ハノイ大教会からタクシーで約5分

「カウゴー」は「FU RONG HUA」というレストラン内にあるエレベーターで6階にアクセス。間違えやすいので注意。

ヘルシー美味なハス料理

センテ
Sente

すべてのメニューにハスを用いた創作ベトナム料理が楽しめる一軒家レストラン。玄米やたっぷりの野菜を使っているのも特徴で、見た目の美しさや味付けだけでなく食感にもこだわっている。

Map 別冊P.6-A3　旧市街

住20 Nguyễn Quang Bích, Q. Hoàn Kiếm　☎098-9823412（携帯）　◷10:00～14:00、17:30～21:30　休テト1週間　料＋税10%　Card D.J.M.V.　予望ましい　URL sentehanoi.business.site　交ハノイ大教会から徒歩約8分

左はハスミルク入りココナッツコーヒー（5万5000ドン）、右はハスの実を包んだタピオカ入り玄米＆ハスの実ドリンク（4万5000ドン）

ハスの茎と豆腐の生春巻6万5000ドン

Recommend

黒米のウナギ巻き、ホタテとハスの実入りカレーソース添え
Cơm Gạo Lứt Cuộn, Lươn Nướng,Sốt Cà Ri Sò Điệp Hạt Sen 18万ドン

クリスピーなレンコン、ホックリした味わいのハスの実などさまざまな食感が楽しい。カレーソースをつけて食べるとまた違った味わいに。

Recommend

テイスティングメニュー
Tasting Menu
ランチ140万ドン、ディナー309万ドン～

メニューは季節の食材を使ったコースのみ。ディナーはアルコールのペアリングコースもある。内容はおよそ2ヵ月ごとに変わる。

ミシュラン1つ星を獲得

ザー
Gia

ベトナム初のミシュランガイドで1つ星を獲得し話題沸騰。海外で腕を磨いたふたりのベトナム人シェフが生み出す創作ベトナム料理は、食感と素材の味のコンビネーションが絶妙。

Map 別冊P.4-B3　文廟周辺

住61 Văn Miếu, Q. Đống Đa　☎089-6682996（携帯）　◷11:30～14:30、18:00～23:00　休テト5日間　料＋税・サ15%　Card M.V.　予要予約　URL gia-hanoi.com　交文廟から徒歩約1分

まるで一品一品がアート作品のように洗練されたプレゼンテーションと、こだわりの器も魅力

「ゴアム」は内装もかわいくてテンション上がります。ただし上階へは狭い階段を上る必要あり。（東京都・ルイ）

Recommend
バイン・タイホー・トム
Bánh Tây Hồ Tôm
15万ドン

ハノイのタイ湖名物バイン・トム（→P.131）からヒントを得たパイ料理。パイ生地の中にスイートポテトとエビを詰めて焼き上げ、ビスクソースをかけたリッチな味わい。

左／コンブチャ8万6000ドン〜
上／インテリアのテーマは、ハノイらしさと現代アートの融合

進化系ベトナム料理が楽しい

ゴアム
Ngoam

バーガーにはハスの茎のフライを添えたり、ブン・ジエウ（カニ入りスープ麺）をショートパスタにアレンジしたりと、自由で斬新なメニューに脱帽。

とっておきPoint
ノルウェーで学んだオーナーが生み出す創作ベトナム料理は、見た目も味わいも新感覚！

手前は豚肉のココナッツ煮込みをサンドした「キャラメライズドポーク」16万ドン

キンカンとハニーマスタードのソースをつけて食べるチキンナゲット10万7000ドン

Map 別冊P.8-B1　ホアンキエム湖周辺

19 Chân Cầm, Q. Hoàn Kiếm　☎092-2229898（携帯）　11:00〜14:00、18:00〜21:30　休火曜　Card M.V.　予要予約　URL www.facebook.com/Ngoamhanoi　交ハノイ大教会から徒歩約5分

新旧混在のユニークな内装。テラス席もある

上／ローストポークの春巻（Gỏi Cuốn Heo Quay／12万5000ドン）　下／瀟洒な雰囲気の一軒家レストラン

ていねいに作る伝統料理

ホーム
Home

麺料理や家庭料理から海鮮まで50種類以上のメニューから好きなものを注文できる、オーダー式ビュッフェ（59万9000ドン）がおすすめ。アラカルトもある。

Map 別冊P.10-B2　ホアンキエム湖南部

75 Nguyễn Đình Chiểu, Q. Hai Bà Trưng
☎088-9038822（携帯）　11:00〜13:30、17:00〜21:30　休無休　料+税10%　Card A.D.J.M.V.　予望ましい　URL homevietnameserestaurants.com　交ホーチミン廟からタクシーで約5分

とっておきPoint
ビュッフェはベトナム北・中・南の料理がすべて味わえるので、ベトナム初日におすすめ。

Recommend
牛肉のフランブル
Bò Đốt Lửa Hồng Cuốn Rau Đồng
27万5000ドン

スパイスでマリネした牛肉を火にかけた状態でサーブ。最後まで熱々を楽しめるのがうれしい。

「ホーム」ではチャー・カー・ラボン（→別冊P.18）もぜひ味わいたい。魚の臭みがなく、肉厚で食べ応えがある。

ナゾの葉っぱを攻略して ベトナム料理ツウに♪ ハーブ&スパイス辞典

ベトナム料理につきもののハーブ（香草）やスパイス（香辛料）。好き嫌いの分かれるものだから、事前にちょっと予習しておくと安心。

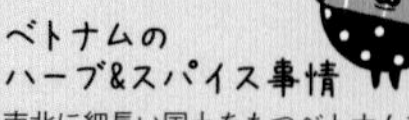

ベトナムのハーブ&スパイス事情

南北に細長い国土をもつベトナムでは、地域ごとに料理の味付けや食材が大きく異なる。南部は味付けが甘めかつ濃いめで香草やスパイスを多用するのに対して、北部は塩や醤油がベースのしょっぱい料理が多く、香り付け程度にハーブが使用されることが多い。

ハーブ Herb

シソ
ティア トー Tía Tô

日本のシソより少し苦味がある。タニシのせスープ米麺（→P.77）などに入れて、毒消しの香草として食べられる。

モーの葉
ラー モー Lá Mơ

葉の表面には微小な毛が生え、裏面は赤紫色をしたアカネ科の植物。酸味があり、犬料理などの臭い消しに。

ドクダミ
クセあり

ザウ ジエップ カー Rau Diếp Cá

後味にやや酸味と渋味がある独特な味わいで、北部ではあまり食さない。消毒・殺菌作用や便通にも効果あり。

ロットの葉
ラー ロット Lá Lốt

この葉っぱで牛肉のミンチを巻いたグリル料理、ボーラーロット（→P.78）が有名。消臭作用があり比較的食べやすい。

ポリシャス
ディン ラン Đinh Lăng

タイワンモミジという別名で知られるポリシャスの一種。殺菌作用があるので、生ものと一緒に食べられる。

ディル
ティー ラー Thì Là

強い匂いがあり、魚料理の臭み消しに。ハノイ名物チャー・カー・ラボン（→別冊P.18）などに使われる。

ライムの葉
ラー チャイン Lá Chanh

柑橘系のさわやかな香りがする香草。葉っぱを刻んで、ゆで豚肉やタニシなどにかけて香り付けに。

レモングラス
さわやかな香り

サー Sả

根本の部分をつぶしたりみじん切りにし、魚介の臭い消しや風味付けに。消化促進、食欲増進などの効果もある。

ノコギリコリアンダー
ムーイ タウ Mùi Tàu

葉の上部分のギザギザが特徴で北部のスープによく使われる。匂いは多少あるがクセは少なく、香草自体に味がある。

ポリゴヌム
妊娠中はダメ！

ザウ ザム Rau Răm

孵化寸前のアヒルの卵をゆでたチュン・ヴィッ・ロン（Trứng Vịt Lộn）という珍味と一緒に食べる。殺菌作用がありやや辛い。

リモノフィラ
ザウ ゴー Rau Ngổ

さわやかだが渋味があり、少しクセあり。南部では魚スープや鍋料理などに入れてよく食される。北部ではレア。

オリエンタルバジル
フン クエ Húng Quế

匂いやクセがそれほどなく食べやすい。葉をちぎるとミントのようなさわやかな香りがする。南部のフォーには欠かせないハーブ。

ベトナムバジル
フン ラン Húng Láng

ハノイ郊外のLáng村で取れる香草。フォーや生春巻などに使われるポピュラーなハーブ。

ミント
フン バック ハー Húng Bạc Hà

清涼感と若干の辛味があり、麺料理やサラダにもよく使われる。生で抵抗なく食べられる。

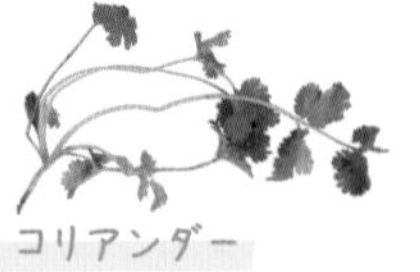

コリアンダー
ザウ ムイ（ゴー リー）
Rau Mùi（Ngò Rí）

タイ語でパクチー。独特の匂いがあり、好き嫌いが分かれる。鶏肉のフォーやサラダに入れる。

ナギナタコウジュ
キン ゾイ Kinh Giới

さわやかな香りのシソ科の香草。青いパパイヤのサラダをはじめ、サラダに使われることが多い。

ハーブたっぷりのイメージだったが、北部の家庭料理やフォーにはほとんど使われておらず食べやすかった。（千葉県・Tomy）

スパイス&野菜
Spice & Vegetable

セロリ
カン タイ Cần Tây
セロリ独特の匂いと風味が感じられる。牛肉と一緒に炒めて出されることが多い。

ニラ
ヘ Hẹ
炒め物や生春巻に広く用いられるポピュラーな野菜。咳止めに効果があることでも知られている。

スープや麺にぴったり

ワケギ
ハイン ラー Hành Lá
ネギよりも辛味や刺激が少なくマイルド。ベトナム料理に欠かせない定番野菜。

西洋ネギ
トーイ タイ Tỏi Tây
日本のネギと比べて風味や味が強く、刻んで魚スープなどに入れると独特の香りを生む。

赤トウガラシ
オッ Ớt
ベトナム全土で取れて、北部のものは青トウガラシより辛い。そのままかじって食べることが多い。実が上を向いてなるためỚt Chỉ Thiên（空を指すトウガラシ）と呼ばれる。

ライム
チャイン Chanh
レモンより酸味控えめ。つけだれや麺、サラダなどに搾りかけて風味増しに使われる。フォーに搾りかけて食べるとさらにおいしくなる！

ニンニク
トーイ Tỏi
ベジタリアン料理以外のほとんどの料理に使われるほどの定番食材。市場に出回っているものはほとんどが中国産。

エシャロット
ハイン ティム Hành Tím
ニンニクと同様、刻んでさまざまな料理に風味付けに使われる。刻んで素揚げしたものをおこわにかけるのも一般的。

ウコン
ゲ Nghệ
魚煮込みや米と一緒に炊くなど、広く使われる。保温効果が高く解毒作用があることから肝臓によいともいわれる。

キンカン
クアット Quất
ライムよりも小さく優しい味。オイリーな料理に搾って食べる。ベトナムでは縁起のいい植物とされ、テト（旧正月）にはたくさんのキンカンの木が飾られる。

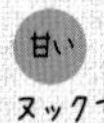

"水牛の角"を意味する

トウガラシ
オッ スン Ớt Sừng
赤トウガラシよりもふたまわりほど大きく、それほど辛くない。料理というよりは装飾用に使用されることが多い。

ショウガ
グン Gừng
スライスして魚と一緒に蒸したり、スープに入れて使用される。体温を上げ、熱を保つ効果があるとされる。

タマリンド
メー Me
酸っぱい味付けの決め手がタマリンド。南部のカイン・チュア（→別冊P.17）や、海鮮炒めなどによく使われる。

スターフルーツ
ケー Khế
フルーツと名が付いているが、星形にスライスしてスープに入れて酸味を出すなど、野菜として料理に使われる。

つけだれ

基本のたれはヌックマム（小魚を塩で漬け込み、発酵させて作った魚醤）。これのアレンジ系がいろいろ。

定番
ヌックマム・チュア・ゴッ
Nước Mắm Chua Ngọt
ヌックマム、砂糖、ライムをベースに、ニンニクとトウガラシのみじん切りが入ったもの。揚げ春巻のたれに出てくることが多い。

甘い
ヌックマム・グン
Nước Mắm Gừng
ヌックマム、ショウガ、砂糖がベースのつけだれで少し甘め。ナマズのから揚げやアヒルの肉につけることが多い。

ヌックマム・マン
Nước Mắm Mặn
ヌックマムにトウガラシを加えただけのシンプルなたれなので、ヌックマムの質が問われる。甘さはなく、好みでどの料理にも。

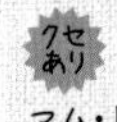

クセあり
マム・トム
Mắm Tôm
エビを発酵させたペースト状のたれ。塩辛のようなもので、クセのある匂いと味のため、ベトナム人でも食べられない人が多い。

甘酢っぱい
ソッ・チュア・ゴッ
Sốt Chua Ngọt
酢、砂糖をベースにした甘酢。魚のから揚げなどに付く。ベトナムの酢は酸味がきつく、コクがないため、ソース自体は酸っぱく感じる。

トゥオン・オッ
Tương Ớt
チリソース。イカフライやスルメイカなどイカ料理によく合う。辛いだけのものやニンニク風味のものなどがスーパーで買える。

ムオイ・ティエウ・チャイン
Muối Tiêu Chanh
塩、コショウにライムを搾ったもので、蒸しエビなど、シーフード全般はこれで。ゆでた鶏肉との相性もよい。

ハーブの品揃えがいいのはホム市場 Map 別冊P.11-C1。スパイスはスーパーマーケット（→P.105）で購入できる。

味もコスパ
気軽に楽しめる

ベトナムの家庭で親しまれて
地元でも愛される人気店。おいしいの

カニスープ
Canh Cua 6万ドン
ベトナム北部の定番、カニのすり身入りスープ。カニの風味が贅沢

揚げ豆腐のトマト煮込み
Đậu Phụ Sốt Cà Chua
4万5000ドン
滑らかな揚げ豆腐とトマトの優しい味わいがベストマッチ

グレーズドポーク
Thịt Rang Cháy Cạnh
9万ドン
カリッと焼いた豚肉に甘辛あんを絡めた北部料理

魚の土鍋煮
Cá Bông Lau Kho Tộ
9万ドン
コットンフィッシュという白身の淡水魚をウコンやレモングラスと一緒に土鍋で煮込んだ料理

ひき肉入り卵焼き
Trứng Đúc Thịt 5万ドン
ひき肉、玉ネギ、ワケギなどが入った卵焼き。ヌックマムで味付けされており少ししょっぱい。

気取らない北部の家庭料理が味わえる

コム・レ Com Le

肉、魚介、豆腐、野菜、スープなど約40品が揃う家庭的な雰囲気のレストラン。左の写真を全品含む7品が付くセット（2～3人前／34万ドン）がお得。

Map 別冊P.11-C2 ホアンキエム湖南部

135 Triệu Việt Vương, Q. Hai Bà Trưng
096-8655995（携帯） 10:00～21:00
休テト Card不可 予不要
交ハノイ大教会からタクシーで約15分
グエンチュオントー通り店 Map 別冊P.5-C1

ライブキッチンが楽しい

クアン・アン・ゴン Quan An Ngon

ストリートフードやご当地麺、シーフードや鍋まで、100種類以上のベトナム全土の料理が大集合。安くておいしいと地元で大人気。屋台風キッチンに囲まれたガーデン席でワイワイ楽しもう。

Map 別冊P.8-A2 ホアンキエム湖周辺

18 Phan Bội Châu, Q. Hoàn Kiếm 090-3246968(携帯) 7:00～21:30 休テト Card A.D.J.M.V. 予望ましい 交ハノイ大教会からタクシーで約8分

バイン・セオ
Bánh Xèo Tôm Thịt
15万5000ドン
ベトナム南部の名物料理。豚肉、エビ、モヤシなどを包み焼いたベトナム風お好み焼き。特大サイズでど迫力

生春巻
Gỏi Cuốn Tôm Thịt
1本2万5000ドン
豚肉、エビ、香草の生春巻は特製みそだれで食べる。ベトナム料理の定番だが、意外にハノイでは見かけない。

ブンチャーも おすすめ! → P.75

「ハイウェイ4」ではベトナム焼酎「Son Tinh」を使ったカクテルも飲めます。（埼玉県・双葉）

も太鼓判！
ベトナム料理店

料理図鑑 → 別冊P.16

きた名物料理を提供する、
にリーズナブルで食べ過ぎ必至！

必食メニュー
田ガニ鍋
Lẩu Cua Bỗng Rượu
35万ドン／2〜3人前
トマトベースの酸っぱいスープに田ガニのすり身や揚げ豆腐などを入れて食べる田ガニ鍋

1946年頃のハノイの雰囲気を体験
1946（モッチンボンサウ） 1946

第1次インドシナ戦争が勃発した、ベトナムの転換期ともいえる時代の田舎料理が味わえる。日本ではなじみのない田ガニのおいしさに開眼。

これもおすすめ
田ガニの素揚げ
Cua Đồng Rang Muối
8万5000ドン
田ガニとロットの葉（→P.70）の素揚げに粗塩をかけたものはおつまみにぴったり。

Map 別冊P.5-C1 ホーチミン廟周辺

住3 Ngõ Yên Thành, 61 Cửa Bắc, Q. Ba Đình 電6296-1946、090-9661946（携帯） 時9:30〜22:30 休テト 料十税・サ15% Card J.M. 予望ましい URL 1946.vn 交ホーチミン廟からタクシーで約6分

これもおすすめ
鳩肉のスパイス炒め
Chim Câu Bằm Xúc Bánh Đa
17万5000ドン
鳩肉のミンチを、レモングラス、ガーリック、コリアンダー、ラクサリーフなどと一緒に炒めた料理。ライスクラッカーと一緒に食べる。

20年以上の歴史がある老舗
ハイウェイ4 Highway 4

何を食べてもおいしいベトナム風居酒屋。おつまみ系から鍋料理まで幅広いラインアップで地元の人にも旅行者にも人気。ローカルビールのドラフトが飲めるレアな店。

Map 別冊P.7-D3 旧市街

住5 Hàng Tre, Q. Hoàn Kiếm 電3926-4200 時10:00〜23:30（L.O.22:00） 休テト Card M.V. 予不要 交ハノイ大教会からタクシーで約7分

必食メニュー

ナマズフライの春巻
Nem Cá Xa Lộ 4
8万ドン
ナマズフライとディルにマヨネーズをたっぷりかけてライスペーパーで巻いた料理。ワサビソースをつけて食べる

バナナの花のサラダ
Nộm Hoa Chuối Lạc Rang
7万5000ドン
ピリッと辛いバナナの花のサラダ。香ばしいローストピーナッツがいいアクセントに

焼きつみれ春巻
Nem Lụi Huế
14万5000ドン
レモングラスの茎につけて焼いた豚肉のつみれ、ニンジン、パクチー、ネギ、ブンなどをライスペーパーで巻いて食べる

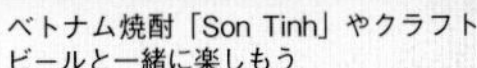
ベトナム焼酎「Son Tinh」やクラフトビールと一緒に楽しもう

「コム・レ」は二次元コードを読み取り、スマホで写真付きメニューを確認して注文する。無料Wi-Fiあり。

aruco調査隊が行く!! ①

ハノイっ子のソウルフード ブンチャー＆ネムクアベーの有名店を制覇！

ハノイ名物のがっつりつけ麺ブンチャーと、カニ肉入りの揚げ春巻ネムクアベーはゴールデンコンビ！
数多くの専門店のなかからハノイの有名店で取材班が食べ比べました。

ブンチャーって？

ブンチャーは、炭火焼きの肉団子と豚肉が入ったヌックマムベースのたれを米麺ブンにかけて食べるハノイの名物料理。

食べ方

取り皿にひと口サイズのブンを取る → ヌックマムベースのたれをかけ、刻みニンニクやトウガラシを足す → ブンの上に肉団子、焼肉、香草をのせて食べる → カニ肉入り揚げ春巻（ネムクアベー）も一緒に食べるのが定番

ネムクアベーって？

北部の港町ハイフォン名物のカニ肉入り揚げ春巻。パリパリの薄い皮の中にはクアベーという海ガニの肉、豚肉、キクラゲ、春雨など具がたっぷり！ たいていのブンチャー専門店でネムクアベーも提供している。

編集部コメント

とにかく肉のボリュームがスゴイ！ 観光客が多く、気軽に入れるのもうれしい。

店頭でネムクアベーを調理中！

ブンチャー7万ドン、ネムクアベー1本2万5000ドン。店頭には焼きたての肉団子と豚肉を入れた器がズラリと並び圧巻！

がっつり食べたいならこの店

ダックキム

Dac Kim

1966年創業のブンチャー専門店。炭火で焼いた豚肉と肉団子が絶品。

Map 別冊P.6-B3
旧市街

1 Hàng Mành, Q. Hoàn Kiếm ☎3828-5022 ⏰8:00～21:00 休テト Card不可 交ハノイ大教会から徒歩約5分 ドゥオンタイン通り店 Map 別冊P.8-B1

「ブンチャー・フオンリエン」の店内にはオバマ元アメリカ大統領が訪れた時の写真が貼ってありました。（東京都・N）

創業50年以上の老舗
59ハンマー 59 Hang Ma

お昼どきは店の外にまで椅子を並べて営業する繁盛店。人気の秘密は肉団子にあり。スンソットという香草で巻いた肉団子はさっぱりとしたあと味でもたれず、健康にもよいのだそう。

Map 別冊P.6-B2 旧市街

59 Hàng Mã, Q. Hoàn Kiếm ☎094-2892895（携帯） 10:00～16:00 休不定休 Card不可 ハノイ大教会からタクシーで約10分

1人前ずつプラスチックのお盆にのせて供するスタイル

編集部コメント
ほぼローカル客ですが、外国人旅行者もウエルカムなので、勇気を出して入ってみて。

ネムクアベー 3万ドン

カニ肉たっぷり

ブンチャー 5万ドン

編集部コメント
清潔感がありハーブ類も安心して食べられる。エアコンが効いているのも◎。

2階は掘りごたつ席でくつろげる雰囲気。英語メニューもあり、ドリンク類も充実

屋台からスタートした名店
ブンチャー・ター
Bun Cha Ta

ハノイ初のミシュランガイドでビブグルマンを獲得したブンチャー専門店。おすすめはブンチャーと揚げ春巻のセット（11万ドン～）。ベジタリアン用やチキンの揚げ春巻もある。

Map 別冊P.7-D2 旧市街

21 Nguyễn Hữu Huân, Q. Hoàn Kiếm ☎096-6848389（携帯） 8:00～22:00 休テト Card M.V. ハノイ大教会からタクシーで約10分

ブンチャー＆ネムクアベーの有名店を制覇！

通称「ブンチャー・オバマ」
ブンチャー・フオンリエン
Bun Cha Huong Lien

2016年5月にオバマ元大統領が食事に訪れたことで有名。オバマ元大統領が食べた、ブンチャー、ネムハイサン（海鮮揚げ春巻）、ビールのセット（12万ドン）をぜひ。

Map 別冊P.11-C1 ホアンキエム湖南部

24 Lê Văn Hưu, Q. Hai Bà Trưng ☎3943-4106 8:00～20:30 休テト Card不可 URL www.facebook.com/bunchahuonglienobama ハノイ大教会からタクシーで約10分

オバマ元大統領が座った2階席

編集部コメント
もともとネムハイサンがおいしい店として有名。海鮮たっぷりでパリパリ食感が最高！

ブンチャー 7万5000ドン

ネムクアハイフォン 8万ドン

編集部コメント
バナナの葉に包み、炭火で焼き上げた肉団子は上品な香りで美味。初心者におすすめです。

何でも揃う屋台風レストラン
クアン・アン・ゴン Quan An Ngon

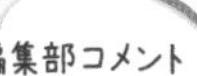
詳細は→P.72

ブンチャーはニンニク酢をつけて食べる

本場のカニ肉入り揚げ春巻が自慢
アンビエン・イータリー
An Bien Eatery

しゃれた内装の店内で、ハイフォンの料理が楽しめる。

Map 別冊P.11-C2 ホアンキエム湖南部

111 Triệu Việt Vương, Q. Hai Bà Trưng ☎3974-0571 9:00～21:00 休テト Card M.V. URL anbieneatery.com ハノイ大教会からタクシーで約10分

ハイフォンの海ガニがたっぷり詰まっている

編集部コメント
カニ肉や春雨、キクラゲなど具がたっぷり入っていて食べ応えあり！ 見た目も美しい。

ハノイでは、朝食はさらっとフォー、昼食や夕食にがっつりブンチャーを食べる人が多い。

驚きのバリ 北部の絶品

フォー、ブン、ミー、ミエンなど、バラエティ豊富な北部のそれぞれ専門店

8万5000ドン

カニ汁幅広麺
Bánh Đa Cua（バイン ダー クア）
ハイフォン名物。米粉をサトウキビ汁で練った幅広麺に、ボーラーロット(香草で巻いた牛肉団子)、カニ入りさつま揚げ、エビなどがのって食べ応え抜群。豚骨ベースに殻ごとすり潰したカニをプラスした濃厚なスープもおいしい。（→P.75アンビエン・イータリー）

麺はハイフォンから仕入れてます

B **ライギョのせ米麺**
Bún Cá（ブン カー）
ライギョの切り身揚げ、魚のさつま揚げ、トマト入り。酸味のあるスープにディル（→P.70）がいいアクセント。

4万5000ドン

安くておいしい！

D **ワンタン麺**
Mì Vằn Thắn（ミー ヴァン タン）
ほんのり甘いスープに極細の中華麺(Mì)、もちもちのワンタンや巨大揚げワンタン、チャーシュウなどが入って満腹。

4万ドン

塩
香草
トウガラシペースト
トウガラシ酢

カニのだしが決め手

A **カニ汁米麺** Bún Riêu Cua（ブン ジエウ クア）
殻ごとすり潰した田ガニをこしたスープにトマトの酸味が効いている。揚げ豆腐、豚肉ハム、牛肉、魚のさつま揚げ、カニみそなど具だくさん。

4万5000ドン

C **米麺と揚げ豆腐の大皿盛り**
Bún Đậu Mắm Tôm（ブン ダウ マム トム）
米麺ブンを固めたものと、カリカリの揚げ豆腐をエビの発酵調味料マム・トムにつけて食べる料理。大きな竹皿にさつま揚げ、豚肉、ホルモンなどとともに盛りつけた写真のメニューはブン・ダウ・ディドゥー（Bún Đậu Đầy Đủ）。

4万ドン

E **田ウナギの春雨麺**
Miến Lươn Nước（ミエン ルオン ヌオック）
中国や台湾ではメジャーな食材、田ウナギ(Lươn)をカリカリに揚げて春雨(Miến)にのせたシンプルなスープ麺。田ウナギが香ばしい。

4万5000ドン

炒めもある！

6万5000ドン
Miến Lươn Xào（ミエン ルオン サオ）

A 11ハンバック
11Hang Bac

約30年続く老舗。1坪ほどの小さな店舗に客が途切れない。

Map 別冊P.7-C2

旧市街

11 Hàng Bạc, Q. Hoàn Kiếm ☎085-5660304（携帯） 7:00～22:30 休テト 交ハノイ大教会から徒歩約10分

B 15ハンチエウ
15 Hang Chieu

夜のみ営業する人気の屋台。魚の切り身揚げが入った麺は珍しい。

Map 別冊P.7-C1

旧市街

15 Hàng Chiếu, Q. Hoàn Kiếm ☎なし 17:00～23:00 休テト 交ハノイ大教会からタクシーで約8分

C 34ハンボー
34 Hang Bo

10年以上営業する専門店。マム・トムベースのたれが人気の秘密。

Map 別冊P.6-B2

旧市街

34 Hàng Bồ, Q. Hoàn Kiếm ☎3923-0291 10:00～15:00 休テト10日間 交ハノイ大教会から徒歩約10分

D スイカオ・トムトゥオイ
Sui Cao Tom Tuoi

具だくさんのワンタン麺が人気。黄色い細麺がおいしい。

Map 別冊P.6-B2

旧市街

22 Hàng Phèn, Q. Hoàn Kiếm ☎098-3213638（携帯） 6:00～21:00頃 休テト 交ハノイ大教会から徒歩約8分

E ミエンルオン・ドンティン
Mien Luon Dong Thinh

田ウナギ料理がおいしい店。田ウナギのお粥はあっさり。

Map 別冊P.6-A3

旧市街

87 Hàng Điếu, Q. Hoàn Kiếm ☎098-6625555（携帯） 6:30～22:00 休テト5日間 交ハノイ大教会から徒歩約7分

ハノイではいたるところに麺屋があって、安くてうまい麺が食べられた。旧市街には朝方ブンダウやフォーの屋台も出る。（愛知県・T）

F 五目麺 Bún Thang（ブンタン）

錦糸卵、ハム、鶏つみれ、シイタケなどをのせたあっさり麺。正月のあとに、余った食材を入れて食べたのがこの料理の原型なのだとか。

5万ドン

I ポークリブ入り米麺 Bún Sườn（ブンスオン）

あっさりスープに軟らかく煮込んだポークリブ、ハスイモが入りツルツルとした食感のブンと相性抜群。揚げパン（Quải、1万ドン）のトッピングも人気。

7万ドン

フォー Phở（フォー）

特集は→P.38

ベトナムを代表する麺。（→P.41フーミー）

北部の絶品麺料理を極める

エーション！麺料理を極める

原料も太さもコシもまったく違う麺の代表選手をご紹介。で食べるべし！

G タニシのせスープ米麺 Bún Ốc Nóng（ブンオックノン）

トマトベースの酸味のあるピリ辛スープが食欲をそそる、タニシ入りの麺。

6万ドン

タニシは鮮度が命

コレもおすすめ！

H カニ入り汁麺 Bánh Canh Ghẹ（バインカインゲ）

とろみのあるカニ入りスープに、タピオカ粉や米粉で作るモチモチ麺が入った南部の麺料理。

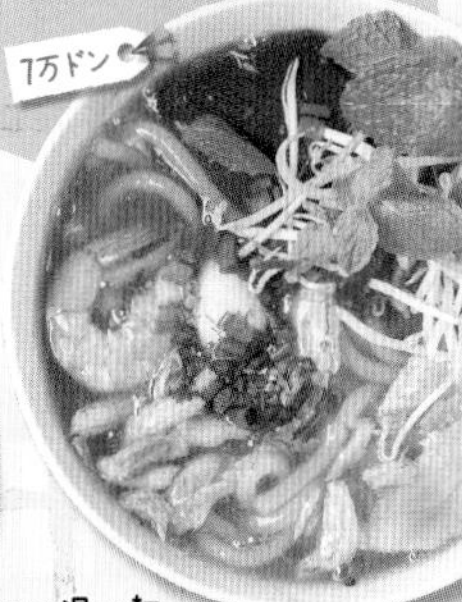

Phở フォー…蒸した米粉生地を切った麺
Bún ブン……微発酵させてゆでた米麺
Mì ミー………中華麺（または卵麺）
Miến ミエン…春雨
※麺のメニュー名は麺の種類＋具材で構成されている

F 豚肉団子の麺 Bún Thịt Mọc（ブンティットモック）

豚骨ベースにトマトで酸味付けしたスープに、肉団子、豚肉切り身、トマト、ハスイモなどが入る。ブンブン（Bún Bung）とも呼ばれる。

4万ドン

J 牛肉のせ混ぜ麺 Bún Bò Nam Bộ（ブンボーナムボ）

米麺ブンの上に、大鍋で炒めた牛肉、野菜、フライドオニオン、ナッツなどがのる。底に溜まったヌックマムベースの甘いたれと麺をよく混ぜて食べよう。

7万ドン

F 32カウゴー 32 Cau Go

薄味スープのブンを数種類出す店。周辺には五目麺屋が数軒並ぶ。

Map 別冊P.7-C3
旧市街

32 Cầu Gỗ, Q. Hoàn Kiếm ☎3824-2259 8:00～23:00 休テト10日間 交ハノイ大教会から徒歩約10分

G ブンオック・ハータイン Bun Oc Ha Thanh

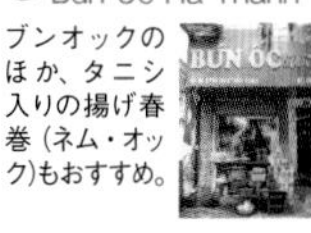

ブンオックのほか、タニシ入りの揚げ春巻（ネム・オック）もおすすめ。

Map 別冊P.11-C1
ホアンキエム湖南部

3 Phù Đổng Thiên Vương, Q. Hai Bà Trưng ☎3943-4997 6:00～19:00 休テト 交ハノイ大教会からタクシーで約10分

H バイン・カイン・ゲ・ウット・コイ Banh Canh Ghe Ut Coi

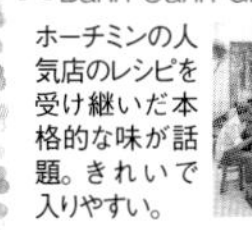

ホーチミンの人気店のレシピを受け継いだ本格的な味が話題。きれいで入りやすい。

Map 別冊P.8-B2
ホアンキエム湖周辺

2B Quang Trung, Q. Hoàn Kiếm ☎094-8421886（携帯） 8:00～21:30 休テト1週間 交ハノイ大教会から徒歩約3分

I ブンゾックムン Bun Doc Mung

ポークリブや豚足入りブンの店。屋外のほか店内2階席もあり。

Map 別冊P.6-B2
旧市街

18 Bát Đàn, Q. Hoàn Kiếm ☎098-6965849（携帯） 6:00～22:00 休テト1週間 交ハノイ大教会から徒歩約8分

J ブンボー・ナムボ Bun Bo Nam Bo

ボリューム満点の牛肉のせ混ぜ麺は地元民にも旅行者にも大人気。

Map 別冊P.6-A3
旧市街

75 Hàng Điếu, Q. Hoàn Kiếm ☎091-1529166（携帯） 7:30～22:30 休無休 交ハノイ大教会から徒歩約8分

ローカルな麺屋ではほとんど英語が通じないので、メニューを指さして注文しよう。

指さしOKのローカル食堂 "ビンザン"の利用法

数十種類のおかずがズラリと並ぶ ローカル食堂 "ビンザン"はベトナム人の台所。 リーズナブルにいろんな種類の家庭料理が味わえるから、 旅行者にも利用価値あり♪

ビンザンって何?

正式にはクアンコム・ビンザンQuán Cơm Bình Dânといい、外食文化が根付くベトナムで、お母さんの台所的役割の食堂。店頭に家庭料理が20品ほど並び、好きなものをご飯の上に盛りつけてもらうシステム。テイクアウトも可能。

オーダーの方法

1 まずは皿飯(コムディアCơm Đĩa)か別盛り(コムファンCơm Phần) かを伝えよう。通常ひとりならコムディアになる。

2 指さしでご飯の上にのせてほしいおかずを注文する。複数人の場合、ご飯は何人分欲しいのかも伝える。飲み物のオーダーもここで。

1人前ください
Cho tôi một phần.

3 スープと一緒に持ってきてくれる。食べ終わったら、店員を呼ぶかレジで支払いをする。

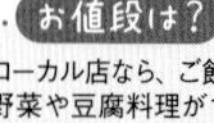

お値段は?

ローカル店なら、ご飯と野菜や豆腐料理が1万5000ドン〜、肉料理が2万ドン〜、魚料理が2万5000ドン〜など。ひとりで行けば8万ドン(約450円)あればおなかいっぱい。ツーリスト向けの店は値段も高い。

営業時間は?

10:00 〜 14:00 頃、17:00〜20:00頃という昼食、夕食どきに営業している店が多い。人の少ない狙い目は11:00前と17:00頃。

おすすめメニュー

5万ドン

豚の角煮
Thịt Kho Tàu
豚肉と卵に焦がしカラメルで味付けしたもの。

2万5000ドン

揚げ春巻
Nem Rán
キクラゲや春雨入りのハノイ式揚げ春巻。

2万ドン

ゆでキャベツ
Bắp Cải Luộc
ヌックマムにゆで卵の黄身を潰し入れたたれに、キャベツをつけて食べる。

2万ドン

カニフライ
Ghẹ Nhồi Hải Sản
海鮮をミンチにしてカニの殻に詰め、揚げたもの。

1万ドン

牛肉のロットの葉巻き
Bò Lá Lốt
牛肉のミンチをロットの葉(→P.70)で包んで焼いたもの。

1万5000ドン

豚肉のココナッツ炒め
Thịt Lợn Dừa
ココナッツの歯応えが楽しいコクのある甘さの炒め物。

1万ドン

豆腐のトマト煮
Đậu Phụ Sốt Cà Chua
トマトスープが染み込んだ軟らか豆腐は、どこで食べてもハズレなし。

2万5000ドン

焼き豚
Thịt Quay
シンプルな塩味の焼き豚。表面の皮はカリカリに焼き上がっている。

5000ドン

高菜の漬け物炒め
Dưa Chua Xào
高菜の塩漬けを炒めた定番メニュー。酸味が絶妙でご飯が進む。

1万5000ドン

魚のさつま揚げ
Chả Cá
魚をすり潰してディルなどの香草を加えてさつま揚げ風に。おつまみにも◎。

ビンザンはひとり旅の強い味方。「コム・フォー・コー」は入りやすい雰囲気でよかった。(匿名希望)

食事どきは混み合うため、昼食は11:00頃、夕食は18:30頃の訪問がおすすめ

地元民にも旅行者にも人気

コム・フォー・コー
Com Pho Co

予算 8万ドン

11:00～14:00、18:00～21:00の間は、店頭に40種類以上のおかずが並ぶ食堂スタイル。おかずのラインアップは北部の家庭料理から昆虫などの郷土料理まで幅広い。アラカルトメニューもある。

Map 別冊P.7-C1 旧市街

16 Nguyễn Siêu, Q. Hoàn Kiếm 2216-4028 10:00～21:30 休テト Card J.M.V. URL www.facebook.com/comphoco 交ハノイ大教会からタクシーで約10分

ローカル食堂"ビンザン"の利用法

チャーシュウ、鶏肉の煮込み、豆腐のトマト煮、イカと野菜炒めなどを少しずつ盛り合わせた皿飯はスープ付きで8万ドン

入口付近で注文し、席につく。店内奥にはテラス席もある

数人で分けるなら別盛りスタイルで

バックパッカー人気が高い

ニュー・デイ
New Day

旧市街という場所柄、英語メニューもあり英語が通じる。メニューを見てレストラン形式で注文もできるし、ビンザンスタイルで指さし注文もOK。指さし注文をするなら、量と値段をその場で確認しよう。

手前は鶏肉のトマト煮込み。皿飯なら1皿9万ドン～

Map 別冊P.7-C2 旧市街

72 Mã Mây, Q. Hoàn Kiếm 3828-0315 10:00～22:30 休無休 Card J.M.V. 交ハノイ大教会から徒歩約12分

予算 9万ドン

3階建てでテラス席もある

精進料理のビュッフェが人気

ベジー・キャッスル
Veggie Castle

ヴィーガン料理をビュッフェスタイルで提供するカフェ風食堂。日替わり総菜約10種類、スープ2種類、白米と古代米があり、どれも優しい味付け。

Map 別冊P.5-C1 ホーチミン廟周辺

7 Yên Ninh, Q. Ba Đình 086-6911741（携帯） 11:00～14:00、18:00～21:30 休テト Card 不可 URL veggiecastle.vn 交ホーチミン廟からタクシーで約7分

古代米、サラダ、レンコンの揚げ物など、どの総菜も美味

予算 9万ドン

総菜のほかデザートもある

おしゃれなカフェ風の店内。小さな店だが地元の人に大人気

ビンザンは食事どきは地元の人で大にぎわいで、外国人旅行者は露骨に嫌がられることもあるので要注意。

aruco調査隊が行く!! ②

BÁNH MÌ

ハノイっ子の定番おやつ★ ベトナム式サンドイッチバインミーを食べ比べ

フランスパン風のバゲットに、パテやハム、なますや香草をサンドしたバインミーは日本でも人気のグルメ。本場ベトナムで定番から変わり種まで食べ比べてみました。

バインミーって何？

バゲットにたっぷりの具材を挟んだベトナムサンドイッチは、フランスの食文化がもたらし、今やベトナム人の国民食。パンの皮は薄くてクリスピー、生地は軽くて軟らかめなのが特徴。

「バインミー25」にはカフェスペースもあり、コーヒーが安くておいしいです。（匿名希望）

A 若者に人気のカフェチェーン
コーヒー・ハウス
The Coffee House

ベトナム全土で展開するカフェチェーン。コーヒーは2万9000ドン～。バインミーやケーキもある。

Map 別冊P.9-C2 ホアンキエム湖周辺

23M Hai Bà Trưng, Q. Hoàn Kiếm
1800-6936（ホットライン） 7:30～22:30 休無休 Card J.M.V. URL www.thecoffeehouse.com
ハノイ大教会から徒歩約10分

B 国内に店舗多数
ハイランズ・コーヒー
Highlands Coffee

ベトナムコーヒーの人気チェーン店。この店舗はホアンキエム湖ビューが楽しめるのでおすすめ。

Map 別冊P.7-C3 ホアンキエム湖周辺

3F, 1-3-5 Đinh Tiên Hoàng,Q. Hoàn Kiếm
3936-3228 7:00～23:00 休テト
Card M.V. URL www.highlandscoffee.com.vn
ハノイ大教会から徒歩約7分

C 旅行者に人気
バインミー25
Banh Mi 25

旧市街で営業するバインミー屋台が口コミで人気に。バインミーは2万ドン～とリーズナブルで美味。屋台の向かいにカフェスペースがあり、ドリンクの注文も可能。

Map 別冊P.6-B2 旧市街

25 Hàng Cá, Q. Hoàn Kiếm
094-2548214（携帯）
7:00～21:00
休祝日、テト
Card 不可
URL www.banhmi25.net
ハノイ大教会から徒歩約10分

D 変わり種バインミーならここ
バインミー・フォー
Banh Mi Pho

ほかとは違うしっかり食べ応えのあるパンとオリジナルのレシピで勝負するバインミースタンド。ハノイ市内に店舗展開している。

Map 別冊P.6-B1 旧市街

61E Hàng Mã, Q. Hoàn Kiếm
091-6930801（携帯）
6:30～21:00
休テト4日間
Card 不可
URL banhmipho.vn
ハノイ大教会から徒歩約5分
ハンボン通り店 Map 別冊P.8-B1

E ローカル御用達！
バインミー・フック
Banh Mi Phuc

熱々の鉄板でサーブされるステーキやボリューム満点のバインミーが人気。特にパテがおいしいと評判。バインミーと一緒にビール（2万ドン）もどうぞ。

Map 別冊P.10-A1 ホアンキエム湖南部

9 Yết Kiêu, Q. Hai Bà Trưng
098-3931111（携帯）
6:30～21:00 休テト
Card 不可
ハノイ大教会からタクシーで約10分

バインミーを食べ比べ

焼き豚のバインミー
Bánh Mì Thịt Nướng

ローカル人気No.1

焼き豚、ピクルス、キュウリ、香草などを挟み、醤油をかけた南部スタイルのバインミー。

3万5000ドン D

表面はカリッと、中はしっとり仕上げた焼き豚が香ばしく、ボリューム満点。

ツナのバインミー
Bánh Mì Cá Ngừ

ツナ、オニオン、トマト、キュウリ、レタス入り。ツナはマヨネーズ、オリーブオイルであえてある。

4万ドン D

日本人になじみ深いツナマヨと香草の香りが意外にマッチしていておいしい。

卵とチーズとアボカドのバインミー
Bánh Mì Egg & Cheese & Avocado

注文後にチーズ入り卵焼きを焼き上げ、パンに挟む。お好みでチリソースをかけて。

4万ドン C

卵にしっかり火が通っているので安心できる！

aruco スタッフイチオシ

キノコのバインミー
Bánh Mì Mushroom

キノコ炒めとキュウリやなますを挟んだベジタリアン・バインミー。ガーリックが効いていてパンチあり。

3万5000ドン C

キノコの食感が楽しい新感覚のヘルシーバインミー。

チーズ入りフロスのバインミー
Bánh Mì Chả Bông Phô Mai

中にチーズを詰め、ポークフロスをふりかけた変わり種のバインミー。

3万9000ドン A

チーズが甘めなのでコーヒーにも合う。

パテとハムのバインミー
Bánh Mì Pate

パテ、ハム、ソーセージ、パパイヤの酢漬けなどを挟み、特製ペッパーソースで味付け。

2万5000ドン D

たっぷりのハムが贅沢！ 特製のソースもおいしい。

卵とパテのバインミー
Bánh Mì 2 Trứng Ốp, 1 Patê

パテとハムがたっぷりで満足度が高い。

aruco スタッフイチオシ

3万ドン E

ハンバーグのようなパテ、卵2個分のオムレツ、ハムが入ってボリューム満点！

「バインミー25」はまずキッチン前で注文して、道を挟んだ向かい側にあるカフェスペースで料理の到着を待つスタイル。

ハノイ式ティータイムはお茶 or コーヒーどちらか

一般的に親しまれているのは緑茶。そのほか白茶や黒茶、花茶、茶外茶なども飲まれている。最近はフルーツフレーバーティーが人気。

Tea History

ベトナムにおける茶の歴史は古く、9世紀頃に中国から伝わり、11世紀頃には宮廷で親しまれるようになったといわれる。現在でもベトナム北部は特に茶産地が多く、日常的にお茶に親しんでいる。

ハス茶は必飲!

お茶でほっこり♪ 会話も弾む

本物のハス茶は非常に希少価値が高い

お茶請けはコレ!

左はハスの実の砂糖漬け（Mứt Sen）、右はヒマワリの種（Hạt Dưa）

ハス茶 Trà Sen

収穫は6～7月の年に1度だけで、雄しべのみを使用するため100gのハス茶を作るのに120個以上のハスが必要。

その他のお茶メニュー

果物の自然の甘さ

ミックスフルーツティー
Mix Fruits Tea

ベースのお茶は紅茶、ハス茶などさまざま。店によってはドライフルーツ入りの豪華なものもある。

チャー・チャイン
Trà Chanh

ハノイで大ブームを巻き起こした。ジャスミン茶に砂糖とライム果汁を搾り入れた、冷たく甘いお茶。

タンクオン茶
Trà Tân Cương

タイグエン省タンクオン村産のブランド緑茶。ほかの緑茶同様苦味が強いがまろやかな甘味もある。

菊の花が入ってるよ

菊花茶
Trà Hoa Cúc

菊花茶と甘草のお茶は北部の港町ハイフォンでよく飲まれる。苦味が強いので砂糖をたくさん入れて。

タイグエン茶
Trà Thái Nguyên

国内いちの茶葉の生産地である北部タイグエン省で作られた緑茶。ハノイなど北部ではスタンダード。

ジャスミン茶
Trà Hoa Nhài

リラックスや美肌効果があるとされるジャスミン茶。特にベトナム南部でよく飲まれる。

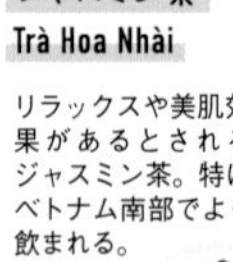

ニャンチャン茶
Trà Nhân Trần

茶色の薬草茶で、漢方薬のような風味。デトックス効果があり体温を下げるとされている。

ワイルドブラックティー
Hồng Trà Rừng

完全発酵茶のブラックティー。おもにベトナム北部の山岳地帯などで手摘みした希少な野生茶でクセがなく香り高い。（→P.30トゥオンチャー）

スッキリ飲みやすい

A 旧市街の老舗お茶屋 フオンセン Huong Sen

Map 別冊P.6-A3 旧市街

王侯貴族に愛された昔ながらの製法を守って作る、最高級のハス茶（100g80万ドン）が購入できる。試飲可能。

住 15 Hàng Điếu, Q. Hoàn Kiếm
☎ 3824-6625、034-4585378（携帯） 営 8:00～18:30 休 テト1週間 Card J.M.V. 交 ハノイ大教会から徒歩約8分

B お茶＆コーヒーの人気カフェ フックロン Phuc Long

Map 別冊P.6-A3 旧市街

老舗コーヒー＆ティーブランド運営のカフェ。コーヒー、お茶ともに定番からオリジナリティあふれるメニューまで豊富。

住 82-84 Hàng Điếu, Q. Hoàn Kiếm
☎ (028)7100-1968
営 7:30～22:30 休 テト Card J.M.V.
URL www.phuclong.com.vn
交 ハノイ大教会から徒歩約7分

チャー・チャインを飲むならハノイ大教会前のローカルカフェへ。大教会を眺めながらお茶できます。（東京都・S）

お好み？

お茶もコーヒーも変わり種が多いハノイの個性豊かなメニューをご紹介。

カフェ・サイゴンって何？

ハノイのカフェメニューでよく見るカフェ・サイゴン（Cà Phê Sài Gòn）とは、クラッシュアイスを使ったサイゴン（ホーチミン）風アイスコーヒーのこと。ハノイのコーヒーはブロックアイスを用いることが多いがホーチミンはクラッシュアイスが基本。

アラビカ豆を使った濃くて甘い香りのベトナムコーヒーが基本。これに卵黄やヨーグルトを混ぜ、独自に進化させているのがハノイのコーヒー。

Coffee History

19世紀のフランス植民地時代に生産を開始したコーヒーは、今では世界第2位の生産量を誇る。バターで深煎りした独特の香りが特徴。ハノイのコーヒーにはさまざまな変わり種があるのが楽しい。

エッグコーヒー
Cà Phê Trứng C

卵黄とコンデンスミルクのホイップクリームをコーヒーに入れるハノイ名物。濃厚＆クリーミーでティラミスのような味わい。

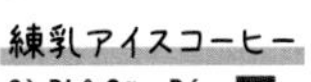

練乳コーヒー
Cà Phê Sữa D

カップに練乳を入れ、ステレンスやアルミのフィルターから抽出したコーヒーと混ぜ合わせる。混ぜ具合で甘さを調整。

練乳アイスコーヒー
Cà Phê Sữa Đá D

ハノイの練乳アイスコーヒーは、練乳、コーヒー、氷を一度に入れた状態で出てくることが多いので、しっかり混ぜないと甘くならない。

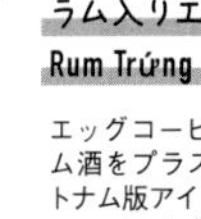

ラム入りエッグコーヒー
Rum Trứng Cà Phê C

エッグコーヒーにラム酒をプラスしたベトナム版アイリッシュコーヒーともいえる一品。写真はホットだがアイスもある。

ヨーグルトコーヒー
Cà Phê Sữa Chua C

グラスの半分ほど入ったヨーグルトの上からコーヒーを注ぎ、氷で冷やしながら飲むハノイ発のドリンク。

抹茶入りエッグコーヒー
Matcha Trứng C

エッグコーヒーに抹茶を入れるとほんのり和の風味。

オレオ入りエッグコーヒー
Oreo Trứng C

エッグコーヒーにオレオの粉末を入れたもの。とっても甘い。

チョココーヒー
Choco Coffee B

コーヒーとチョコレートを合わせたドリンク。コーヒーよりもチョコレートの味がやや強いがくど過ぎず飲みやすい。

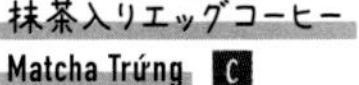

エッグビール
Bia Trứng C

卵黄を泡立てたクリームにビールを注ぐと、クリーミー過ぎるビールが完成。意外に合う……かも？

1946年創業の歴史ある店
C カフェ・ザン
Cafe Giang

Map 別冊P.7-D3 旧市街

ハノイ名物エッグコーヒー発祥の店とされる。小さな椅子とテーブルが並ぶハノイのローカルカフェの雰囲気も楽しい。

39 Nguyễn Hữu Huân, Q. Hoàn Kiếm ☎091-7002299（携帯） 7:00〜22:00 休テト Card不可 URL cafegiang.vn ハノイ大教会から徒歩約12分

高級ベトナムコーヒー店
D カフェ・マイ
Cafe Mai

Map 別冊P.10-B1 ホアンキエム湖南部

1936年創業の老舗で豊かな風味が自慢。7種類のオリジナルブレンドはすべてベトナム産のアラビカ豆。

52 Nguyễn Du, Q. Hai Bà Trưng ☎3822-7713 7:00〜22:00 休テト3日間 Card M.V. ハノイ大教会からタクシーで約10分

スーパーなどで売っている安価なハス茶は緑茶などにハスの香りを付けたもの。本物を手に入れるなら専門店へ。

高級ホテルのアフタヌーンティーで ちょっと贅沢なひととき

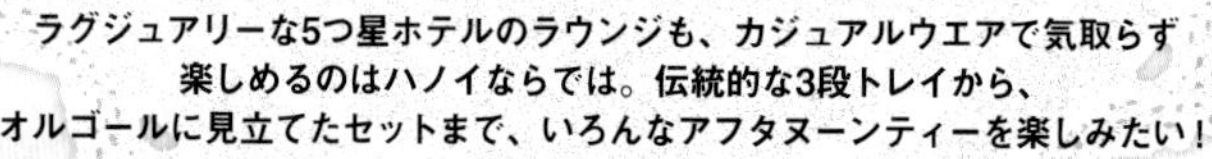

ラグジュアリーな5つ星ホテルのラウンジも、カジュアルウエアで気取らず楽しめるのはハノイならでは。伝統的な3段トレイから、オルゴールに見立てたセットまで、いろんなアフタヌーンティーを楽しみたい！

憧れのメトロポールでアフタヌーンティー

@ソフィテル・レジェンド・メトロポール・ハノイ(→P.132)

point
ベトナム全土から取り寄せた希少なお茶、ハーブティー、インドやスリランカ産の紅茶、コーヒー各種にベトナムコーヒー、チョコレートドリンクなど幅広いドリンクセレクションが自慢。

1. 昼下がりのカクテルを楽しむのもいい　2. エッグコーヒーは1946年にメトロポール・ホテルのバーテンダーが生み出したとされており（→P.85のハミダシ）、この店でも当時のレシピのエッグコーヒー（19万ドン）が飲める　3. アフタヌーンティーセットは、サンドイッチ、スコーン、フルーツ、焼き菓子、ドリンクが付く　4. 1920年代のスピークイージーをイメージしたインテリア

Le Club Bar
ル・クラブ・バー

ホテルの中庭を見渡すサロンのような開放的な空間で、季節の果物を使った3段トレイのアフタヌーンティー（ひとり69万ドン）やチョコレート・トレイ（39万ドン）といったスイーツが楽しめる。火曜から日曜の20:00以降はジャズの生演奏あり。

Map 別冊P.9-C2　ホアンキエム湖周辺

Sofitel Legend Metropole Hanoi, 15 Ngô Quyền, Q. Hoàn Kiếm　☎3826-6919　6:30～翌1:00（アフタヌーンティーは15:00～17:30）　休無休　料＋税・サ15%　Card A.D.J.M.V.　予不要　交ハノイ大教会から徒歩約15分

「ル・クラブ・バー」のドリンクメニューには、ホテルに宿泊した著名人のお気に入りカクテルもありました。（匿名希望）

point
ミニサイズのスイーツ＆軽食で、午後のお茶タイムにぴったりのボリューム感。

La Fée Verte
ラフェ・ヴェルト

楽譜付きのオルゴール風ボックスにケーキ 、マカロン、スコーン、ミニサンドイッチなどが入りとってもキュート。ふたり用75万ドン。

Map 別冊P.9-C2 ホアンキエム湖周辺

Hotel De L'opera Hanoi, 29 Tràng Tiền, Q. Hoàn Kiếm ☎6282-5555 7:00～24:00（ハイティーは13:00～18:00）休無休 料+税・サ15% Card A.D.J.M.V. 予不要 交ハノイ大教会から徒歩約10分

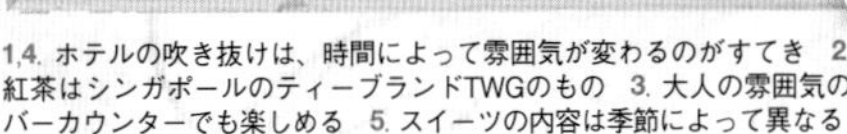

1,4. ホテルの吹き抜けは、時間によって雰囲気が変わるのがすてき 2. 紅茶はシンガポールのティーブランドTWGのもの 3. 大人の雰囲気のバーカウンターでも楽しめる 5. スイーツの内容は季節によって異なる

point
38階からのすばらしい眺望とともに自慢の自家製スイーツなどを満喫できる。

The Lounge Sky
ラウンジ・スカイ

3段トレイは、スイーツ、セイボリー、スコーンと飽きさせない構成で、少しずついろいろな種類が楽しめる。

Map 別冊P.4-A2 ホーチミン廟周辺

38F, Lotte Hotel Hanoi, 54 Liễu Giai, Q. Ba Đình ☎3333-1000 8:00～22:00（アフタヌーンティーは14:00～18:00）休無休 料+税・サ15.5% Card A.D.J.M.V. 予窓際席は要予約 交ホーチミン廟からタクシーで約10分

1. 大きな窓からはハノイ市街が見渡せる 2. アフタヌーンティーはふたり用85万ドン 3. 広い店内。窓際の席は要予約

このバーテンダーはのちに「カフェ・ザン」(→P.83) を開業したグエン・ザン氏。

定番から最旬まで　ハノイで

四季のあるハノイでは、あったかいスープ
スイーツもよりどりみどり。甘味屋に群がるハノイ

ひんやりおいしいよ！

オススメ Best 3

ヨーグルト
Sữa Chua
スア・チュア

季節のフルーツ入りヨーグルト、スア・チュア・ホア・クア。

2万ドン C

ピンス
Kem Đá Tuyết
ケム・ダー・トゥエット

牛乳を凍らせて削ったふわふわ食感の氷の上に、マンゴーやあずき、練乳をたっぷりかけた、韓国風かき氷。

6万ドン J

オススメ Best 1

プリン
Caramen
カラメン

濃厚でとろける味わい

ベトナムのプリンはコンデンスミルクを使うのがポイント。ほろ苦いキャラメルソースが絶妙！

8000ドン C

豆乳プリン
Pudding Đậu Nành
プディング・ダウナイン

ほのかな甘味の豆乳プリンにはあずき（5000ドン）トッピングがおすすめ。

1万4000ドン F

ローカルスイーツ Local Sweets

コムという緑のお米を使ったもち菓子（バイン・コム Bánh Cốm）
1万ドン

タピオカ生地をパンダンリーフや緑豆、ガックなどで色付けし、多層に重ねたもち菓子（バイン・チン・タン・マイ Bánh 9 Tầng Mây）
5000ドン

ガックで色付けしたタピオカ生地を多層に重ねたもち菓子（バイン・ガック Bánh Gấc）
8000ドン

サトウキビでコーティングしたバイン・ザン
2000ドン

ショウガと砂糖で煮込んだもち米団子（チェー・コン・オン Chè Con Ong）
6000ドン

D

緑豆入り揚げもち米団子（バイン・ザン Bánh Rán）
2000ドン

ドライココナッツと黒ゴマ入り団子（バイン・ソアイ・ズア Bánh Xoài Dừa）
2万ドン

オススメ Best 2

豆腐スイーツ
Tào Phớ Sữa Đậu Nành
タオフォー・スア・ダウナイン

豆腐の伝統スイーツに豆乳をかけたもの。ショウガとタピオカ（各3000ドン）をトッピング。

1万4000ドン F

ロールケーキ
Bánh Cắt　バイン・カット

ほんのり甘いロールケーキは素朴な味わい。

6000ドン C

ベトナム風ドーナツ
Quẩy Mềm　クワイメム

小麦粉の生地を練って棒状に揚げたもの。練乳につけて食べる。

6000ドン F

ドリンク Drink

フルーツ入りアイスティー／タピオカミルクティー
Oolong Mãng Cầu Kim Quất（左）/ Hoàng Trà Sua Trân Châu（右）

左はキンカンと釈迦頭入りウーロン茶、右はアロエやゼリー入りのタピオカミルクティー。

各4万ドン I

シントー
Sinh Tố

コンデンスミルク入りのベトナム式フルーツシェイク。左はマンゴー、右はスイカ。

3万ドン～ L

A 若者が集うアイススタンド
ケム・チャンティエン
Kem Trang Tien
Map 別冊P.9-C2
ホアンキエム湖周辺
☗35 Tràng Tiền, Q. Hoàn Kiếm ☎098-6257979（携帯） ◷8:00～22:30 休テト Card不可 交ハノイ大教会から徒歩約10分

B ラオス発のおしゃれカフェ
ジョマ・ベーカリー・カフェ
Joma Bakery Café
Map 別冊P.12-A1
タイ湖周辺
☗43 Tô Ngọc Vân, Q. Tây Hồ ☎3718-6071 ◷7:00～21:00 休無休 Card M.V. 交ハノイ大教会からタクシーで約20分

C ココナッツスイーツならココ
ズオンホア
Duong Hoa
Map 別冊P.5-C1
ホーチミン廟周辺
☗29 Hàng Than, Q. Ba Đình ☎098-6959918（携帯） ◷10:00～23:30 休テト Card不可 交ハノイ大教会からタクシーで約10分

D 昔ながらの甘味屋さん
ディア・チー・ズイニャット
Dia Chi Duy Nhat
Map 別冊P.7-C3
旧市街
☗1 Đinh Liệt, Q. Hoàn Kiếm ☎3926-3598 ◷7:00～21:00 休テト Card不可 交ハノイ大教会から徒歩約10分

E おこわアイスならこの店
トゥーガー
Thu Nga
Map 別冊P.9-D2
ホアンキエム湖周辺
☗8A Hai Bà Trưng, Q. Hoàn Kiếm ☎3936-6164、3999-3599 ◷7:30～22:00 休テト Card不可 交ハノイ大教会から徒歩約15分

ホーチミンで食べたプリンより、ハノイのカラメンのほうが断然おいしかった。（愛知県・N）

応募方法

アンケートウェブサイトにアクセスしてご希望のプレゼントとあわせてご応募ください！

URL https://arukikata.jp/hczttu

締め切り：2025年2月28日

当選者の発表は賞品の発送をもって代えさせていただきます。（2025年3月予定）

Gakken

食べるべきスイーツ図鑑

系スイーツから冷たいアイスクリームまで、
っ子に交じって、あま～いスイーツを楽しもう。

アイスクリーム Ice Cream

アイスのせおこわ
Kem Xôi
ケム・ソイ

ハノイスイーツの定番。少ししょっぱいおこわにココナッツアイスが意外に合う。 3万ドン Ⓔ

ステッコ
Stecco

キュートなビジュアルのアイスキャンディ。ストロベリーにチョコレートでデザインを加えたもの。 4万5000ドン Ⓖ

ココナッツアイス
Kem Trái Dừa ケム・チャイ・ズア

オススメ Best 1

ココナッツの器にソフトクリームを入れ、チョコソースとドライココナッツをトッピング。 7万ドン Ⓒ

見た目のインパクト大!!

昔ながらのアイスクリーム
Kem
ケム

左からストロベリーKem Tươi Dâu、カカオKem Ca Cao、コム（緑のもち米）Kem Cốm、タロイモKem Khoai Môn、バニラKem Ốc Quế。 8000～1万2000ドン Ⓐ

ジェラート
Gelato

南国フレーバーの手作りジェラートはシングル5万ドン。カップはマンゴーとハイビスカス、コーンはバタフライピー。 10万ドン Ⓖ 5万ドン Ⓖ

ケーキ Cake

ココナッツケーキ
Coconut Cake

スポンジケーキにココナッツクリームを挟み、上からもドライココナッツをかけて南国の味わいに。 8万ドン Ⓑ

チーズケーキ
Cheese Cake

オススメ Best 1

甘酸っぱくてさわやか！

ハノイのカフェのなかでもおいしいと評判のチーズケーキ。プラス1万5000ドンでマンゴートッピングがおすすめ。 8万5000ドン Ⓑ

マルウ・マグムース
Marou Mug Mousse 15万ドン Ⓚ

スポンジ生地で作ったマグカップの中にはチョコレートムースがぎっしり。

チョコレート・タルト
Chocolate Tart

マルウのチョコレートを使ったタルトは甘さ控えめ。 11万5000ドン Ⓚ

ジュース

梅の砂糖漬けジュース
Nước Mơ
ヌオック・モー

酸っぱくてほのかに甘い梅ジュース。 1万5000ドン Ⓛ

サウの実の砂糖漬けジュース
Nước Sấu
ヌオック・サウ

サウの実には、体温を下げる効果があるそう。 1万5000ドン Ⓛ

葛ジュース
Bột Sắn
ボッ・サン

植物の根から作った白い粉を水に溶かした飲み物。ダイエットや美肌効果があるとか。 1万5000ドン Ⓛ

サトウキビジュース
Nước Mía
ヌオック・ミア

専用の搾り機でその場で搾ってくれる。ライムを搾って飲む。 1万5000ドン Ⓛ

塩レモンジュース
Nước Chanh Muối
ヌオック・チャイン・ムオイ

ビタミンCが豊富な塩レモンジュースは、汗をかいたあとやのどが痛いときに。 1万5000ドン Ⓛ

Ⓕ 豆腐スイーツ タオフォー専門店
ジェリービーン
Jellybean
Map 別冊P.8-B3
ホアンキエム湖周辺

28 Quang Trung, Q. Hoàn Kiếm ☎6675-2820
7:15～22:00 休テト
Card 不可 交ハノイ大教会からタクシーで約10分

Ⓖ イタリア式の本格ジェラートカフェ
ジェラート・イタリア
Gelato Italia
Map 別冊P.12-A2
タイ湖周辺

172 Xuân Diệu, Q.Tây Hồ ☎034-4680966（携帯）
10:00～23:00 休テト
Card M.V. 交ハノイ大教会からタクシーで約20分

Ⓗ かわいいパンとお菓子が並ぶ
ブイコンチュン・ベーカリー
Bui Cong Trung Bakery
Map 別冊P.6-B2
旧市街

20 Hàng Bồ, Q. Hoàn Kiếm
☎3923-0892 6:00～22:00
休テト Card 不可 交ハノイ大教会から徒歩約10分

Ⓘ チャンヒー→ P.88
Ⓙ ホアベオ→ P.89
Ⓚ メゾン・マルウ・ハノイ→ P.30
Ⓛ 屋台などで

「ジェラート・イタリア」は中心部のイタリア商工会議所内にも店舗がある。 Map 別冊P.9-D2

優しい味わいのトリコに♥

ベトナムの定番スイーツ チェーにハマる

What's Che?

ベトナムのスイーツといえばチェーだけど、そもそもチェーってどんなもの？　そんな疑問はもちろん、チェーのすべてを教えちゃいます。

カラフルで見た目もキュート

Chè Sương Sa Hạt Lựu Bánh Flan
（チェー スオン サー ハッ ルー バイン フラン）

Hạt Lựuという緑豆ペーストとクワイの実が入ったシャクシャク食感のゼリー、ジャックフルーツ、プリンなどが入った贅沢チェー。3万5000ドン。

Chè Xoài Hong Kong
（チェー ソアイ ホンコン）

マンゴープリンがインパクト大な香港スイーツ風のチェー。フレッシュマンゴー、タピオカ、ココナッツミルクゼリーなどが入っている。3万5000ドン。

Chè Dừa Dầm
（チェー ズア ザム）

ココナッツの果肉、ココナッツゼリーなどの具材にココナッツミルクをかけた真っ白いチェー。3万ドン。

Chè Khúc Bạch Chang Hi
（チェー クック バック チャン ヒー）

ミルクや抹茶のゼリー、ライチに似たフルーツのロンガン、アーモンドなどが入るチェー。3万5000ドン。

ミルクゼリーの優しい甘味が◎

これもオススメ

発酵豚肉ソーセージ（ネムチュア）のフライや、チーズ入り紫芋もち（各5万5000ドン）などおつまみ系も充実。

★ チェーって何？

ベトナム版あんみつ。砂糖で煮込んだ果物や緑豆、あずき、タピオカ、白玉などの具材にココナッツミルクやコンデンスミルク、氷などをかけて味わうベトナムの伝統甘味。

★ 地域によって違う？

北部では豆やイモを使ったあったかチェーが、南部ではクラッシュ氷入りのひんやりチェーが主流。

★ どこで食べられるの？

おもにローカルのチェー専門店で。カフェやベトナム料理レストランでは洗練された味とプレゼンテーションで提供。

★ メニュー解読法

代表的な具材

- Thập cẩm（タップカム）…ミックス
- Hoa quả（ホアクア）…果物
- Hạt sen（ハッ・セン）…ハスの実
- Đậu đỏ（ダウドー）…あずき
- Đậu xanh（ダウサイン）…緑豆

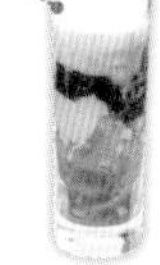

食の安全にこだわったチェー

チャンヒー

Chang Hi

チェーは約20種類、ドリンク類は約10種類を揃えるベトナムデザートの専門店。毎日マーケットで仕入れるという旬のフルーツを使ったチェーは、みずみずしくて甘さ控えめ。

Map 別冊P.9-C2 ホアンキエム湖周辺

18 Hai Bà Trưng, Q. Hoàn Kiếm
6675-2820
8:30～23:00
休テト　Card不可
交ハノイ大教会からタクシーで約10分

和のインテリアが印象的な清潔感のある店内。通りを見下ろす3階の窓際席がおすすめ

「ホアベオ」は写真付きメニューがあって選びやすい。地元の人で混雑していた。（東京都・T）

ソイ チェー
Xôi Chè

おこわと緑豆のチェー。ショウガが効いていて体が温まる。2万ドン。

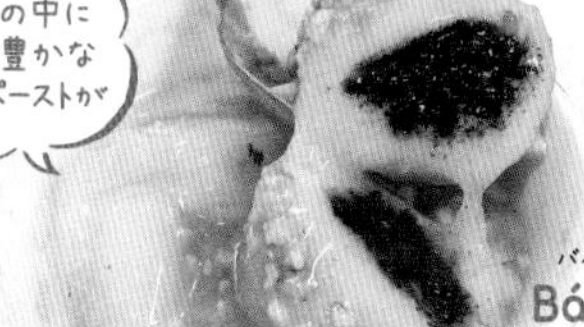

チェー セン ダー
Chè Sen Đá

ハスの実入りの冷たいチェー。2万5000ドン。

バイン チョイ ノン
Bánh Trôi Nóng

グツグツと店頭で煮込む黒ゴマペースト入りの大きな白玉団子（Bánh Trôi）は絶品。これにココナッツミルクをかけた温かいスープチェーでほっこり。冬季限定で2万ドン。

昔ながらの北部のチェー

チェー・ボンムア

Che 4 Mua

体に優しくおいしい、素朴なチェーが老若男女に支持されている。看板メニューの白玉団子は、もっちりとした生地にしっかりと黒ゴマペーストが詰まっていて食べ応えあり。

Map 別冊P.6-B2 旧市街

4 Hàng Cân, Q. Hoàn Kiếm
☎098-4583333（携帯） 9:00〜24:00
休テト1週間
Card 不可
図ハノイ大教会から徒歩約10分

スア チュア ネップ カム
Sữa Chua Nếp Cẩm

古代米の黒米と甘いヨーグルトを合わせたハノイ発のデザート。2万5000ドン。

チェー ダウ ドー
Chè Đậu Đỏ

チェー初心者におすすめのあずきのチェー。この店はあずきのほかに仙草ゼリーとタピオカ入り。2万5000ドン。

ソフトクリームはバニラもある

カラメン ミット
Caramen Mít

ジャックフルーツ、プリン入りのチェー。3万ドン。

季節のフルーツがたっぷり

ホアベオ

Hoa Beo

チェー屋が並ぶ通りにある人気店。旅行者でも入りやすく、量が多くて安いのが人気の秘密。一番人気はソフトクリームがのったホアクアケム。カラメン（→P.86）もおすすめ。

Map 別冊P.6-B3 旧市街

17 Tô Tịch, Q. Hoàn Kiếm ☎093-754 1988（携帯） 10:00〜23:30 休無休
Card 不可 図ハノイ大教会から徒歩約5分

スア チュア ミット
Sữa Chua Mít

牛乳プリン、ヨーグルト、ジャックフルーツ入りのチェー。3万ドン。

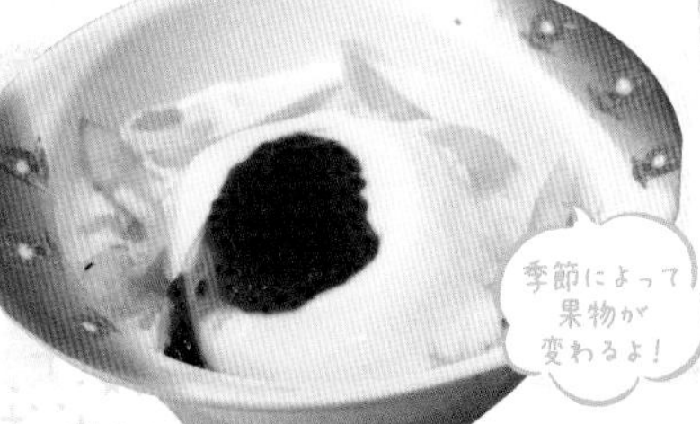

ホア クア ケム
Hoa Quả Kem

季節の果物入りのチェー、ホアクアザムに、ストロベリーソフトクリームをのせたひんやりチェー。4万ドン。

ホア クア ザム
Hoa Quả Dầm

季節のフルーツがたっぷり入ったハノイ生まれのフルーツチェー。フルーツの上からコンデンスミルクと氷をかけて食べる。3万ドン。

チェーには温かいものと冷たいものがある。温かいチェーは冬場のみ提供する店もある。

北・中・南ぜんぶ食べたい！

巻物天国ベトナムの巻物図鑑

多彩なバリエーションがある
ベトナム全土の春巻をハノイで
制覇しよう！

北部 発祥

ハノイの定番は揚げ春巻。パリパリとした薄皮の揚げ春巻は、ご飯のおかずにもビールのおつまみにも◎。

カニ肉入り揚げ春巻
ネム クア ベー
Nem Cua Bể

ハイフォン名物。四角い形状の揚げ春巻の中にはカニ肉、豚肉、キクラゲ、春雨など具がたっぷり。ヌックマムベースのたれをつけて食べる。

15万ドン

詳細は→ P.75 アンビエン・イータリー

揚げ春巻
ネム ザン
Nem Rán

キノコ、キクラゲ、春雨、エビ、豚肉をミンチ状にして、薄い皮で巻いて揚げた大きな春巻で、ハサミで切って出されることが多い。南部の揚げ春巻はChả Giò。

からし菜春巻
クォン ジエップ
Cuốn Diếp

フエ料理。豚肉、エビ、モヤシ、コリアンダー、ニンジン、ブンをからし菜で巻いたヘルシーな野菜巻き。

中部 発祥

中部はフエを筆頭とする美食エリア。宮廷料理の流れをくんだ素朴で繊細な春巻に注目☆

焼きつみれ春巻
ネム ルイ
Nem Lụi

フエ料理。レモングラスの茎に豚肉のつみれを巻き炭火で焼いてあり、ライスペーパーで野菜と一緒に巻いて食べる。ピーナッツだれをつけてどうぞ。

7万5000ドン

タピオカ生地の蒸し春巻
バイン ボッ ロック
Bánh Bột Lọc

フエ料理。バナナの葉でエビ、豚肉、タピオカ生地を包み、蒸し上げたプルプルの春巻。

5万4000ドン

ネット・フエ Net Hue

フエ料理を出すチェーン店。リーズナブルにフエの春巻やデザートが味わえるとあって、ハノイっ子に大人気。

Map 別冊P.8-A1 ホアンキエム湖周辺

198 Hàng Bông, Q. Hoàn Kiếm
3938-1795 8:00～22:00
休無休 Card M.V. URL nethue.com.vn
交ハノイ大教会から徒歩約10分

南部 発祥

南部といえば生春巻！ハーブたっぷりで暑い季節にぴったり。

生春巻
ゴイ クオン
Gỏi Cuốn

エビ、豚肉、生野菜、米麺ブンなどを薄いライスペーパーで巻いたもの。ベトナム全土で食べられる。

1本2万5000ドン

詳細は→ P.72 クアン・アン・ゴン

豚皮入り生春巻
ビークォン
Bì Cuốn

ゆでた豚皮の細切り（ビー）、香草、ブンなどを巻いた生春巻。お酒のおつまみにどうぞ。

1本2万ドン

レトロ雑貨もモダンアオザイも新旧の"カワイイ"がざっくざく！最強ショッピングナビ

古都ハノイならではの伝統工芸品に、モダンに進化したアオザイ、
古い建築物を利用したショップや、外国人オーナーのブティックなど
ハノイには新旧の味のあるショップや雑貨店が多い。
今行くべきハノイのショップをセレクト。

ハザンの
モン族だけに見られる
うず巻き刺繍の
ペンケース
15万ドン／B

少数民族の刺繍や手織り布は作り手の減少にともない年々希少価値が高まっており、値段も高騰している

鮮やかで繊細なテキスタイルにうっとり♡

ベトナム北部の少数民族雑貨

少数民族については→P.55

上／ヘンプのポーチ35万ドン　左／刺繍やろうけつ染めの布を用いたぬいぐるみ14万9000ドン～

サパをはじめとする北部の山岳民族の手作りアイテムは、エスニック好きにはたまらない。ハノイで見つけたとっておきの少数民族雑貨をご紹介。

個性的ですてき！

花モン族

ベトナムいちカラフルな民族といわれる花モン族は、ピンク系の何層にも重なった刺繍が特徴。

黒モン族

藍染めのコットンや麻布、動物や植物をモチーフにした幾何学模様の立体的な刺繍が見られる。

ロロ族

三角形を組み合わせた幾何学模様の刺繍が特徴で、カラフルな花嫁衣裳が美しいことでも有名。

サフォー族

ジグザグ模様の刺繍や蝶、小屋などをモチーフにした刺繍が特徴。ビーズが縫い込まれた刺繍もある。

ヌン族

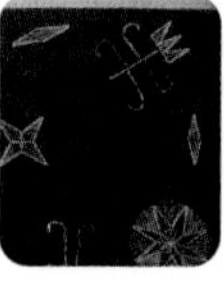

インディゴで黒く染められたコットンに、非常に細い糸で施された繊細な刺繍が美しい。

ターイ族

伝統織物の技術が高いことで知られる。色鮮やかな糸で手織りされた織物は肌触りもよい。

A 定番アイテムならココ サパ Sapa

花モン族の刺繍をアレンジした商品がメイン。ポーチから洋服まで何でも揃うが、値段は少し高め。

Map 別冊P.6-B3 ホアンキエム湖周辺

住 90&108 Hàng Gai, Q. Hoàn Kiếm　☎097-6869807（携帯）　営8:30～21:00　休無休　Card A.D.J.M.V.　交ハノイ大教会から徒歩約5分

メンズもあります

B レアなアイテムが見つかる アン・ハンドメイド An Handmade

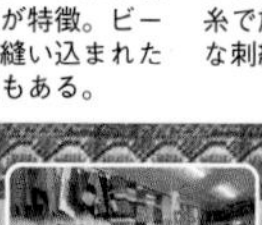

ハザン省のモン族のヘンプアイテムや、マイチャウの白ターイ族の織物を使った小物やバッグがメイン。ウエアもかわいい。

Map 別冊P.6-B3 旧市街

住 17 Hàng Mành, Q. Hoàn Kiếm　☎094-5081539（携帯）　営9:00～22:00　休テト　Card J.M.V.　交ハノイ大教会から徒歩約5分
住 リークオックスー通り店 Map 別冊P.8-B1

C チエ・ズプズパ →P.36
D インディゴ・ストア →P.125
E モリコ・サイゴン →P.33

✉ 数年ぶりのハノイで少数民族アイテムの値上がり具合に驚いた。早めに購入しておくのが吉。（匿名希望）

1. 藍染めのコットンドレス（250万ドン）とコットンスカーフ（177万ドン）／D　2. ターイ族の織物を使ったワンピース139万ドン／A　3. スカーフとしても使用できる魚の絵柄の麻布は1m65万ドン／A　4. 花モン族のビンテージシューズ89万ドン／A

1. ターイ族の織物のアイマスク各10万ドン／C　2. 端切れを使った包みボタンのヘアゴム各4万6000ドン／C　3. スマホカバー（60万ドン）とケーブルクリップ（5万ドン）／E

1. 赤ザオ族の成人女性の刺繍が施されたバッグ95万ドン／C　2. ハザンのモン族の刺繍をあしらったジッパー付きトートバッグ68万ドン／B

1. 花モン族のポーチ（35万ドン）とペンケース（20万ドン）／A　2. マイチャウの白ターイ族の織物を使ったメイクポーチ23万ドン／B　3. 刺繍ポーチはサイズによって20万ドン～／A

1. 上はハザンのモン族のヘンプ生地（42万ドン）、下はろうけつ染め（30万ドン）のクッションカバー／B　2. 黒ザオ族の女性が刺繍されたクッションカバー95万ドン／C　3. 麻素材とろうけつ染めを組み合わせたコースター（各6万5000ドン）とランチョンマット（22万5000ドン）／C　4. ベトナムの国旗の刺繍がかわいい菅笠ベア39万1000ドン／C

少数民族に興味がある人は、ベトナム民族学博物館 Map 別冊P.3-C2 へ行ってみよう。

職人の技がステキなベトナム

古都ハノイでじっくり選びたい

長い年月のなかで培われてきた伝統
年々洗練されていくバッチャン焼や、
バラエティ豊富でひとつは

ネコの箸置きは各3万ドン。表情や色合いがすべて違うので好みのネコを探して

部屋を華やかに彩ってくれそうな、ハスの絵柄の一輪挿し16万ドン

カラフルなニュー・バッチャンは電子レンジでも使用できる優れもの。小皿は3万ドン〜

さわやかなスカイブルーにシンプルなハスのデザインが映えるマグカップ6万ドン

Bat Trang バッチャン焼

バッチャン村で陶器探し→P.62

白い素地に赤や藍色で絵付けした素朴な陶器。鮮やかで薄い「ニュー・バッチャン」も要チェック。

リーズナブルなバッチャン焼が揃う

バンブー Bamboo

ハンザ・ギャレリア（→ P.22）の地下市場にある専門店。小さな店だが品揃えが豊富で安く、店主は日本語を少し話せる。

Map 別冊P.6-A3　旧市街

Shop 357A, B1, Hang Da Galleria, Ngõ Trạm, Q. Hoàn Kiếm　098-3617517（携帯）　9:00〜18:00　休テト　Card不可　ハノイ大教会から徒歩約5分

Zo Paper ベトナム伝統紙ゾー

ドンホー版画（→P.64、95）にも使われる北部の伝統手すき紙、ゾーにベトナムらしいデザインやアートを施した商品は人気急上昇中。

コロニアルタイル柄のポストカードは各5万ドン、4枚セットで18万ドン

ベトナム伝統紙をアートに

ゾー・プロジェクト Zo Project

手すき紙のゾーに天然素材だけを使って色付けされたデザイン性の高いオリジナル商品が魅力。

Map 別冊P.8-A1　ホアンキエム湖周辺

5A Trần Phú, Q. Hoàn Kiếm　036-6602928（携帯）　10:00〜18:00　休テト　Card不可　URL www.instagram.com/zoprojecthanoi　ハノイ大教会からタクシーで約5分
※線路カフェ（→P.14）の通りにあるため、事前にSNSなどで来訪の日時を伝えて、線路入口まで迎えに来てもらうのをおすすめする。

少数民族の刺繍モチーフのノートはMサイズ19万5000ドン、Lサイズ23万5000ドン

ベトナム人画家チャン・グエン・ダン氏の作品が表紙のステッチノート16万5000ドン

ゾーを使ったピアスは19万ドン。こちらの絵柄もチャン・グエン・ダン氏の作品

星の輝きのようなデザインが美しい指輪191万ドン

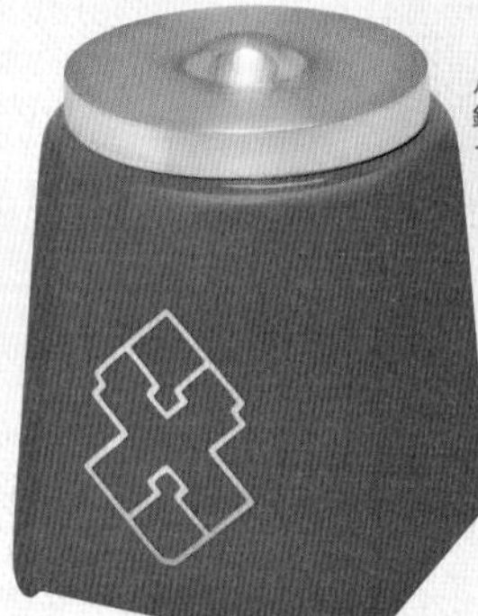

ハノイ旧市街で見る窓の鉄柵から着想を得たデザインの茶筒540万ドン

Vietnamese Lacquer 漆器

日本の漆器と違って、さまざまな色素を加えたビビッドな発色がベトナム漆器の特徴。最近はヨーロピアンなデザインも登場。

一生モノの漆器をゲット

ハノイア Hanoia

伝統工芸である漆器にヨーロッパのエッセンスを加えた高級漆器の美しさにうっとり。

Map 別冊P.7-C3　旧市街

38 Hàng Đào, Q. Hoàn Kiếm
3710-0819　8:30〜20:00　休テト4日間
Card A.D.J.M.V.　URL hanoia.com
ハノイ大教会から徒歩約8分

バッチャン焼が欲しいなら「バンブー」がオススメです。ニュー・バッチャンがたくさん揃っていました。（京都府・A）

ドンホーで工房見学 →P.64

上／伝統モチーフの『雄鶏を抱く男の子』が描かれたグリーティングカード7万ドン、5枚セット25万ドン 下／手すき紙のノート6万ドン

Dong Ho
ドンホー版画

天然の材料を使ってベトナムの風物や生活を描くドンホー版画。縁起物としてテトの時期に家庭で飾られる。

市内唯一の専門店
チャイン・ドンホー
Tranh Dong Ho

ドンホー版画の第一人者グエン・ダン・チェ氏の版画専門店。

Map 別冊P.10-B1

ホアンキエム湖南部

19 Nguyễn Bỉnh Khiêm, Q. Hai Bà Trưng ☎098-2921969（携帯） 8:00～17:00 休日曜 Card 不可 図ハノイ大教会からタクシーで約10分

キラリ★と光る伝統工芸品

工芸品は、ベトナムの文化そのもの。今や風前の灯火のドンホー版画など、持って帰りたいものばかり。

Mother-of-Pearl Work
螺鈿細工

貝殻の内側の虹色の光沢部分を薄く磨き、模様などを表現する螺鈿は、家具やサンダルなど日常のものに用いられてきたベトナム伝統の技。

アメージング・ハノイ →P.34

スプーン各種。上は3万5000ドン、下の魚形は3万8000ドン

白と青のコントラストが美しい、木の絵柄のトレイ50万ドン

ステキなベトナム伝統工芸品

花の絵柄のティッシュボックス35万7000ドン

竹製の木地に螺鈿細工を施した器6万5000ドン

Buffalo Horn
水牛の角

水牛の角を加工したアクセサリーは、独特の味わいがあり魅力的。

タンミー・デザイン →P.35

存在感抜群のバイカラーのピアス23万5000ドン

ファッションのポイントにしたい、コロニアルな植物紋様のピアス23万5000ドン

フエの王宮の格子窓を彷彿とさせるペンダント28万2000ドン

ベトナム国旗やハスなどの刺繍が施された布マスクは街歩きにも役立つ。各9万4000ドン（タンミー・デザイン→P.35）

いろんな花の刺繍がキュートなコットンワンピース（349万ドン）は普段使いできそう（ヒューララ→P.100）

エアメール形のポーチ各9万4000ドン。切手や消印まで手が込んでいる（タンミー・デザイン→P.35）

鳥と牡丹の緻密な刺繍が美しい、麻布のキルティングバッグ250万ドン（ヒューララ→P.100）

Embroidery
刺繍

手先の器用なベトナム人の職人技が生きた刺繍アイテムは、ベトナムみやげの定番。伝統の技に触れてみて。

「ゾー・プロジェクト」のアイテムは「コレクティブ・メモリー」(→P.37）にもある。

1 名物麺のラバーマグネット
左はブンチャー、右はフォーのデザインのマグネット。 D

2 プラカゴのキーホルダー
プラカゴに異なる柄を付けるとかわいい！ C

3 ニットのフルーツヘアピン
かわいいニットの果物＆野菜モチーフ付きのヘアピン。 G

4 生春巻デザインのポーチ
メッシュ素材。エビや香草まで再現されている。 C

5 ミニサイズの菅笠
ベトナム国旗がモチーフのミニ菅笠（ノンラー）。 C

6 ベトナムモチーフのTシャツ
ベトナムみやげの大定番。ドンスアン市場で安く買える。 B

7 共産プロパガンダノート
プロパガンダの看板やポスターをデザインしたノート。 A

8 ステッカー＆ポストカード
左は名物ドリンクのステッカー、右はアイコン的建築のポストカード。 E

9 ローカルフードのポストカード
地元のアーティストとのコラボ作品。 F

10 メッシュ素材の刺繍入り巾着
小さいサイズの巾着はアクセサリーや常備薬ケースに。 B

11 アオザイ女性の刺繍入りポーチ
昔ながらの刺繍が施されたポーチは今では貴重な存在（？）。 B

約600円 10万ドン キッチュな

何だか懐かしくて、思わず手に取り
ハノイらしいレトロなデザインが、

プラカゴはハノイの雑貨店であまり見なかったが、「スター・ロータス」には各種揃っていた。（奈良県・O）

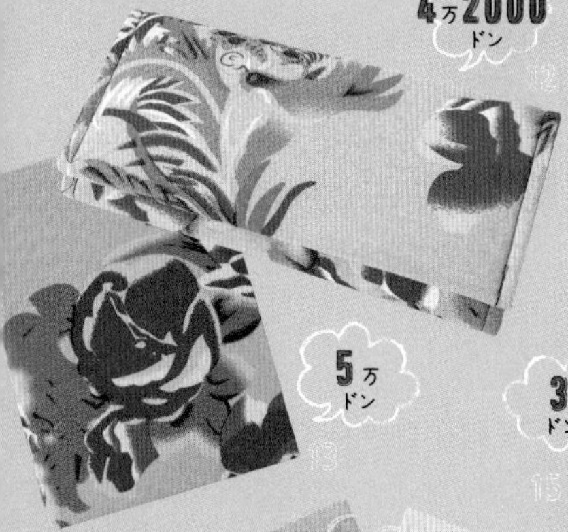

4万2000ドン

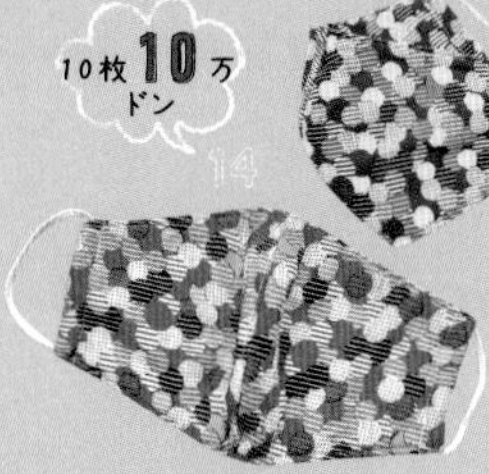

10枚10万ドン

5万ドン

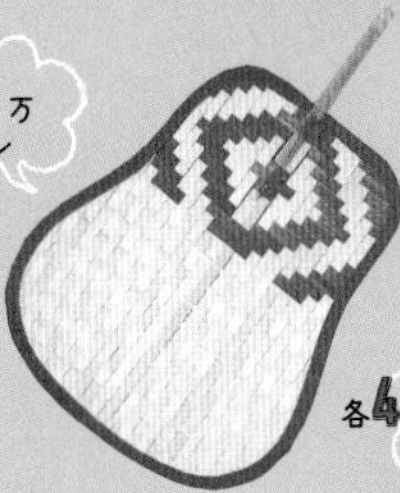

3万ドン

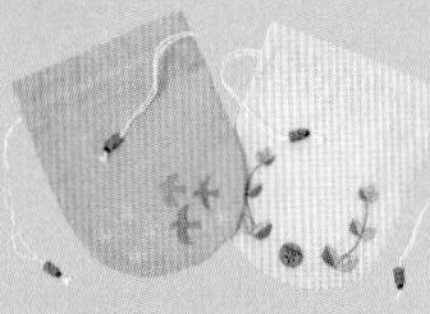

各7万2000ドン

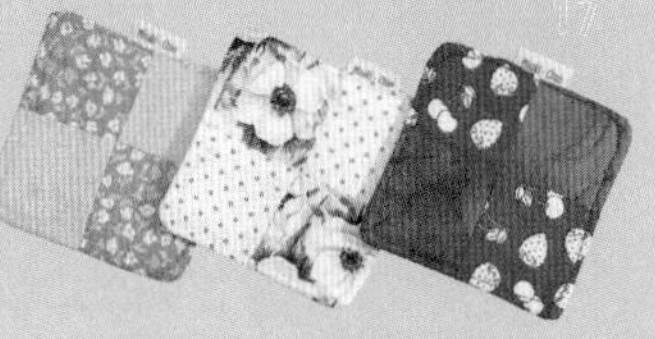

各4万5000ドン

以下のバラマキみやげ

Wow!

たくなるキッチュな雑貨が勢揃い。
バラマキみやげにピッタリ。

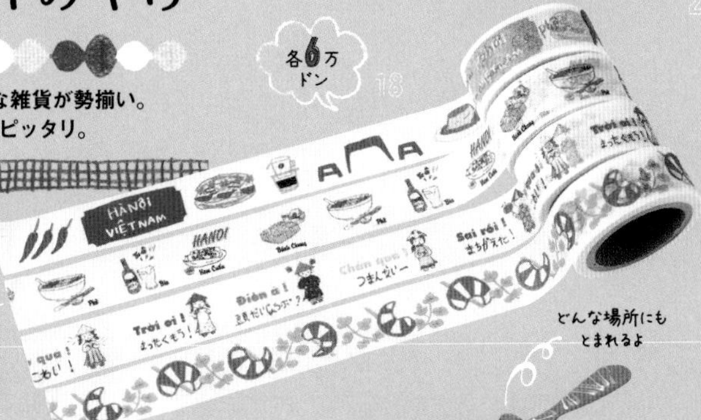

各6万ドン

ベトナムらしいマステも！

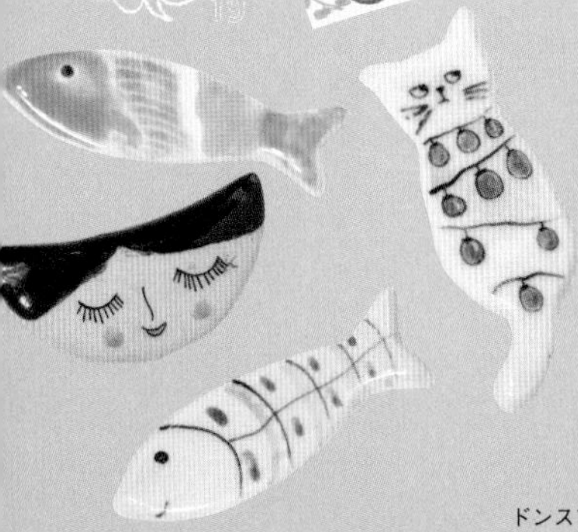

各3万5000ドン

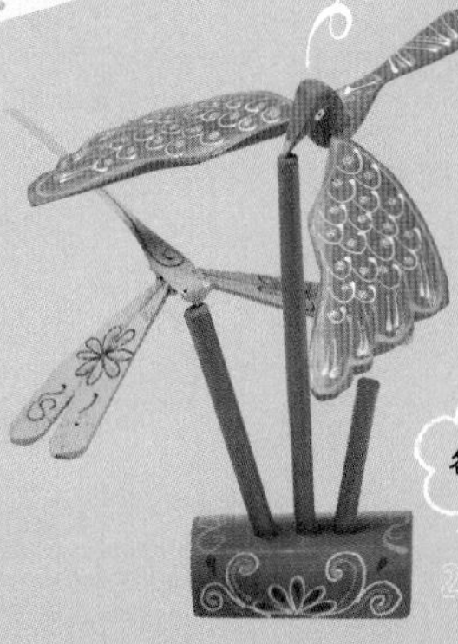

どんな場所にもとまれるよ

各3万ドン

12 レトロ花柄の札入れ
マグネット式留め具、カード入れ付きで、旅行中も重宝しそう。 A

13 レトロ花柄の布張りノート
お店オリジナルのノートはサイズや布の種類もさまざま。 A

14 キッチュな布マスク5色10枚セット
バイク大国ベトナムの必需品は卸価格でゲット。 B

15 伝統的な竹製のうちわ
サイズが大きく夏のクールダウンにぴったり。 B

16 ミニサイズの刺繍巾着
繊細な刺繍が売りの雑貨店で見つけたお値打ち品。 I

17 ハンドメイドのコースター
レトロな布のパッチワークコースターに胸キュン。 G

18 マスキングテープ
生春巻やバインミーなどベトナムらしいイラスト入り。 C

19 バッチャン焼の箸置き
手描きのあたたかみを感じる箸置きは種類豊富。 H

20 トンボと小鳥のやじろべえ
ベトナム語でトンボを意味するチュオンチュオンという竹製玩具。 D

A 旧市街にある文房具店
ノイ&フオン
Noi & Phuong

ペンやノートなどの文具に加えて、おみやげによさそうなベトナムモチーフのノートやポーチ、札入れなどもあり値段もリーズナブル。

Map 別冊P.6-B2 旧市街

23 Hàng Bồ, Q. Hoàn Kiếm
☎ 3923-0677 ⏰8:00〜18:00
休日曜、テト Card M.V.
交ハノイ大教会からタクシーで約5分

B ドンスアン市場 →P.23
C スター・ロータス →P.15
D アメージング・ハノイ →P.34
E コレクティブ・メモリー →P.37
F タイアードシティ →P.36
G フローラ →P.33
H セレンダー →P.37
I ナグ →P.36

ドンスアン市場は卸売りメインのため観光客は少ないが、1階にみやげ物を売る店もある。

市場&商店でひとめぼれ♥ レトロかわいいホーム&キッチン雑貨

ハノイの「かわいいもの」は市場と商店にあり！　英語は通じないけれど、勇気を出してお宝をゲットしよう。

ホーローはハイフォン製。仕入れの状況によって品揃えや品数が異なるため注意が必要。生産数が少なくなり、値段の上昇が激しいが、プレートは25万ドン～、コップは15万ドン～、おぼんは50万ドン～くらいが目安Ⓑ

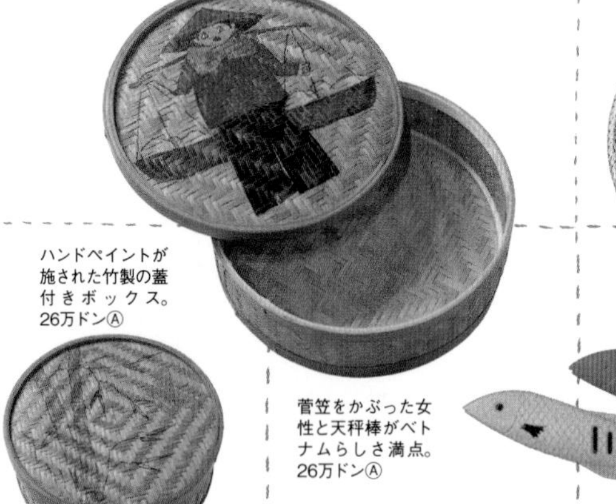

ハンドペイントが施された竹製の蓋付きボックス。26万ドンⒶ

菅笠をかぶった女性と天秤棒がベトナムらしさ満点。26万ドンⒶ

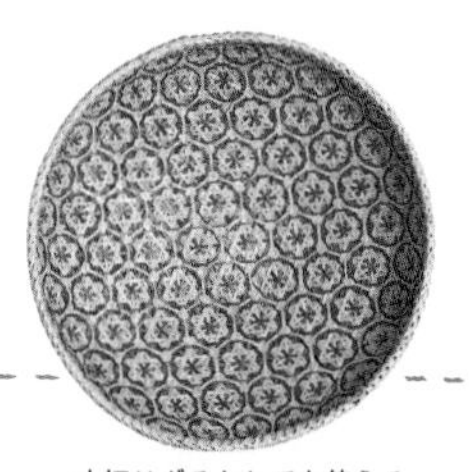

水切りざるとしても使える花柄の竹ざる。15万ドンⒹ

魚のカバーがかわいいペティナイフ。各1万5000ドンⒹ

竹製ケース付きのお箸。5点セットで3万5000ドンⒹ

市場や問屋では英語が通じないので、「これいくら？」のベトナム語（→別冊P.21）を覚えて、メモ用紙を持参しよう。（ハノイ在住・M）

A 大型インテリアショップ ドリーマーズ
The Dreamers

食器やカトラリーから家具まで、センスのよいベトナム製アイテムをセレクト。

Map 別冊P.12-A1 タイ湖周辺

28 Tô Ngọc Vân, Q. Tây Hồ
091-2400439 (携帯) 9:00～19:00 休テト1週間 Card M.V.

B ホーロー食器がぎっしり ニョム・ハイフォン
Nhom Hai Phong

ハイフォンの工場から仕入れるというホーロー製品専門店。品揃えはハノイ随一。

Map 別冊P.6-A1 旧市街

38A Hàng Cót, Q. Hoàn Kiếm
3826-9448 8:00～18:00
休テト Card 不可

C グエンティエップ通りの商店
Nguyễn Thiệp Street

Map 別冊P.6-B1 旧市街

D ドンスアン市場
Chợ Đồng Xuân

→P.23

奥のB棟の2階に布屋が集中している。

レトロかわいいホーム＆キッチン雑貨

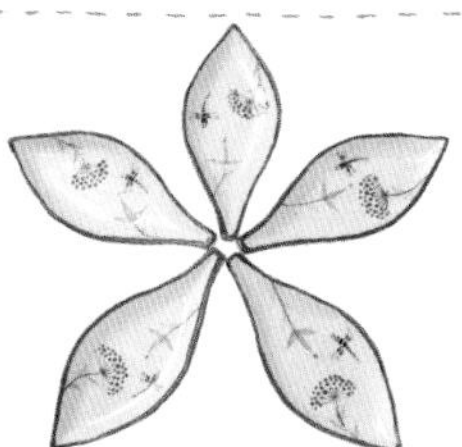

トンボが描かれた葉っぱの形のバッチャン焼。各6万5000ドンⒶ

コップ付きのレトロ魔法瓶。一応、保温性あり。15万ドンⒹ

ベトナムコーヒーに欠かせないアルミフィルター。1万ドンⒹ

ビニールのテーブルクロス。レジャーシートにしても◎。各5万ドンⒸ

ベトナムの定番水玉柄のガラスコップ。6個5万ドンⒹ

置物としてもかわいい木製コーヒーミル。5万ドンⒹ

木の風合いが魅力のボタン形ウッドコースター。各8万ドンⒶ

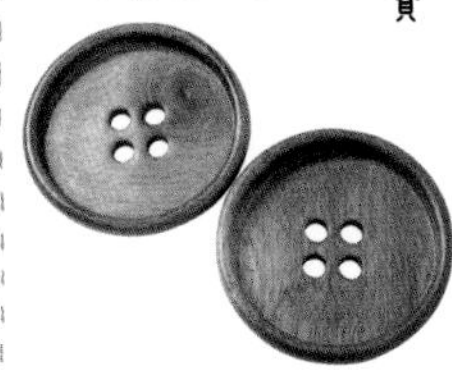

ビンザン（→P.78）でよく見る昔ながらの楊枝入れ。2万ドンⒹ

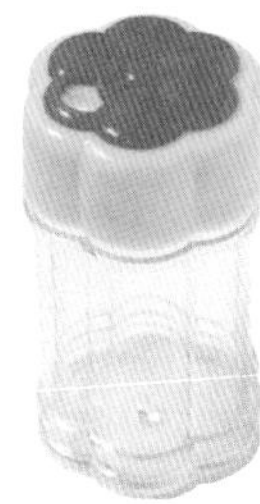

ハスの刻印が入ったレンゲ（各1万ドン）とアルミのお菓子型（各5000ドン）Ⓓ

ローカル居酒屋（ビアホイ）で使われるレトロなビールグラス。1万ドンⒸ

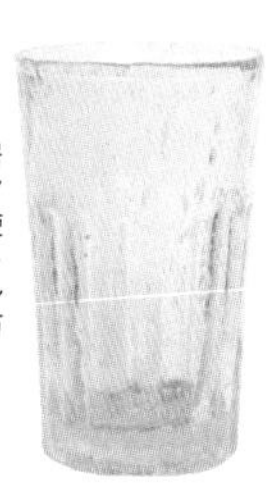

小花柄のエプロンはぬれてもいいビニール素材。3万ドンⒸ

鮮やかな中国布。最小60～80cmから購入できる。左は80cm2万5000ドン、中央と右は60cm4万ドンⒹ

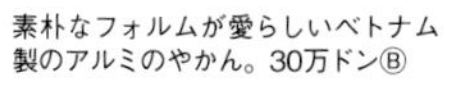

素朴なフォルムが愛らしいベトナム製のアルミのやかん。30万ドンⒷ

木製のカトラリー各種。左のふたつは各4万5000ドン、右のコーヒースプーンふたつと下のハサミ形トングは各10万5000ドンⒶ

ドンスアン市場周辺は朝から晩まで人通りの多いエリア。スリには十分気をつけよう。

普段使いもOK!

モダンアオザイコレクション

Modern Áo dài collection

ベトナムの民族衣装「アオザイ」が、ここ数年カジュアルに進化中。普段使いできそうなキュートなアオザイに夢中。

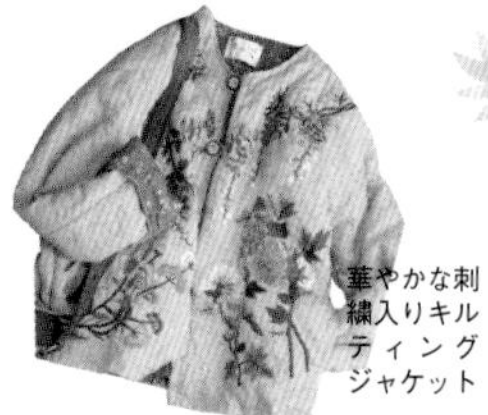

華やかな刺繍入りキルティングジャケット

コットン素材のアオザイは200US$くらいから

バッグや小物類もかわいいのでチェックしてみよう

ワンピもあります!

フレンチリネンとコットンのアオザイ。ベトナムの街角に溶け込むデザインがすてき

アオザイって?

言わずと知れたベトナムの民族衣装。17世紀頃生まれ、時代とともに変遷を繰り返し、1950年代に現在のぴったりと体のラインを強調する形になったといわれる。

自分流にアレンジ♪

花の刺繍のコットンワンピースはカラバリ豊富。各349万ドン

アオザイのほか、刺繍ウエアも豊富に揃う

レトロモダンなアオザイ

ヒューララ Huu La La

ベトナム人女性がホーチミンで立ち上げたブランド。水玉模様やレトロ花柄などのポップでカラフルなアオザイがキュート。

Map 別冊P.8-B1

ホアンキエム湖周辺

2 Nhà Chung, Q. Hoàn Kiếm ☎089-8128223（携帯） 9:00～22:00 休無休 Card J.M.V. 交ハノイ大教会から徒歩約1分

モダンアオザイって?

シルク生地で体のラインを出す伝統的なアオザイと違って、肌触りのいいコットンなどを使い、体のラインを強調しないので、ワンピース風に着こなせる。袖の形や留め具にもこだわりあり!

「OZデザイン・ハウス」にはカジュアルなウエアもあり、こちらもかわいかった。（青森県・陽子）

カラフルな水玉プリントのアオザイ270万ドン（タンミー・デザイン→P.35）

幻想的な幾何学模様のデザインが魅力のデジタルプリントシルクを使用したアオザイ520万ドン C

大ぶりなハスの刺繍が施されたオーガンジーのアオザイ550万ドン A

ベルベット素材を用いた厚手の小花柄アオザイ170万ドン。秋冬用 B

ターイ族のシルク織りを使用したシックなアオザイ124万5000ドン（タンミー・デザイン→P.35）

形は伝統的だけど、縦に伸びるアジサイの刺繍が新鮮。309万ドン A

農村の暮らしのひと幕が刺繍されたヴー・ヴィエット・ハー氏デザインのアオザイ（タンミー・デザイン→P.35）

首元や裾にレースが施されたチェック柄のモダンなアオザイ（タンミー・デザイン→P.35）

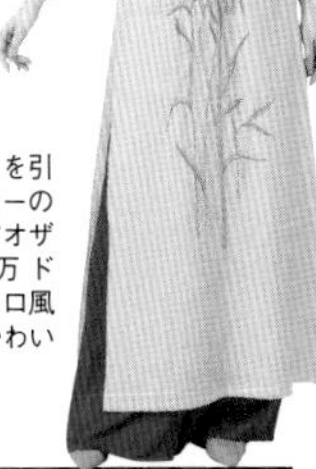

パッと目を引くイエローのシルクアオザイ295万ドン。レトロ風刺繍がかわいらしい A

A 普段着からとっておきの一着まで
OZデザイン・ハウス
OZ Design House

アオザイにボヘミアンな要素や西洋のエッセンスを取り入れた、モダンアオザイが話題。オーダーは所要1〜2週間。

Map 別冊P.8-A1 ホアンキエム湖周辺

34G Lý Nam Đế, Q. Hoàn Kiếm ☎3266-8837 8:30〜21:00 休無休
Card A.D.J.M.V.
URL www.ozdesignhouse.com
図ハノイ大教会から徒歩約15分

B 子供服のオーダーができる
アオ・チャンボン
Ao Chan Bong

子供用アオザイのオーダーをメインに行っているが、個性的な大人用アオザイや、ベトナム雑貨も扱っている。

Map 別冊P.8-B1 ホアンキエム湖周辺

30 Âu Triệu, Q. Hoàn Kiếm ☎098-3260187（携帯） 10:00〜19:00 休テト1週間
Card J.M.V. 図ハノイ大教会から徒歩約1分

C アートなウエアがズラリ
チュラ
Chula

スペイン人デザイナーが手がけるユニークなウエアが話題。ベトナムにちなんだコレクションも多く、見るだけで楽しめる。

Map 別冊P.3-C2 タイ湖周辺

43 Nhật Chiêu, Q. Tây Hồ
☎090-9886480（携帯）
9:00〜18:00 休無休
Card A.D.J.M.V.
URL chulafashion.com
図西湖府からタクシーで約12分

「ヒューララ」のアオザイの新作は年2回発表。時期によってはアオザイが売り切れのこともある。

Sweets
スイーツ

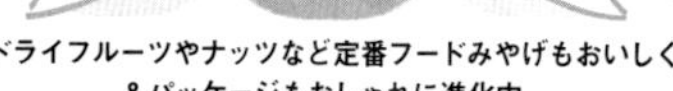

ドライフルーツやナッツなど定番フードみやげもおいしく&パッケージもおしゃれに進化中。

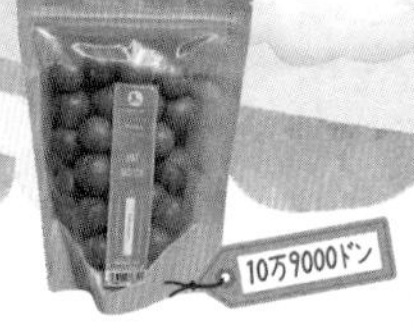

ランファームのマカダミアナッツ **F**

ベトナム産の殻付きマカダミアナッツ。濃厚なのにスッキリとしたあと味。250g入り

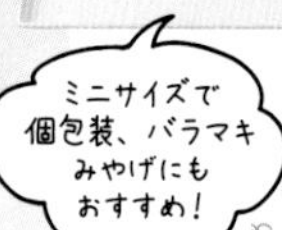

ミニサイズで個包装、バラマキみやげにもおすすめ！

arucoスタッフおすすめ

スターキッチンのバインミーラスク **D**

バインミーのパンを使ったラスク。パクチーやフォーなどひと味違うフレーバーが楽しい

アルヴィアのダークチョコレートバー **A**

ベトナム3都市のイラストが描かれていておみやげに最適。左からココナッツ、ダークチョコ70%、コーヒーのフレーバー

aruco調査隊が行く!!③

メイド・イン・ちょっといいフード

シングルオリジンのチョ ドライフルーツなど、味にも品質 みやげが続々登場。 専門店で

ドライジンジャー **B**

砂糖漬けのドライジンジャーはお茶請けにぴったり。個包装なのでバラマキみやげにもおすすめ

スターキッチンのバナナクッキー **D**

バナナの形が南国ムード満点のクッキーは優しい甘さ。フレーバーはバナナとチョコレートの2種類

arucoスタッフおすすめ

英国のチョコレート品評会で受賞経験がある実力派ブランド

ティーブロスのチョコレートバー **B**

カカオ含有量70%のミニバーで、左からイランイラン、麦、フーコック産コショウのフレーバー。いちばん右はダークチョコレート

arucoスタッフおすすめ

ベトナム産高級チョコの代表格。パッケージもおしゃれ！

マルウ(→P.30)のチョコレート

左はベンチェー産カカオ豆78%のダークチョコ、左はハノイ限定の抹茶&ココナッツ

アルヴィアのチョコレート **A**

どちらもダークチョコレートで左はブルーベリー入り、右はピリッと辛いトウガラシ入り

フェヴァのミニチョコレート **C**

南部ベンチェー省産カカオを使用。黒コショウ、シナモン、マンゴーなど全18種類

Shop List >>

A チョコレート専門店 アルヴィア
Alluvia

ベトナム南部ティエンザン省など高品質カカオ豆を使ったシングルオリジンチョコブランドのハノイ支店。チョコの種類もフレーバーも多く試食可能。

Map 別冊P.8-B1 ホアンキエム湖周辺

68 Hàng Trống, Q. Hoàn Kiếm ☎090-6822050（携帯）
9:00〜22:00 休無休 Card A.J.M.V. URL www.alluvia chocolate.com 図ハノイ大教会から徒歩約4分

B 高級スーパーマーケット アンナム・グルメ・マーケット
Annam Gourmet Market

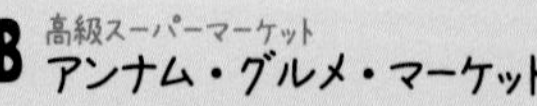

輸入食品やワインなどのアルコールのほか、ベトナム産の高品質な食品を扱う。フェイスマスクやココナッツオイルのコスメなどもある。

Map 別冊P.12-A2 タイ湖周辺

51 Xuân Diệu, Q. Tây Hồ ☎6673-9661 7:00〜21:00（土・日曜8:30〜21:30） 休テト Card A.D.J.M.V.
URL shop.annam-gourmet.com
図西湖府からタクシーで約5分

日本のデパートなどでも販売しているマルウチョコレート。現地だと半額程度で買えます。（高知県・K）

ベトナムのみやげ大集合

コレートやコーヒー、にもこだわった、ベトナムのフードお気に入りをゲットしよう。

Tea & Coffee
お茶＆コーヒー

ハノイならではのお茶や世界第2位の生産量を誇るコーヒーは自分用にもおみやげにもおすすめ。

arucoスタッフおすすめ
栄養士と薬剤師が開発に携わっていて体によさそう

MORIのハーブティー B
左はモリンガティー、右はハス茶のティーバッグ。本の形のパッケージがかわいらしい

スターキッチンのティーバッグ D
左はハス茶、右はジャスミン茶。手こぎ舟や花売りのイラスト部分をカップの淵に引っ掛けるとティータイムが華やぐ

ルックラムのハーブティー B
オーガニック栽培された原材料のみを使用。左はカモミールフルーツ、右はチャイのフレーバー

LACÀPHのコーヒー B
国内のコーヒー農園から直接仕入れた高品質の豆を使ったエスプレッソブレンド

ダラット産の高級アラビカ豆を100%使用

スターキッチンのドリップコーヒー D
arucoスタッフおすすめ
意外に見つからないドリップコーヒーは、小分けパッケージなのでバラマキみやげにおすすめ

アルヴィアのブレンドコーヒー A
アラビカ50%、ロブスタ50%のブレンドコーヒー。濃く入れてカフェオレで飲むのも◎

8万ドン

Others
その他

南国フレーバーのクラフトビールや生ハチミツなど、ベトナムだから手に入る逸品が勢揃い。

フォーのスープ用スパイス F
シナモン、八角、クローブなど8種類のスパイスミックス。1袋で2L分のスープができる

Saigon Charlie'sのチリソース E
黒コショウ入りで北部料理に合うチリソース

辛さの異なる「サイゴン」や「フエ」バージョンもある
arucoスタッフおすすめ

オーガニックのチアシード B
ベトナムでも人気のスーパーフード。1日分10gずつ個包装されているので使いやすい

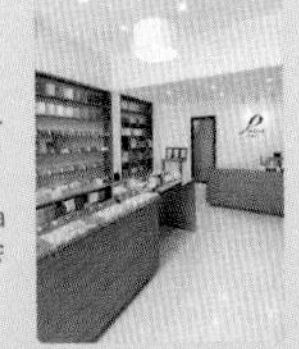

TETEのクラフトビール B
ホーチミンに醸造所がある。左はジューシーピーチエール、右はオレンジピールを効かせたホワイトエール

7万6000ドン～

YUGOCの生ハチミツ D
フレーバーの違いが楽しめる生ハチミツ。左からロンガンのハチミツ、コーヒーのハチミツ、ランブータンのハチミツ

arucoスタッフおすすめ
サラッとして食べやすく自然な甘さでおいしいです

各13万ドン

Le Petite Epicerie Saigonのハチミツ B
左はロンガン、右はコーヒーの花から採れたハチミツ

C おみやげの定番
フェヴァ
Pheva

ベトナム産のシングルオリジンチョコレートがおみやげに大人気。包装もカラフルで、色やサイズを選べるボックスも種類豊富。

Map 別冊P.8-A2
ホアンキエム湖周辺

8B Phan Bội Châu, Q. Hoàn Kiếm ☎3266-8579 8:00～19:00 休テト Card A.J.M.V. URL phevaworld.com 交ハノイ大教会から徒歩約10分

D スター・ロータス Star Lotus →P.15

E コレクティブ・メモリー Collecive Memory →P.37

F ロッテ・マート Lotte Mart →P.105

「スターキッチン」はホーチミン発のフードブランド。ハノイには店舗がないが、「スター・ロータス」などで購入できる。

安い、おいしい、楽しい

ハノイのプチプラみやげはスーパーマーケットで買う!

定番からちょっとツウなひと品まで、ベトナム色満載のスーパーマーケットフードをご紹介。

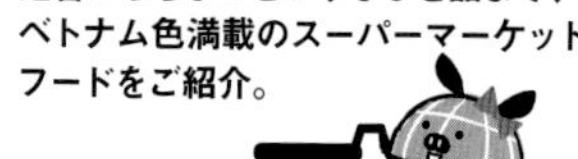

麺 NOODLE

フォーのインスタント麺は定番人気。左は牛肉フレーバーのあえフォー、右はハマグリフレーバーのフォー・ゲウ

1万500ドン

5600ドン

2万2500ドン

旅行中の夜食にも◎

1万200ドン

カニ汁幅広麺(→P.76)(上)と、鶏肉フォー(下)

お湯をかけるだけ!

4300ドン

インスタント袋麺。上は海鮮スープ、下はエビの酸っぱ辛いスープ

カニのうま味凝縮!

1万5600ドン

カニの春雨スープ麺。お湯を少なめに入れて、汁なし麺にして食べても美味

3万600ドン

3400ドン

上は高級な牛肉フォーでかなり再現率が高くおすすめ。右のVIFON社は地元人気が高い。下はエースコックの鶏肉フォー

2万3000ドン

4800ドン

2万2500ドン

炒めてもおいしいよ

フォーの乾麺はたっぷり500g入り。3分ゆでるだけで本場の味わいに

6700ドン

8300ドン

エビのだしが効いた昔ながらのインスタント麺

4500ドン

フォー・ボーのカップ麺。濃厚スープのハノイ風

1万3900ドン

左はジャガイモを練り込んだ酸っぱ辛いスープ麺、右はカニ汁米麺ブン・ジエウ・クア(→P.76)

サテー・トムはおみやげに好評だった。(群馬県・ヌック)

食品 FOOD

サイズや形で選んで

各6000ドン

ベトナムの味が簡単に再現できるパウダー調味料

2万200ドン

左ページ掲載の「Hao Hao」の袋麺のスープ粉末だけを販売。フルーツをつけて食べるとおいしい

2万4000ドン

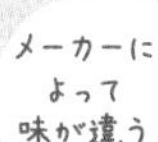

7600ドン

4万ドン

ライスペーパーはメーカーによりサイズや厚みが違う。いろいろ買って食べ比べも楽しい

1万2800ドン

南部と比べて薄いハノイのライスペーパー

各1万8200ドン

フォーや南部の麺、フーティウの固形スープ各種

プチプラみやげはスーパーマーケットで買う！

メーカーによって味が違う

1万ドン～

日本でも人気上昇中のエビのピリ辛調味料サテー・トム。左はニンニクが効いたパンチのある味わい、右は辛味が強い

1万3500ドン

シナモンやスターアニスなど数種類のスパイスが入った牛肉フォーのスープの素。着色料や保存料不使用

8300ドン

油で揚げて作るエビせんべい

料理の香り付けに

1万1500ドン

煮込み料理に使われるレモングラスパウダー

1万3300ドン

エビの発酵調味料マム・トム。クセのある味

7500ドン

ココナッツを煮詰めたカラメルソースは煮込み料理に

海鮮によく合う

1万6600ドン

7万3400ドン

コショウの名産地フーコック島の黒コショウ（左）とライムの葉入り塩コショウ

1万5500ドン

ベトナムのトウガラシで作られたチリソース「チンス」。ハノイではフォーにかける定番調味料として大人気

SHOP LIST

好立地で使いやすい
BRGマート
BRG Mart
Map 別冊P.9-C1
ホアンキエム湖周辺

🏠120 Hàng Trống, Q. Hoàn Kiếm ☎3825-6148 ⏰6:00～22:00 休無休 Card M.V. 交ハノイ大教会から徒歩約3分

品揃え豊富な大型店
ロッテ・マート
Lotte Mart
Map 別冊P.4-A2
ホーチミン廟周辺

🏠B1, Lotte Center Hanoi, 54 Liễu Giai, Q. Ba Đình ☎3724-7501 ⏰8:00～22:00 休無休 Card D.J.M.V. 交ホーチミン廟からタクシーで約10分

フォーの袋麺はお湯を注いで待つだけで食べられる。鍋で煮込む必要がないので調理が楽。

 チュングエンの箱入りインスタントコーヒーはおみやげにおすすめ。（北海道・I）

ドリンク Drink

1万500ドン〜

ハノイで買えるビール各種。左のHudaは中部フエのビール。ハノイの定番は下段左のハリダと右のビアハノイ

ビアハノイが定番！

チアシード入りのパッションフルーツティー

6300ドン

甘党の人におすすめ

コンデンスミルク入りコーヒー、カフェ・スアのコーヒー缶

1万3500ドン

左はパッションフルーツジュース、右は菊花茶。どちらも少し甘め

9600ドン

8400ドン

酸味は若干強め

ダラットで作られるVang Dalatのワイン

9万4000ドン

プチプラみやげはスーパーマーケットで買う！

お茶&コーヒー TEA & COFFEE

Cozy社のハス茶のティーバッグは高級感のあるパッケージ。25袋入り

3万6500ドン

ロブスタ100%のコーヒー

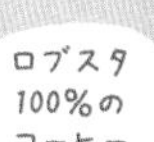

有名コーヒーチェーンのハイランズ（→P.81）のコーヒー

6万1000ドン

2万9000ドン

チュングエン社のインスタントコーヒー

12万6000ドン

ジャスミンの花のつぼみのハーブティー（左）と菊花茶（右）

菊花茶はデトックス効果あり

14万9000ドン

ベトナムコーヒーに欠かせない

2万4000ドン〜

Vinamilk社の紙パック入りコンデンスクリーム。青色のほうが濃くコーヒー向き、赤色はヨーグルトやバインミー向き

芳醇な香りも泡も本格的！

11万1000ドン

エスプレッソ、砂糖、ミルク、ホイップクリームの4つの要素が楽しめるインスタントカプチーノ

「ロッテ・マート」は旧市街からは少し離れるが広々とした売り場で品揃えがよく、行く価値あり。

「私たちの密かなお気に入りはコレ！」

取材スタッフの自分だけのお気に入りや、ホントは秘密にしておきたいコトを大公開！

ローカルサロンでシャンプー

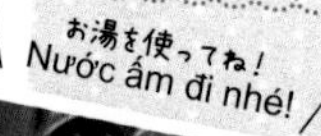

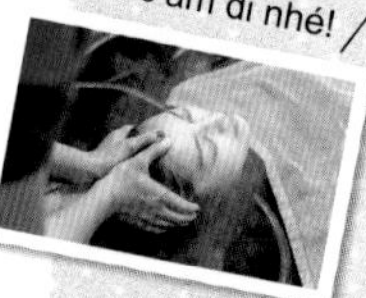

シャンプーを頼むときは「ゴイダウGội đầu」でOK

ハノイはもちろん、どんな田舎町にも必ずあるローカルのヘアサロンでシャンプーをしてもらえます。シャンプー、リンス、ドライヤー込みで7万ドン程度。ちょっと勇気がいるけれど、寝る前やリラックスしたいときにかなりおすすめ。**(コーディネーターN)**

二日酔いに効く薬膳スープ

小さな黒い鶏（烏骨鶏（うこっけい））をまるまる1羽漢方で煮込んだスープ「Gà Tần」は、ハノイが本場。美容や健康によいとされ、二日酔い解消にこのスープを飲みに来る人も多いのだとか。少し苦いけれど鶏のうま味がしっかり出たスープや、ほろほろの鶏肉はなかなかイケる。**(カメラマンY)**

体がぽかぽかになるよ！

Tống Duy Tân通りの「Gà Tần」の看板がある食堂で

Map 別冊P.8-A1

少数民族の薬草風呂を体験

赤ザオ族の伝統的な民間療法である薬草風呂（16万5000ドン／約15分）が体験できる、ハノイではレアなマッサージ店。体の芯からあたたまり、寒い時期におすすめです。視覚障碍者によるマッサージも受けられます。**(編集O)**

ザオズ・ケア　Dao's Care

Map 別冊P.4-A1　ホーチミン廟周辺

351 Hoàng Hoa Thám, Q. Ba Đình　3722-8316　9:00～21:00　休火曜、テト　URL ja.daoscare.com　交ハノイ大教会からタクシーで約20分

個性派エスニックウエア

「ドリーマーズ」（→P.99）と同じ建物にある「ブラ・イズ・ブルー」というブティックがおすすめ。コットンやダブルガーゼなど肌に優しい素材を使った一点物のウエアがすてきです。**(編集K)**

ブラ・イズ・ブルー　Bla is Blue

Map 別冊P.12-A1　タイ湖周辺

23 Tô Ngọc Vân, Q. Tây Hồ　034-4590300（携帯）　9:00～19:00　休不定休　Card M.V.　交ハノイ大教会からタクシーで約20分

隠れ家過ぎるカクテルバー

「アジアのベストバー50」にも選ばれたハノイで今いちばんおしゃれなバー。入口は民家にしか見えませんが、バーの中はアンティーク家具や恐竜の巨大標本が飾られた別世界！
(コーディネーターK)

ハフリントン　The Haflington

Map 別冊P.6-A1　旧市街

94 Hàng Mã, Q.Hoàn Kiếm　087-9499094（携帯）　15:00～翌1:00　休テト　Card M.V.　交ハノイ大教会からタクシーで約6分

ハノイ名物の青米のもち菓子

1個5000ドン～

早稲の青いもち米を使ったハノイの名物菓子バインコム（Bánh Cốm）は、緑豆あん入りで優しい甘さ。10月頃の収穫時期は格別においしいのだとか！　バインコム店はたくさんあるけれど、おすすめは老舗の「グエンニン」です。**(編集O)**

グエンニン　Nguyen Ninh

Map 別冊P.5-C1　ホーチミン廟周辺

11 Hàng Than, Q. Ba Đình　3828-3573　7:00～22:00　休テト　Card 不可　交ホーチミン廟からタクシーで約7分

伝統ハーブ療法から高級スパまで 日常を離れて癒やしタイム ハノイ最旬ビューティナビ

観光やお買い物で疲れたら、次はスパでリフレッシュ。
憧れの高級スパから、毎日通えるマッサージ店まで
ハノイの癒やしスポットで元気をチャージ！

5つ星ホテル＆隠れ家スパで ベトナムならではの スペシャルなスパ体験

街の喧騒を離れて、心身ともにリラックスできるスパは旅の目的のひとつ。ハーブや南国果実を使った、とっておきのメニューで極上の癒やしタイムを。

とっておきメニュー

ソー・イグジラレーティング・ボディトリートメント

So Exhilarating Body Treatment

60分230万ドン

ル・スパのために調合された100％天然素材のエッセンシャルオイルを使用したボディマッサージ。熟練テラピストがコリをほぐし、ボディを引き締めてくれる。

東洋と西洋が融合したメニューが魅力

ル・スパ・デュ・メトロポール

Le Spa du Metropole

ソフィテル・レジェンド・メトロポール・ハノイ →P.132

施術レベル、スパ設備ともにハノイ最高峰のスパ。「ディエンチャン」というベトナムの伝統的な顔のツボ押し療法からインスピレーションを得たフェイシャルや、ハーブボールを使ったトリートメントなど、ベトナムならではのメニューが豊富。

Map 別冊P.9-C2 ホアンキエム湖周辺

Sofitel Legend Metropole Hanoi, 15 Ngô Quyền, Q. Hoàn Kiếm 3826-6919（内線8700） 10:00〜22:00（L.O.21:00） 休無休 Card A.D.J.M.V. 予要予約 URL www.sofitel-legend-metropole-hanoi.com 交ハノイ大教会から徒歩約10分

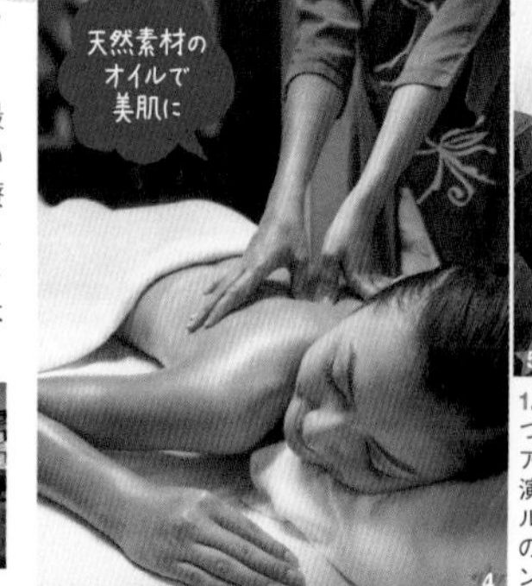

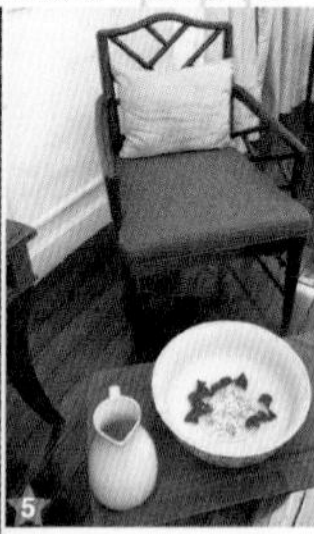

1. スパ棟はプールの隣に立つ　2. フランス建築とアジアのインテリアが非日常を演出するHoa Đào（梅の花）ルーム　3. ジャクージ付きのカップルルーム、トンキン・スイート　4. フランスのコスメ「ソティス」を使ったメニューもある　5. まずはフットバスでリラックス

「エビアン・スパ」は、施術後屋内プールが使えるのでお得感あり。（広島県・とむぞう）

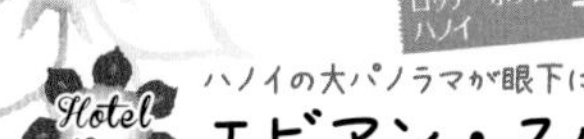

ロッテ・ホテル・ハノイ →P.135

Hotel Spa

ハノイの大パノラマが眼下に

エビアン・スパ

Evian Spa

世界中に支店をもつフランスのラグジュアリースパがハノイに初進出。「水」に着目した「エビアン・スパ」ならではのミネラルバランスを整えるトリートメントや、ベトナムの伝統技法を生かしたトリートメントで、心身ともにリフレッシュできる。

とっておきメニュー
ハノイ・ハーバル・リチュアル
Hanoi Herbal Ritual
90分230万ドン
数種類のハーブやスパイスをブレンドして蒸したハーブボールを使って、筋肉のコリをやわらげ、デトックス効果をもらたす。

Map 別冊P.4-A2 ホーチミン廟周辺

住35F, Lotte Hotel Hanoi, 54 Liễu Giai, Q. Ba Đình 電3333-1000（内線1723） 時10:00～22:00 休無休 Card A.J.M.V. 予望ましい URL www.lottehotel.com/hanoi/ja 交ホーチミン廟からタクシーで約10分

屋内プールの利用もOK

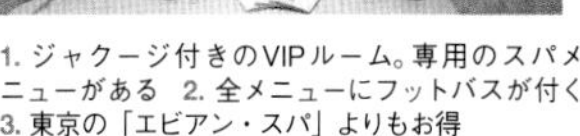

1. ジャクージ付きのVIPルーム。専用のスパメニューがある 2. 全メニューにフットバスが付く 3. 東京の「エビアン・スパ」よりもお得

Hotel Spa

2室のみの完全プライベート空間

アウリガ・スパ

Auriga Spa

東西と新旧を織り交ぜたユニークなメニューが体験できる、2室のみの隠れ家スパ。自然のサイクルと月の満ち欠けにヒントを得たトリートメントプログラムは、体だけでなく心も整えてくれそう。

Map 別冊P.9-D2 ホアンキエム湖周辺

住B3F, Capella Hanoi, 11 Lê Phụng Hiểu, Q. Hoàn Kiếm 電3987-8888 時10:00～22:00 休無休 Card A.D.J.M.V. 予要予約 URL capellahotels.com/en/capella-hanoi/wellness 交ハノイ大教会からタクシーで約10分

カペラ・ハノイ →P.134

とっておきメニュー
24Kゴールド・エージディファイング・フェイシャル
24K Gold Age-Defying Facial
60分390万ドン～
血行促進や殺菌作用があるとされる金箔を肌に密着させることで皮膚細胞を再生し、肌にハリと輝きをもたらす効果が期待できる。

1. 豪華絢爛なインテリアが見事 2. スパを利用すればホテルの屋内温水プール、サウナ、スチームルームが利用できる

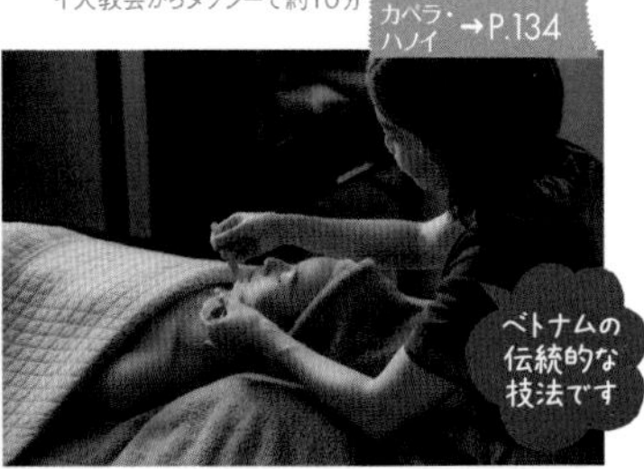

ベトナムの伝統的な技法です

ローズクオーツのマッサージ棒で顔の凝りをほぐす「ベトナミーズ・エレメンタル・フェイシャル・アルケミー」（60分390万ドン）

スパ料金にサービス料が含まれていればチップは不要。渡したい場合は、5万ドン程度をテラピストに渡す。

City Spa 優雅な時間を楽しむならここ
レッセンス・ドゥ・ラ・ヴィ・スパ
L'essence De La Vie Spa

ラグジュアリーなインテリアで別世界へ誘う高級スパ。中国、タイ、日本といった東洋のマッサージ技術とベトナムのハーブトリートメントが調和した多彩なメニューで特別なスパ体験を。空港送迎やニンビンへのツアーなどを含む終日パックもある。

ホアンキエム湖周辺

99 Hàng Gai, Q. Hoàn Kiếm ☎6670-3818
9:00～22:00 休無休
Card M.V. 予要予約
URL lessencedelaviespa.com
交ハノイ大教会から徒歩約5分

とっておきメニュー
ユニーク・テラピー
Unique Therapy
90分159万ドン
ホットストーンと竹を使用したオリジナルのマッサージは癒やし効果抜群。体を優しくほぐすことで、ストレスや緊張の緩和、デトックス効果が期待できる。食事付き。

120分以上のメニューにハーバルバスが付くよ

1. 個室にはジャクージとハーバルバスを完備　2. ホットストーン・テラピーも人気がある　3. オリエンタルな内装　4. ココナッツや死海の塩を使用するボディスクラブは88万ドン

City Spa 満足度が高いカジュアルスパ
アーバン・オアシス・スパ
Urban Oasis Spa

しっかりとした技術とリーズナブルな料金で満足度が高いスパ。フォーハンド・マッサージ、フェイシャル、足スクラブなどが含まれるデラックスパッケージ（3時間180万ドン）がおすすめ。

Map 別冊P.8-B1 ホアンキエム湖周辺

39A Ngõ Hàng Hành, Q. Hoàn Kiếm
☎3354-3333 9:00～22:00 休テト
Card J.M.V. 予望ましい 日
URL www.urbanoasisspa.vn
交ハノイ大教会から徒歩約5分

1. 内装は上品で落ち着いた雰囲気　2. フランスのコスメ「ソティス」を施術に使用　3. ふたりのテラピストによるフォーハンド・マッサージ

とっておきメニュー
フォーハンド・マッサージ
Four Hand Massage
60分83万ドン
ふたりのテラピストが同時に流れるようなロングストロークのマッサージを行う贅沢なメニュー。深いリラクセーションが味わえる。

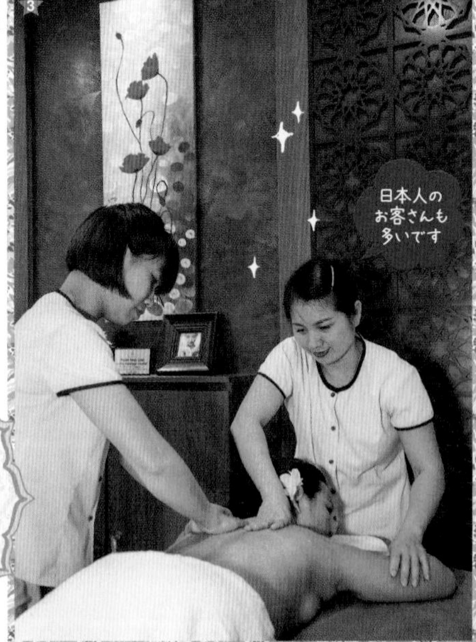

ベトナムの伝統的な手法のボディマッサージはかなり力強いので、痛いのが苦手な人はスウェディッシュ・マッサージを頼むとよい。（愛知県・E.K）

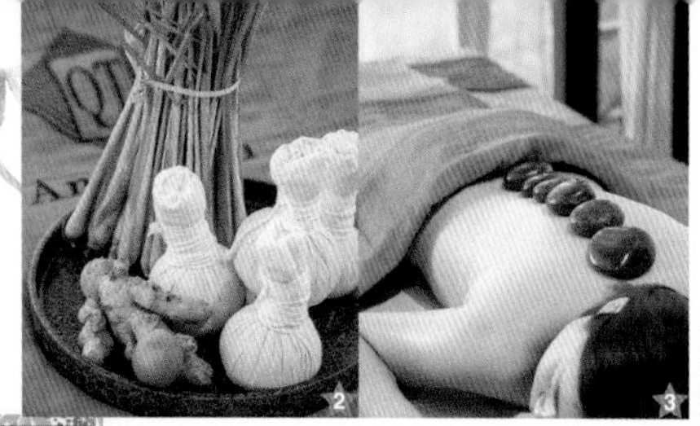

City Spa
タイ湖畔に立つ一軒家スパ
アナムQTスパ Anam QT Spa

クリーンで高級感があり、竹を使ったマッサージなどメニューも豊富とあって旅行者はもちろん在住外国人のファンも多い。サウナ、シャワー、バスタブ付きの広々としたVIPルームは48万5000ドンかかるが、旅の疲れをしっかり癒やしたい人におすすめ。2時間からのパッケージメニュー（156万ドン～）を試したい。

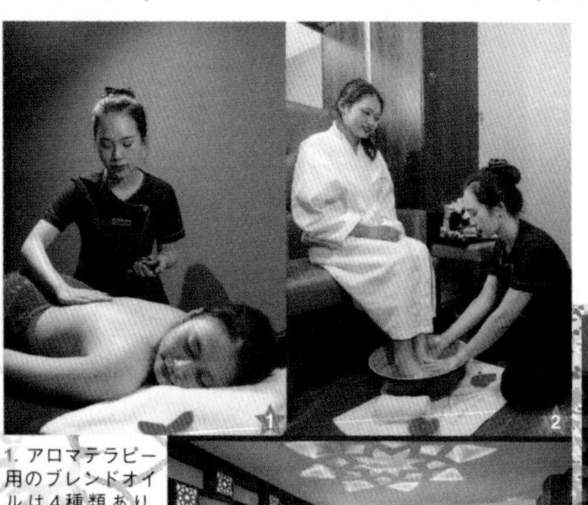

とっておきメニュー
QTシグネチャー・ホリスティック・マッサージ
QT's Signature Holistic Massage
60分94万7000ドン
指圧の技法を取り入れたアロマボディマッサージ。

Map 別冊P.12-B2 タイ湖周辺

住9 Xuân Diệu, Q. Tây Hồ 電3928-6116 営10:00～21:00 休テト4日間 CardA.J.M.V. 予望ましい URLanamqtspa.com 交西湖府からタクシーで約6分

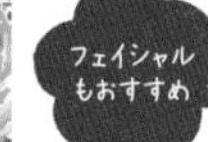

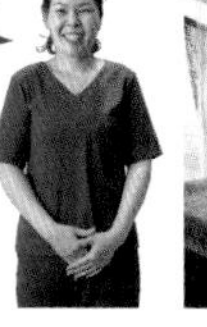

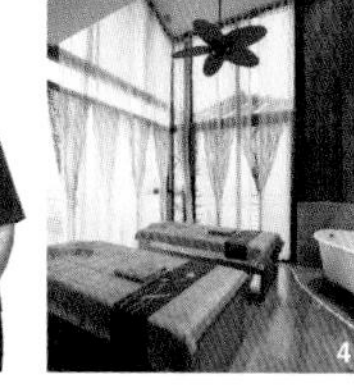

1. マッサージメニューが豊富でアーユルヴェーダのヘッドスパも試せる 2. ベトナム産ハーブを詰めたハーブボール 3. ホットストーン・マッサージ（119万ドン～）も人気 4. VIPルームからはレイクビューが楽しめる

City Spa
ていねいな施術に定評あり
ラ・ベラ・ヴィ・スパ La Belle Vie Spa

レッセンス・ドゥ・ラ・ヴィ・スパ（→P.112）と同経営のスパで、こちらのほうが少しリーズナブル。接客や施術のレベルが高く、施術に使用するプロダクツは100%天然素材というのもポイント。

とっておきメニュー
リラクセーション・パッケージ・フォー・ハー
Relaxation Package for her
4時間319万ドン
ボディスクラブ&ボディラップ、ベトナミーズ・マッサージ、フェイシャル、ハーバルスチーム、食事が付くパッケージ。

1. アロマテラピー用のブレンドオイルは4種類あり、事前のカウンセリングで香りを選べる 2. フットバスからスタート 3. おしゃれなインテリア

9:00～11:00はハッピーアワーで15%オフ

Map 別冊P.6-B3 旧市街

住48 Lương Văn Can, Q. Hoàn Kiếm 電6686-9163 営9:00～22:00 休無休 CardM.V. 予要予約 URLhanoilabellevie spa.vn 交ハノイ大教会から徒歩約7分

高級スパは予約しておいたほうがよい。ホテルのスタッフに頼んで予約してもらおう。

ネイル

地元女子御用達のネイルサロン

ガーデン・ネイル・スパ

The Garden Nail Spa

清潔度：★★★★★
技術力：★★★★★
お得感：★★★

マッサージチェアに座って施術を受けられるのが売りのネイルサロン。ネイルのほかハンドスクラブ、ハンドマスク、ハンドマッサージが含まれたスパ・マニキュア（69万ドン／約60分）はネイルケアとリラックスが両方かなう人気メニュー。

Map 別冊P.8-B1 ホアンキエム湖周辺

29 Nhà Chung, Q. Hoàn Kiếm
096-9393126（携帯） 9:00〜21:00 休無休 Card A.J.M.V. 予望ましい 交ハノイ大教会から徒歩約1分

1. 光が差し込む明るい店内 2. ボタニカルなウオールペイントがすてき 3. フレンチネイルやハンドペイントは1ヵ所2万ドン〜 4. アメリカや韓国からオーガニックネイルを仕入れている

おすすめメニュー

- ベーシック・マニキュア…28万ドン
- ジェル／シェラックマニキュア…38万ドン
- スパ・ペディキュア…69万ドン

旅の合間に自分磨き&ひと休み♪
リーズナブルなネイルサロン&マッサージ

観光にグルメにショッピング……。旅行中の疲れを癒やすのは夜のマッサージタイム。安いのに腕は一流の駆け込みマッサージ&ネイルサロンはこちら。

清潔度：★★★★★
技術力：★★★★
お得感：★★★★

ネイル

立地最高で旅行者にも人気

ノーベンバー・ネイル・スタジオ

November Nail Studio

ハノイ大教会のすぐ横にあるネイルサロン。リクライニングシートでリラックスしながらフットバスとネイルの施術を受けることも可能で、時間のない旅行者にはうれしい。また、フットスクラブやクリーニングがセットになったDepth（35万ドン〜）もおすすめ。

おすすめメニュー

- ポリッシュ…18万ドン
- ジェルポリッシュ…23万ドン
- フットスクラブ…15万ドン

Map 別冊P.8-B1 ホアンキエム湖周辺

16 Âu Triệu, Q. Hoàn Kiếm 037-2256562（携帯） 10:00〜20:00 休無休 Card M.V. 予望ましい URL www.facebook.com/NovemberNail 交ハノイ大教会から徒歩約1分

1. 店内ではWi-Fiが利用できる 2. ポップなネイルが得意 3. 韓国のサロンでよく使用される「ベリーグッドネイル」などを揃えている 4. アットホームな小さな店

 ベトナムのマッサージは力強いが、「痛い」という日本語はすぐわかってくれるので安心。（兵庫県・mari）

フットマッサージ

気軽に立ち寄れる人気店

ヴァンスアン

Van Xuan

中国の足ツボとスポーツマッサージをミックスした、痛気持ちいい足マッサージが好評。立地がよく旅行者の利用も多いのでサービスも慣れている。施術後にはアーティチョーク茶が振る舞われる。チップ（5万ドン～）を支払わなければいけないので要注意。

Map 別冊P.8-B1　ホアンキエム湖周辺

24 Lý Quốc Sư, Q. Hoàn Kiếm
2218-8833　10:00～23:30（L.O.）　休テト1週間　Card不可　予不要　URL vanxuanfootmassage.com
図ハノイ大教会から徒歩約3分

清潔度：★★★
技術力：★★★★★
お得感：★★★★★

1. ボディマッサージルーム　2. 男女約30名のマッサージ師が待機しているため、予約なしで気軽に立ち寄れる　3. 大きなチェアでリラックスできる。日本語も少しなら通じる

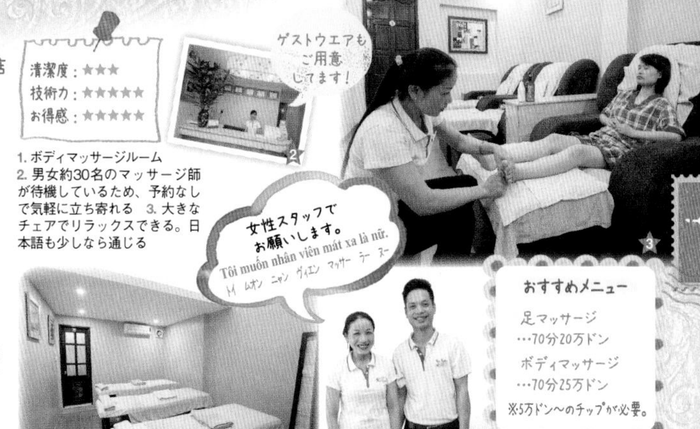

おすすめメニュー
足マッサージ…70分20万ドン
ボディマッサージ…70分25万ドン
※5万ドン～のチップが必要。

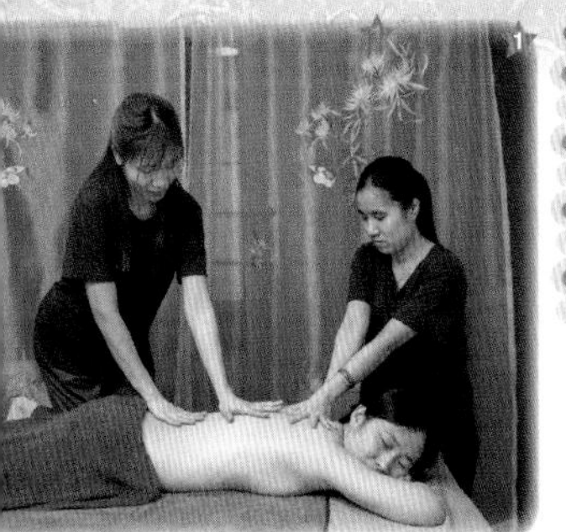

1. ふたりのテラピストによるマッサージ、エターナル・エナジー（60分80万ドン）も人気　2. ベッドが並びカーテンで仕切られた施術室

おすすめメニュー
スウェディッシュ・マッサージ…60分30万ドン
ホットストーン・マッサージ…75分50万ドン
※税・サービス料込み。

スパ

視覚障碍者の自立を支援する団体が運営

オマモリ・スパ

Omamori Spa

マッサージのトレーニングを受け技術を習得した、目の不自由なスタッフが施術を行う。営利目的ではないため非常にリーズナブルで、手の感覚だけを頼りにしているとは思えないハイレベルな施術が口コミで人気を呼んでいる。

Map 別冊P.8-B1　ホアンキエム湖周辺

清潔度：★★★★
技術力：★★★★★
お得感：★★★★

48 Ngõ Huyện, Q. Hoàn Kiếm
3773-9919　10:00～22:30（L.O.21:30）　休テト　Card不可　予不要　日　URL omamorispa.com
図ハノイ大教会から徒歩約3分

技術に定評がある

セン・スパ

Sen Spa

オリエンタルな内装の街スパで、マッサージの腕がよく旅行者に人気。フットトリートメントは、ザオ族の伝統風呂に使われるハーブを使った足湯、足マッサージ、パラフィンラップが含まれ、旅の疲れを癒やしてくれる。

Map 別冊P.6-B3　ホアンキエム湖周辺

38 Hàng Hành, Q. Hoàn Kiếm
096-5381600（携帯）
10:00～22:00　休無休　Card J.M.V.
予要予約　URL www.senspahanoi.com
図ハノイ大教会から徒歩約5分

清潔度：★★★
技術力：★★★★
お得感：★★★

おすすめメニュー
フットトリートメント…90分45万ドン
アロママッサージ…60分39万ドン
※税・サービス料込み。

一軒家スパで広々

1. 1階のネイルエリア。ネイルケアを含むパッケージ（190万ドン）もある　2. マッサージ前に問診票の記入あり

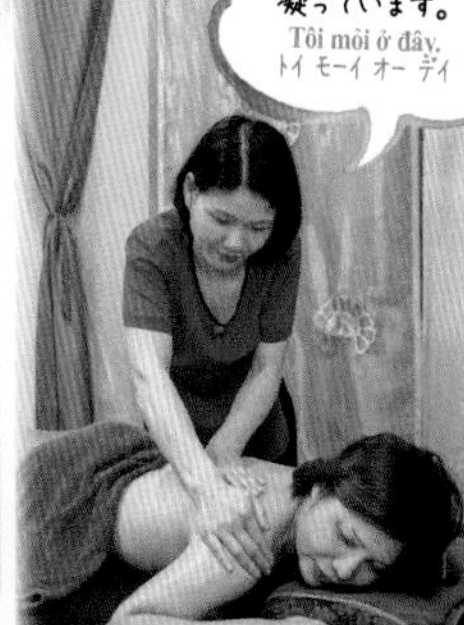

aruco調査隊が行く!! ④
自然の力に
ベトナムの
いまや定番となったココナッツ
ベトナムのハーブ療法に
バラエティ豊かなベト
Face
植物のヒーリング力に着目した
ベトナムブランドのコスメなど、
低刺激で安心のコスメを
ピックアップ!
21万6700ドン
A
Fruit Skinの
ナチュラルリップスティック
アボカドオイル、ミツロウ、ココナッツオイル、シアバターなどが入ったリップ
XOÀI CÁT HÒA LỘC
Mặt nạ làm sạch & sáng da
19万6900ドン
Fruit Skinの
ブライトニングマスク
ほろ苦い香りのコーヒーパウダーでパックすればお肌がスッキリ整う
A
arucoスタッフおすすめ
唇に塗り30分ほど待つと唇の古い細胞が浮き上がるので、優しくティッシュなどで拭う。週に3回ほど行えば唇がツルツルに。(編集・O)
the cocoon
ORIGINAL VIETNAM
Cà phê Đắk Lắk
The Cocoonの
コーヒーリップスクラブ
ダックラック省のコーヒー豆、マカダミアオイル、シアバターなど材料は100%天然
D
7万5000ドン
Bare Soulの
リップケア各種
左上はリップスクラブ、右上はバーム&マスク、下はティント&チーク
C
22万ドン~
Beautiful in your own skin
TẨY TẾ BÀO CHẾT MÔI
SWEET TALKER
Lip Scrub
BEST KISSER
Lip Balm & Mask
35万ドン
HERBARIO
29万ドン
Herbarioの
メイク落とし
C
天然ハーブ由来のヴィーガンコスメ。左はツボクサとドクダミ、右はバタフライピーエキスを配合
Story of the forest
12万ドン~
Story of the forestの
リップバーム
植物性のオイル&ミツロウだけを使用したバーム。まぶたや乾燥肌にも使用できる
B
arucoスタッフおすすめ
海塩由来のスクラブが肌の角質を取り除き、頭皮に使用すればフケ予防の効果も。香りがよくリラックス効果もありそう。(編集・K)
C
Bare Soul
Bliss
BODY & HAIR SCRUB
Free
各35万ドン
Bare Soulの天然海塩スクラブ
上はショウガエキス、下はオレンジオイルとミントオイルなどを配合
BLOSSOM
各25万ドン
Blossom のリップグロス
本物のドライフラワー入り。カラフルな見た目と甘い香りで気分も華やぐ
C
「アメージング・ハノイ」でハンドメイドソープを購入。ハーブの豊かな香りに癒やされます。(広島県・T)

癒やされるナチュラルコスメ

オイルを使ったコスメから、スポットを当てたコスメまで、ナムコスメを大調査。

Body

民間療法が起源のハーブの石鹸からココナッツオイルまで、幅広いアイテムが手に入る。

各6万5000ドン

D 植物由来のハンドメイドソープ

左はマメ科の植物ボーケット（→下のハミダシ）、右はレモングラス

16万5000ドン

D The Cocoonのボディケア各種

上はヤシ砂糖、右下はコーヒーのボディスクラブ、左下はコーヒーのボディバター

12万5000ドン

21万5000ドン

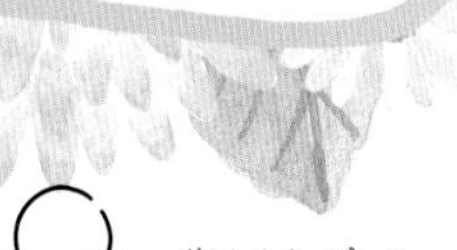

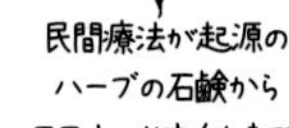

14万ドン〜

Story of the forestのスキンケアオイル

ハザンで有機栽培されるシャントュエット茶の木の実から抽出したオイル B

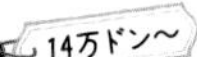

F 街をイメージしたマッサージオイル

左からレモングラス、ラベンダー、ユーカリオイル。それぞれ効能が異なる

各25万ドン

arucoスタッフおすすめ

ハザン省の天然素材から作られたナチュラルコスメです。ほのかに植物の香りがして洗い上がりはサッパリ。（カメラマン・Y）

Story of the forestの植物由来の化粧水

レモン水、ドクダミ、緑茶などを蒸留して作る。好みの香りを選んで B

12万ドン〜

Story of the forestのヘンプリキッドソープ

有機栽培の麻の実を低温圧搾したヘンプオイル配合の全身ソープ B

8万ドン

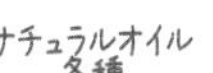

24万900ドン

24万798ドン

Xuan Namのハーバルバスソルト A

死海の塩、エッセンシャルオイル、ハーブを配合したバスソルトで体がポカポカに

arucoスタッフおすすめ

メイク落としとしてリピートしています。スプレータイプで使いやすい。100mLでこのお値段はお買い得。（編集・K）

8万2000ドン

Yugocの無添加ココナッツオイル

ボディオイルやヘアオイルとして使用できる。もちろん料理やコーヒーに入れても◎ E

A ナチュラルオイル各種

左からココナッツオイル、レモングラスのマッサージオイル、レモングラスのエッセンシャルオイル、オレンジピールのエッセンシャルオイル

13万7500ドン

13万900ドン

8万6249ドン

25万5200ドン

Shop List

A マスター・タン Master Tan →P.33

B モリコ・サイゴン Moriko Saigon →P.33

C ヒューマニティ・ハノイ Humanity Hanoi →P.130

D アメージング・ハノイ Amazing Hanoi →P.34

E スター・ロータス Star Lotus →P.15

F コレクティブ・メモリー Collective Memory →P.37

ボーケットというマメ科の植物の果実を使った天然のシャンプーは、髪を美しくする効果があるといわれている。

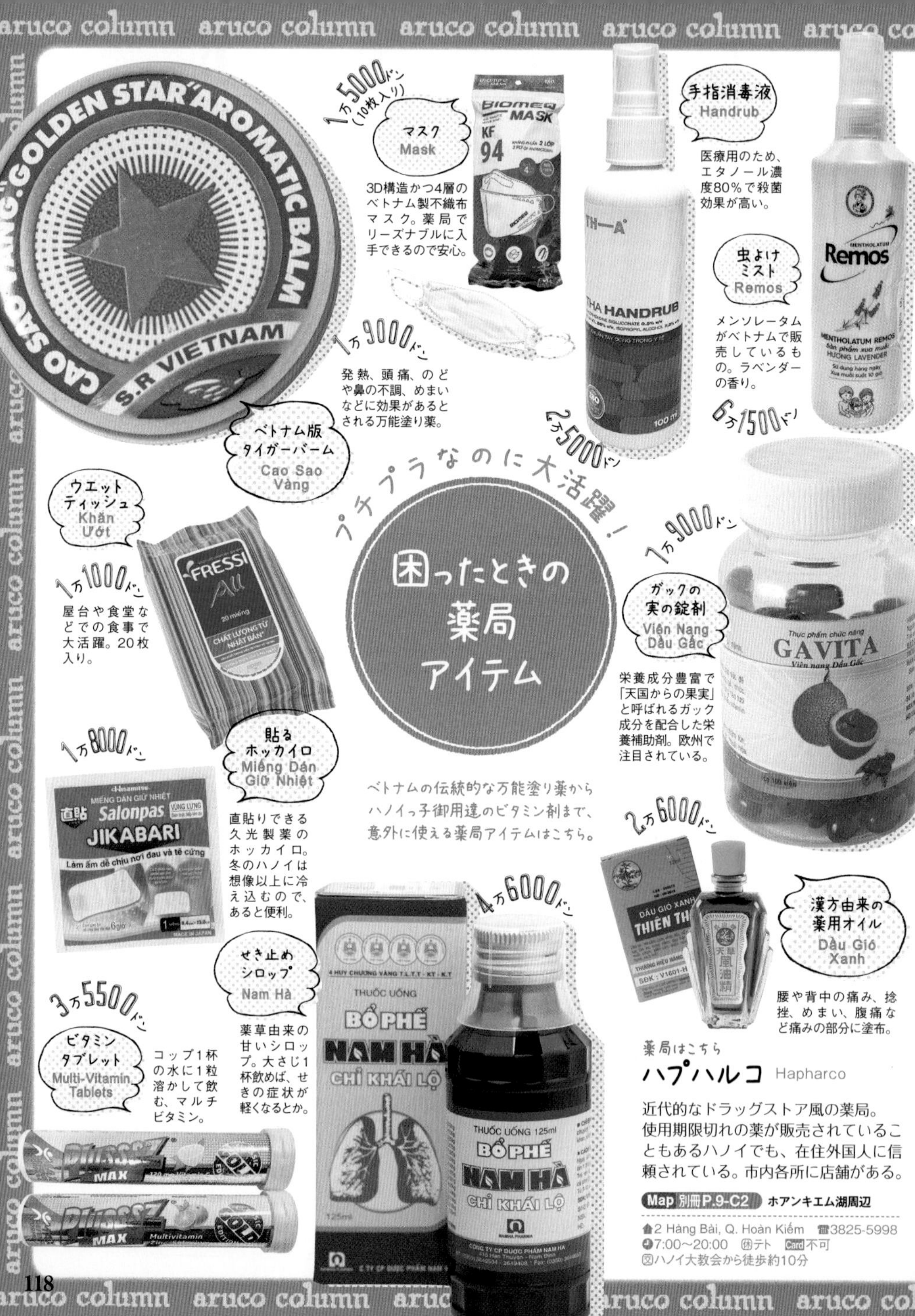

プチプラなのに大活躍！

困ったときの薬局アイテム

ベトナムの伝統的な万能塗り薬から
ハノイっ子御用達のビタミン剤まで、
意外に使える薬局アイテムはこちら。

ベトナム版タイガーバーム Cao Sao Vàng
1万9000ドン
発熱、頭痛、のどや鼻の不調、めまいなどに効果があるとされる万能塗り薬。

マスク Mask
1万5000ドン（10枚入り）
3D構造かつ4層のベトナム製不織布マスク。薬局でリーズナブルに入手できるので安心。

手指消毒液 Handrub
2万5000ドン
医療用のため、エタノール濃度80％で殺菌効果が高い。

虫よけミスト Remos
6万1500ドン
メンソレータムがベトナムで販売しているもの。ラベンダーの香り。

ウエットティッシュ Khăn Ướt
1万1000ドン
屋台や食堂などでの食事で大活躍。20枚入り。

ガックの実の錠剤 Viên Nang Dầu Gấc
1万9000ドン
栄養成分豊富で「天国からの果実」と呼ばれるガック成分を配合した栄養補助剤。欧州で注目されている。

貼るホッカイロ Miếng Dán Giữ Nhiệt
1万8000ドン
直貼りできる久光製薬のホッカイロ。冬のハノイは想像以上に冷え込むので、あると便利。

漢方由来の薬用オイル Dầu Gió Xanh
2万6000ドン
腰や背中の痛み、捻挫、めまい、腹痛など痛みの部分に塗布。

せき止めシロップ Nam Hà
4万6000ドン
薬草由来の甘いシロップ。大さじ1杯飲めば、せきの症状が軽くなるとか。

ビタミンタブレット Multi-Vitamin Tablets
3万5500ドン
コップ1杯の水に1粒溶かして飲む、マルチビタミン。

薬局はこちら

ハプハルコ Hapharco

近代的なドラッグストア風の薬局。使用期限切れの薬が販売されていることもあるハノイでも、在住外国人に信頼されている。市内各所に店舗がある。

Map 別冊P.9-C2 ホアンキエム湖周辺

2 Hàng Bài, Q. Hoàn Kiếm ☎3825-5998
7:00～20:00 休テト Card不可
ハノイ大教会から徒歩約10分

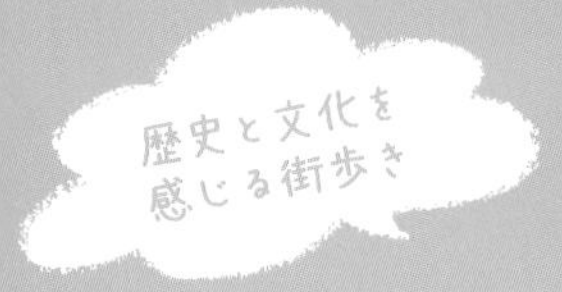

新旧が隣り合う歴史タウン ハノイはこう歩く! エリア別お散歩プラン

ハノイの定番観光ルート&今注目の最旬エリアをご紹介。
じっくり歩いたり、路地裏に迷い込んだりして
ハノイの新しい一面を発見しよう。

乗り降り自由の観光バス

ホップオン・ホップオフでハノイの見どころをぐるり1周

ハノイの主要観光地を回る、乗り降り自由の2階建て観光バスに乗って、街歩きの前にハノイの見どころ全制覇！

2階席は開放感抜群！

音声ガイドは日本語にも対応

ハノイ・シティツアー Hanoi City Tour

4〜48時間のチケット期間内であれば何度でも乗り降りでき、自由にシティツアーが楽しめる。1路線（右図赤ルート）のみで、1周すると約1時間。途中下車不可のナイトシティツアー（15万ドン）は17:30〜21:30に運行。

Map 別冊P.9-C1 ホアンキエムエム湖周辺

9:00〜18:00 料4時間30万ドン、24時間45万ドン、48時間65万ドン URL hopon-hopoff.vn

停留所①の前にチケットブースがある

時刻表

停留所①からの出発時間：8:30〜17:00の間に30〜45分間隔で運行。17:30〜21:30はナイトシティツアーになる。

各停留所に時刻表あり

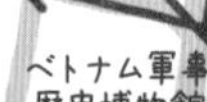

3 ベトナム軍事歴史博物館

ベトナム軍の歴史がよくわかる

Bảo Tàng Lịch Sử Quân Sự Việt Nam

ディープ度 ★

ベトナム戦争で使用された爆弾や戦闘機を展示。1974年4月30日のサイゴン陥落の際、大統領官邸に突入したT54B型843号戦車は国宝に指定されている。

Map 別冊P.5-C2 ホーチミン廟周辺

28A Điện Biên Phủ, Q. Ba Đình ☎6253-1367 8:00〜11:30、13:00〜16:30 休月・金曜 料4万ドン※国旗掲揚塔（フラッグタワー）の入場は無料 交ホーチミン廟から徒歩約10分

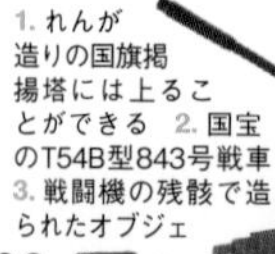

1. れんが造りの国旗掲揚塔には上ることができる 2. 国宝のT54B型843号戦車 3. 戦闘機の残骸で造られたオブジェ

ホアロー収容所

「ハノイ・ヒルトン」とも呼ばれる歴史的遺物

Di Tích Nhà Tù Hỏa Lò ディープ度 ★

19世紀末にフランスによって造られた監獄。1953年には2000人以上が収容されていたとされる。1993年の閉鎖後、半分は取り壊されたが、残った施設の一部を一般公開している。

Map 別冊P.8-B2 ホアンキエム湖周辺

1 Hỏa Lò ☎3934-2253 8:00〜17:00 休無休 料5万ドン URL hoalo.vn 交ハノイ大教会から徒歩約10分

ホップオン・ホップオフは車内でもチケットが買えます。（東京都・A）

6 ベトナム最古の寺

チャンクオック寺（鎮国寺）

Chùa Trấn Quốc ディープ度 ★

釈迦や菩薩、関羽やチャン・フン・ダオまでさまざまな神や聖人が祀られている。創建は6世紀頃で17世紀に今の場所に移された。

Map 別冊P.4-B1 ホーチミン廟周辺

Thanh Niên, Q. Ba Đình
7:30～11:30、13:30～17:30
無休 無料
ホーチミン廟からタクシーで約8分

1. タイ湖に浮かぶ小島にある寺 2. さまざまな建築様式が混在している

5 11世紀から続く道教寺院

鎮武観 Đền Quán Trấn Vũ

ディープ度 ★★

北敵を討って国を守ったという玄天鎮武神が祀られており、寺院内には高さ約4m、重さ約4トンの玄天鎮武神の銅像が鎮座する。

Map 別冊P.4-B1 ホーチミン廟周辺

Thanh Niên, Q. Ba Đình 8:00～17:00 無休 1万ドン
ホーチミン廟から徒歩約10分

1. 玄天鎮武神の足先に触れると御利益があると信じられているが、コロナ禍以降接触禁止となっている
2. 李朝時代に建立された

ホップオン・ホップオフでハノイの見どころをぐるり1周

フランス風建築の美しい教会

クアバック教会

チュックバック湖ではスワンボートに乗れるよ

タイ湖で花束フォトを撮ろう！

11～19世紀に都がおかれた

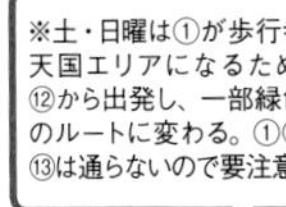

タンロン遺跡 →P.123

※土・日曜は①が歩行者天国エリアになるため、⑫から出発し、一部緑色のルートに変わる。①②⑬は通らないので要注意。

ベトナム戦争時はベトナム人民軍や米軍兵士が収容されていた

11 社会における女性の役割がわかる

ベトナム女性博物館

Bảo Tàng Phụ Nữ Việt Nam

ディープ度 ★★

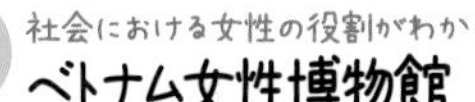

家庭での女性、歴史のなかの女性、女性のファッションについてさまざまな展示で紹介。特に3階の少数民族の衣装の展示は見応えがある。

Map 別冊P.9-C2

ホアンキエム湖周辺

36 Lý Thường Kiệt, Q. Hoàn Kiếm
3936-5973
8:00～17:00
無休 4万5000ドン ハノイ大教会から徒歩約10分

1. ベトナムの民間信仰「聖母道」の儀式の展示 2. ザオ族や花モン族の衣装

乗り降り自由の観光バスには、「ベトナム・サイトシーイング」（42万9000ドン～）もある。乗り場は Map 別冊P.9-D2。

歴代王朝の都がおかれた ホーチミン廟周辺で歴史さんぽ

ベトナム人にとっての聖なる地、ホーチミン廟を訪れたら、建国の父ホーチミンの足跡をたどる博物館を見学し、世界遺産のタンロン遺跡まで歩いてみよう。ハノイを知るうえで原点となる、歴史や文化に触れられるはず。

ベトナムの歴史 → P.143

TOTAL 6時間

ホーチミン廟周辺おさんぽ

TIME TABLE

- 9:00 ホーチミン廟
- ↓ 徒歩5分
- 10:00 ホーチミンの家
- ↓ 徒歩5分
- 10:30 一柱寺
- ↓ 徒歩1分
- 11:00 ホーチミン博物館
- ↓ 徒歩8分
- 12:00 ア・バン・マウンテン・デュー
- ↓ タクシー5分
- 14:00 タンロン遺跡

休日には1～2時間待ちになることもあるので注意

CỘNG HÒA XÃ HỘI CHỦ NGHĨA VIỆT NAM MUÔ

H HỒ CHÍ MINH VĨ ĐẠI SỐNG MÃI TRONG SỰ NGHIỆP CỦA CHÚNG TA !

1. 半ズボン、ノースリーブ、ひざ上丈のスカート、サングラスでの入場禁止。廟内では会話や写真撮影は禁止　2. 廟の左右に「ベトナム社会主義国万歳」「偉大なるホーチミン主席は、永遠にわれわれのなかで生きている」の文字が掲げられている

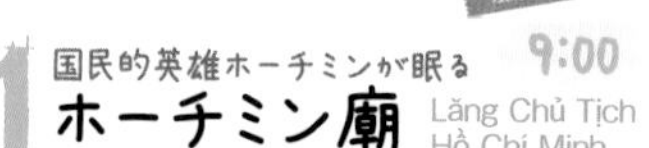

1 国民的英雄ホーチミンが眠る ホーチミン廟

Lăng Chủ Tịch Hồ Chí Minh　9:00

ハスの花をかたどった大理石造りの廟の中には、ホーチミンの遺体がガラスケースに入れられて安置されている。ベトナム建国の父ホーチミンに直接対面できるとあってベトナム人観光客も多く行列必至。混雑を避けたいならオープンと同時に訪れるのがベスト。入場時にX線検査あり。

Map 別冊P.4-B2

住17 Ngọc Hà, Q. Ba Đình（入口は19 Ngọc Hà）☎3845-5128 🕘4～10月：8:00～10:30（土・日曜、祝日～11:00）、11～3月：8:00～11:00（土・日曜、祝日～11:30）休月・金曜※毎年6/15～8/15はメンテナンスのため休館。料無料 URL www.bqllang.gov.vn 交ハノイ大教会からタクシーで約12分

バーディン広場では毎朝6:00（冬季は6:30）から国旗掲揚儀式があるよ

ホアンホアタム通り

バックタオ公園

ゴックハー通り

ホーチミン廟への一般入口

ドイカン通り

レーホンフ

見どころがたくさん

文廟周辺へ →P.124

チャンフー通

2 ホーチミンに思いをはせる ホーチミンの家（ホーおじさんの家）

Nhà Sàn Bác Hồ Chí Minh　10:00

1958年に建てられ、亡くなる1969年まで住んでいた高床式の家が当時のまま保存されている。ホーチミンが実際に使っていた車や、書斎や寝室も公開されており、暮らしぶりが伝わってくる。隣の大きな建物はホーチミンが1954年から亡くなるまで執務を行っていた大統領府。

Map 別冊P.4-B2

住1 Hoàng Hoa Thám, Q. Ba Đình（入口は17 Ngọc Hà）☎0804-4287 🕘4～10月：7:30～11:00、13:30～16:00、11～3月：8:00～11:00、13:30～16:00 休月曜午後 料4万ドン 交ホーチミン廟から徒歩約5分

1. 書斎は当時のまま保存されている　2. 池の向こうに見える高床式の建物がホーチミンの家

お参りすると子宝に恵まれるといわれる

3 ハス池に浮かぶハノイのシンボル 一柱寺

Chùa Một Cột　10:30

1049年に建立されてから何度も修復されたが、1954年にフランス軍により破壊されて現在のものは1955年に建てられた。ハス池の中に一本の柱で支えられているこの建築は、ハスの花をかたどったともいわれている。御堂内部には8本の手がある観音像が祀られている。実はこの一柱寺、延祐寺の一部であり、一柱寺の隣に本堂がある。

Map 別冊P.4-B2

住ホーチミン廟の隣　☎なし 🕘8:00～12:00、14:00～16:30 休月・金曜の午後 料無料 交ホーチミン廟から徒歩約5分

1. 御堂内に鎮座する黄金の八手観音。地元では子宝祈願のスポットとして知られている　2. ユニークな外観

ホーチミン廟に入る際は、バッグやカメラはロッカーに預け、見学後に引き取るシステムでした。（京都府・貴子）

Map 別冊P.4~5

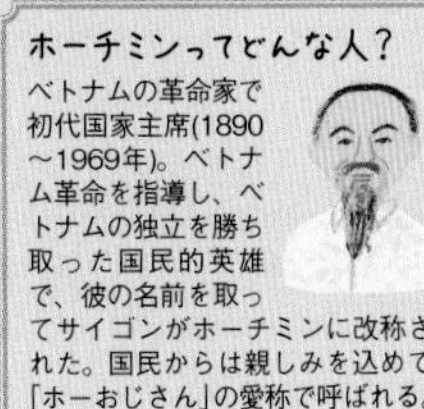

ホーチミンってどんな人？

ベトナムの革命家で初代国家主席(1890～1969年)。ベトナム革命を指導し、ベトナムの独立を勝ち取った国民的英雄で、彼の名前を取ってサイゴンがホーチミンに改称された。国民からは親しみを込めて「ホーおじさん」の愛称で呼ばれる。

入口付近のホーチミン像

1. 館内は撮影禁止 2. 展示方法もアーティスティック

4 ホーチミン博物館

ホーチミンの生涯は革命の歴史　11:00

Bảo Tàng Hồ Chí Minh

1990年にホーチミン生誕100周年を記念して建てられた立派な博物館。ホーチミンが生前使用していたものや、生まれ育った家の模型など、ホーチミンの生涯がわかりやすく展示されている。ベトナム革命をどのように成し遂げたのかについての展示も充実している。博物館の設計や内装は旧ソ連の専門家によるもの。

Map 別冊P.4-B2

19 Ngọc Hà, Q. Ba Đình ☎3846-3757 8:00～12:00、14:00～16:30 休月・金曜の午後 料4万ドン URL www.baotanghochiminh.vn 交ホーチミン廟から徒歩約3分

5 ア・バン・マウンテン・デュー

山岳少数民族料理が味わえる人気店　12:00

A Ban -Mountain Dew-

ベトナム北西部の山岳地帯に住むタイ族、ムオン族、ターイ族、モン族に伝わる伝統料理を提供。幸運をもたらすといわれるカラフルなもち米や、山椒の一種であるMac Khenという珍しいスパイスを使った料理から昆虫食まで、山岳民族の食文化に触れられるラインアップ。

Map 別冊P.4-B2

76 Trần Phú, Q. Ba Đình ☎085-6787678（携帯） 9:00～14:00、16:30～22:00（L.O.21:30） 休テト Card M.V. 予早めに要予約 URL aban.com.vn 交ホーチミン廟から徒歩約6分

1. 手前は花や葉で色付けした5色のもち米（Xôi Ngũ Sắc／8万5000ドン）、中央はMac Khenなどで味付けした豚肉をバナナの葉で包み焼きにしたもの（Thịt Lợn Mán Gói Lá Nướng ／19万5000ドン）、後方左は発酵米入りブリュレ（Rượu Nếp Hấp Trứng／4万5000ドン） 2.スタッフのユニホームや内装も民族調

1. 龍の手すりの石段をもつキンティエン殿(敬天殿) 2. ドアン門(端門) 3.「D-67」と呼ばれる地下室

6 タンロン遺跡 世界遺産 (旧ハノイ城跡)

ベトナム諸王朝の歴史ここにあり　14:00

Di Tích Hoàng Thành Thăng Long

ベトナムの諸王朝が1010年から1804年までこの地に都をおいていたため、それぞれの時代の遺跡が重なっており、ベトナムの歴史を語るうえで非常に重要な遺跡。2010年、ベトナムで6件目の世界遺産に登録された。ドアン門（端門）と呼ばれるハノイ城の門には上ることができ、遺跡内を一望できる。

Map 別冊P.5-C2

9 Hoàng Diệu, Q. Ba Đình ☎3734-5427 8:00～17:00 休無休 料7万ドン（15歳以下無料） URL www.hoangthanhthanglong.com 交ホーチミン廟から徒歩約10分

ホーチミン廟見学後は、その流れのままホーチミンの家も半強制的に見学することになるが、そのまま流れから外れることも可能。

豊かな自然に満ちた都会のオアシス文廟周辺でアート&グルメスポット巡り

学問の神様が祀られた歴史ある文廟で、緑に囲まれてパワーチャージ。古いコロニアル建築を利用したレストランや美術館など文廟周辺の立ち寄り所はどこか洗練され、文化的な雰囲気が漂う。

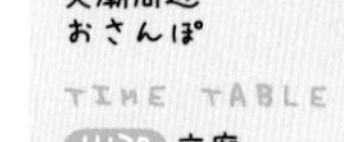

TOTAL 5時間

文廟周辺おさんぽ

TIME TABLE

11:30 文廟
↓ 徒歩2分
12:30 クラフト・リンク
↓ 徒歩1分
13:00 コト
↓ 徒歩1分
14:00 インディゴ・ストア
↓ 徒歩3分
14:30 ベトナム美術博物館
↓ 徒歩1分
16:00 カフェ・ゲーテ

1 ベトナムでいちばん古い大学 文廟 Văn Miếu 11:30

ハノイの喧騒から離れた緑あふれる文廟は孔子廟とも呼ばれ、本堂には孔子像が安置されている。その歴史は長く、1070年に建立され、1076年にはベトナム最古の大学がここに設置された。亀の上に乗った82基の石碑には歴代の科挙の合格者1304人の名前が刻まれている。3つ目の門「奎文閣」は10万ドン札のデザインにもなっているほか、ハノイ市章にも使われている。

Map 別冊P.4-B2

58 Quốc Tử Giám, Q. Đống Đa ☎3823-5601 8:00～17:30 休無休 料7万ドン(日本語オーディオツアー10万ドン) URL vanmieu.gov.vn 交ホーチミン廟から徒歩約15分

1. 文廟門には龍や虎の装飾が見られる 2. ハノイのアイコン、奎文閣 3. 亀の石碑はユネスコが主催する「世界の記憶遺産」に選定されている 4. 本堂に鎮座する孔子像

2 12:30 多様な民族布が大集合 クラフト・リンク Craft Link

花モン族、ザオ族、ターイ族、ヌン族、マ族など、さまざまな少数民族の刺繍や織物を使ったアイテムがズラリ。

Map 別冊P.4-B3

51 Văn Miếu, Q. Đống Đa ☎3843-7710 9:00～18:00 休祝日 Card A.J.M.V. URL www.craftlink.com.vn 交文廟から徒歩約2分

1. サテン生地の札入れ(34万5000ドン)とポーチ(22万9000ドン) 2. ゾウのマスコット17万9000ドン 3. 本革に民族刺繍をあしらった財布各139万9000ドン

ホーチミン廟周辺へ →P.122

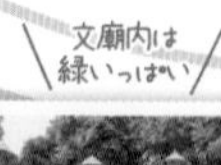

文廟東のヴァンミエウ通りにはおしゃれなショップやカフェが多かった。(富山県・K)

Map 別冊P.4〜5

藍染め体験もできます

内側はワインレッド&インディゴ

3 ランチセットは食べ応え抜群
コト KOTO 13:00

若者の自立を支援するNPOが運営するレストラン。トレーニングを積んだスタッフたちによるていねいな接客と本格的なベトナム料理を味わおう。

Map 別冊P.4-B2

35 Văn Miếu, Q. Đống Đa ☎3747-0337 8:00〜22:00 休無休 料+税・サ15% Card A.J.M.V. URL www.koto.com.au 交文廟から徒歩約3分

1. 白身魚をバナナリーフで包んで焼いたメインディッシュ32万8000ドン 2. スープ、前菜、メイン、デザート付きのセットメニュー（27万9000ドン〜／ふたりから）がおすすめ

4 14:00 藍染めの美しさに触れる
インディゴ・ストア
Indigo Store

天然の染料で一つひとつ染め上げるスカーフやウエアはすべて一点物。センスあふれるポーチ類や銀細工のアクセサリーも要チェック。

1. インディゴの布がアクセントになった麻の長財布35万ドン 2. パスポートケース31万ドン 3. 藍染めの生地にレースをあしらったポーチ38万ドン 4. 2階はアンティークの民族衣装を販売

Map 別冊P.4-B2

33A Văn Miếu, Q. Đống Đa ☎3719-3090 8:00〜19:00 休不定休 Card A.D.J.M.V. 交文廟から徒歩約3分

5 6000点に及ぶコレクション 14:30
ベトナム美術博物館
Bảo Tàng Mỹ Thuật Việt Nam

2棟の3階建ての建物からなる美術博物館。展示数はかなり多く、内容盛りだくさんで楽しめる。正面棟の1階は青銅器が中心の考古学の視点で捉えた美術品と仏教美術関連、2階と3階は絵画を中心にした近・現代のアート作品が展示されている。本館左の建物には地獄絵図や少数民族の木彫り像や衣装などもあり、見応えがある。

Map 別冊P.4-B2

66 Nguyễn Thái Học, Q. Ba Đình ☎3823-3084 8:30〜17:00 休無休 料4万ドン URL vnfam.vn 交文廟から徒歩約5分

1. ベトナムの芸術の今がわかる現代アートエリア 2. 宗教芸術も充実 3. ベトナムの伝統衣装アオトゥータン

1. シントーは各7万5000ドン 2. 半オープンエアの中庭席と屋内席がある 3. ホームメイドのプリン4万5000ドン

6 16:00 本格ドイツ料理が味わえる
カフェ・ゲーテ
Cafe Goethe

ドイツ語学校「ゲーテ・インスティトゥート」内にあるカフェレストラン。シュニッツェルやソーセージといったドイツ料理とベトナム料理を提供。ランチは混み合うので時間を外して行くのがおすすめ。

Map 別冊P.5-C2

56 Nguyễn Thái Học, Q. Ba Đình ☎090-2274382（携帯） 10:00〜21:00（14:00〜16:00はドリンクのみ） 休無休 Card M.V. 予不要 交文廟から徒歩約7分

かつては文廟の亀の像をなでて合格祈願をする受験生が多かったが、現在は像に触れることはできない。

ホアンキエム湖畔で季節の花を楽しみながらのんびりおさんぽ

ハノイ市民の憩いの場、ホアンキエム湖は、旅行者も一度は訪れる観光名所。ローカルの人々に交じって、朝の体操をするもよし、夕涼みをするもよし。特におすすめの過ごし方は、週末の歩行者天国（→P.47）。バイクや車の喧騒から逃れたサンクチュアリではいつもと違ったのんびりとしたハノイに出合える。

TOTAL 6.5時間

ホアンキエム湖畔おさんぽ

TIME TABLE

- 13:00 カフェ・ディン
- ↓ 徒歩1分
- 14:00 ホアンキエム湖
- ↓ 徒歩5分
- 15:00 ソイ・イエン
- ↓ 徒歩5分
- 16:10 水上人形劇
- ↓ 徒歩3分
- 17:30 ゴックソン祠（玉山祠）
- ↓ 徒歩13分
- 18:30 チャー・カー・タンタン

昔ながらの入れ方！

テラス席に座れたらラッキー

1 湖を見下ろす隠れ名所 13:00 カフェ・ディン Café Dinh

古いアパートのワンフロアでおよそ40年続く、時間が止まったようなカフェ。長年地元民に愛されてきたコーヒー（2万5000ドン〜）は、現在も昔ながらの製法で入れるこだわりよう。

Map 別冊P.9-C1

🏠2F, 13 Đinh Tiên Hoàng, Q. Hoàn Kiếm ☎3824-2960 🕘7:00〜22:00 休テト1日 Card不可 交ハノイ大教会から徒歩約7分

1. ホアンキエム湖が目の前に　2. この入口を進み、突き当たりの階段を上るとカフェがある　3. モノクロの家族写真やすすけた壁に歴史が刻まれている

2 緑豊かな憩いの場 14:00 ホアンキエム湖 Hồ Hoàn Kiếm

ホアンキエムとは還剣という意味をもち、還剣伝説（→右記）の舞台になった場所と言い伝えられている。湖の周辺は遊歩道になっており、散歩コースや朝や夕方の体操の場として、ハノイ市民に親しまれている。

Map 別冊P.9-C1〜C2

ホアンキエム湖の伝説

1428年、後黎（レー）朝の始祖、レ・ロイ（＝レ・タイ・トー）は、湖にすむ亀から授かった宝剣で明軍を駆逐し、ベトナムを中国支配から解放した。平和が訪れた頃、再び亀が姿を現し、剣を返すよう啓示され、湖の中の小島で剣を返した。現在、湖の南に小さな亀の塔が立っている場所こそ、レ・ロイが剣を亀に奉還した場所。

子供用のゴーカート♡

1,3. 湖周辺は歩道や花壇が整備され、夏は火炎樹、秋はホアスアという白い花、テトから春にかけては桃やフイリソシンカという桃色の花が咲き、四季を彩る。週末は周辺が歩行者天国になる（→P.127）　2. 夜は亀の塔がライトアップされる

トッピングは卵の煮付け（Trứng Kho、1万ドン）などが人気

持ち帰りもOKよ！

3 地元で大人気のおこわ専門店 15:00 ソイ・イエン Xoi Yen

ベトナム風おこわ、ソイ（Xôi）の専門店。トウモロコシ入り、緑豆ペーストのせ、白おこわの3種類からおこわ（各2万ドン）を選び、トッピングを注文する。

Map 別冊P.7-D2

🏠35B Nguyễn Hữu Huân, Q. Hoàn Kiếm ☎3926-3427 🕘6:30〜24:00 休テト Card不可 予不要 交ハノイ大教会から徒歩約15分

ホアンキエム湖畔は、早朝や夕方にはいい風が吹いてお散歩に最適です。（匿名希望）

Map 別冊P.7,9

旧市街へ→P.20
湖のほとりで日なたぼっこ
レタイトー通り
ホアンキエム湖
亀の塔
リー・タイトー像
ディンティエンホアン通り
リータイトー公園
レライ通り
フレンチ・クオーターへ→P.128
ホアンキエム湖畔

詳しくは→P.42

4 16:10

伝統芸能を観賞

水上人形劇

Water Puppetry

ハノイ中心部に水上人形劇の劇場は2ヵ所あるが、歴史あるタンロン水上人形劇場（→P.42）での観賞がおすすめ。事前に予約しておいたほうがよい。

5 湖に浮かぶ歴史ある祠 17:30

ゴックソン祠（玉山祠）

Đền Ngọc Sơn

13世紀末の陳（チャン）朝時代に創建され、現在の建物は1865年に再建された。正殿（得月楼（とくげつろう））には文・武・医の三聖人、三国志で有名な武将の関羽、13世紀に元の進撃を撃退した英雄のチャン・フン・ダオなどが祀られており、人々が熱心に祈る姿も見られる。

体長約2mの大亀は伝説（→P.126囲み）の亀！？

Map 別冊P.9-C1

Đinh Tiên Hoàng, Q. Hoàn Kiếm ☎3825-5289 7:00～19:00（金～日曜～22:00） 休無休 料5万ドン 交ハノイ大教会から徒歩約10分

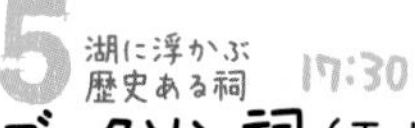

1. 朝日の差す橋の意味をもつ旭棲（きょくせい）橋 2. 1968年にこの湖で捕獲された亀の剥製も祀られている 3. 正殿（得月楼） 4.「硯台（けんだい）」と書かれた門をくぐった先に旭棲橋がある

ファンの多いチャー・カー・ラボン（1人前12万ドン）

うちはボリューム満点だよ

週末は歩行者天国に！

毎週金曜の19:00～日曜の24:00まで、ホアンキエム湖の外周道路と、その付近の通りが歩行者天国になる。普段とはまったく違う一面を見せる歩行者天国の時間にもぜひ訪れてみて（→P.47）。

週末の夜が楽しいよ

6 北部名物料理が自慢 18:30

チャー・カー・タンタン

Cha Ca Tan Tan

アットホームな雰囲気の隠れ家レストラン。チャー・カー・ラボンや、バイン・トムなどのハノイ名物がおいしいことで有名。

Map 別冊P.9-C2

2F, 15 Tràng Thi, Q. Hoàn Kiếm ☎3934-2591 10:30～14:00、17:00～21:00 休テト3日間 Card不可 予不要 交ハノイ大教会から徒歩約5分

ゴックソン祠の入口門には幸福を意味する「福」と豊かさを意味する「禄」が見える。これは著名な儒学者グエン・ヴァン・ズーによるもの。

フランス風建築が残る フレンチ・クオーターで コロニアルな街並みさんぽ

TOTAL 6時間

フレンチ・クオーター おさんぽ

TIME TABLE

14:00 パリ・デリ
↓ 徒歩1分
15:00 オペラハウス
↓ 徒歩3分
15:30 国立歴史博物館
↓ 徒歩7分
17:00 ルックラック
↓ 徒歩5分
19:00 バンブー・バー

ホアンキエム湖北側の旧市街（→P.20）が「オールド・クオーター」と呼ばれるのに対して、フランス植民地時代に建てられたコロニアル建築が多く残る東側は「フレンチ・クオーター」と呼ばれる。ハノイのコロニアル建築の代表格「オペラハウス」を中心に、フランスを感じる街並みを歩いてみよう。

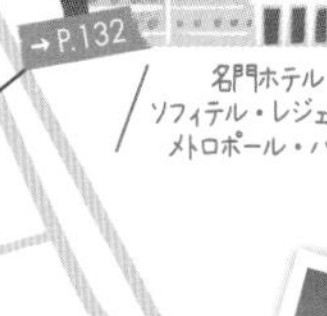

名門ホテル ソフィテル・レジェンド・メトロポール・ハノイ

チャンティエン通りのフランス会館

1. 2階にテラス席がある 2. カフェの中央に木が生えている 3. 練乳入りのベトナムコーヒー（6万5000ドン）とオレンジソーダ（4万ドン） 4. ダークチョコレートケーキ7万5000ドン

1 素朴なお手製ケーキを堪能 14:00
パリ・デリ Paris Deli

レトロモダンな雰囲気のカフェ。店名どおりパリをイメージしたコロニアルな内装の店で、コーヒーとケーキを味わおう。西洋&ベトナム料理もある。

Map 別冊P.9-D2

住6B Phan Chu Trinh, Q. Hoàn Kiếm 電098-8269629（携帯） 営7:00～22:00 休無休 Card M.V. 予不要 交ハノイ大教会からタクシーで約5分

1. 舞台からいちばん離れた3階の中央席からでも、肉眼で十分楽しめる 2. きらびやかな大階段 3. 正面右側にあるチケット売り場

毎晩19:00頃からライトアップされ幻想的な姿に

2 15:00 ここで記念撮影！
オペラハウス（市劇場） Nhà Hát Lớn Hà Nội

フランス植民地時代の1911年、パリのオペラ座を模して建設されたギリシア様式の華麗な劇場。約11年の歳月を経て完成したハノイのフランス風建築の代表格だ。現在は月に数回行われるオペラやコンサート公演の観客としてのみオペラハウス内に入ることができる。

Map 別冊P.9-D3

住1 Tràng Tiền, Q. Hoàn Kiếm 電3933-0113 URL hanoioperahouse.org.vn 公演やチケットの予約 URL ticketvn.com 交ハノイ大教会からタクシーで約10分

国立歴史博物館は12:00～13:30の間は閉館するので注意が必要です。（ハノイ在住・N）

Map 別冊P.9

1. オケオ遺跡から出土した木製の仏陀像
2. インドシナ様式の貴重な建築

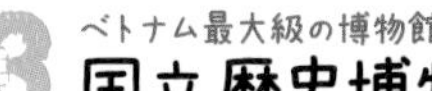

3 国立歴史博物館

ベトナム最大級の博物館 15:30

Bảo Tàng Lịch Sử Quốc Gia

ベトナムの先史時代から現代までの歴史が、さまざまな文化財とともに細かく展示されている。チャンティエン通り側の建物（Site A）はベトナムの先史時代から独立までの歴史について、チャンクアンカイ通りの建物（Site B）ではフランス植民地から現代までの革命の歴史を展示。

Map 別冊P.9-D2

🏠1 Tràng Tiền & 216 Trần Quang Khải, Q. Hoàn Kiếm ☎3825-2853 🕘8:00～12:00、13:30～17:00 休月曜 料4万ドン URL baotanglichsu.vn 交ハノイ大教会から徒歩約18分

Site Bは旧革命博物館だった建物。ベトナムの歴史を知るうえでぜひ見ておきたい

5 バンブー・バー

名門ホテルのプールサイドにある 19:00

Bamboo Bar

5つ星ホテルのバーながら、肩ひじ張らずに利用できるカジュアルな雰囲気が魅力。チャーリー・チャップリンなどホテルに宿泊した著名人の名を冠した創作カクテルを片手にハノイの夜に乾杯！

Map 別冊P.9-C2

🏠Sofitel Legend Metropole Hanoi, 15 Ngô Quyền, Q. Hoàn Kiếm ☎3826-6919（内線8217） 🕘6:00～22:30 休無休 料＋税・サ15% Card A.J.M.V. 予不要 交ハノイ大教会から徒歩約15分

1. ラズベリーシャーベットとカシスリキュールが相性抜群のグレアム・グリーン・マティーニ31万ドン
2. 茅葺き屋根と木に包まれたあたたかみのある空間
3. カクテルは29万ドン～、ローカルビールもある

4 ルックラック

創作メニューがおいしい 17:00

Luk Lak

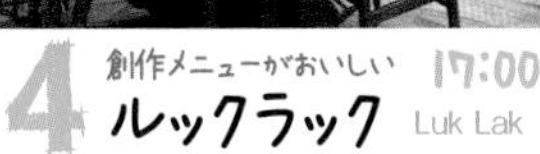

ベトナムの家庭料理にアレンジを加えた独創的なメニューが、どれも絶品と地元でも人気のレストラン。ベトナム産高原野菜やオーストラリア産牛肉など、素材にもこだわる。おすすめは、もち米と緑豆を詰めたハトの五香粉グリル（Bồ Câu Nhồi Nướng Ngũ Vị、33万ドン）など。

Map 別冊P.9-D3

🏠4A Lê Thánh Tông, Q. Hoàn Kiếm ☎094-3143686（携帯） 🕘7:00～23:00 休テト2日間 料＋サ5% Card A.D.J.M.V. 予不要 URL luklak.vn 交ハノイ大教会からタクシーで約5分

1. 個室や屋上席などもある 2. 手前がハトの五香粉グリル、奥は山菜とスクランブルエッグのソテー（15万9000ドン） 3. オージービーフの香草焼き（39万9000ドン）

タイ湖畔の流行発信地 スアンジエウ通り周辺で 雑貨&カフェさんぽ

静かに湖の景観を楽しめるこのエリアは、オシャレな各国料理店やカフェ、ショップが急増中。ハノイの新しい一面に出合えるのんびり街歩きコース。

TOTAL 4時間

スアンジエウ通り周辺 おさんぽ

TIME TABLE

- 12:00 ヒューマニティ・ハノイ
- ↓ 徒歩5分
- 13:00 リパブリック
- ↓ 徒歩2分
- 14:00 イースタン・アンド・オリエンタル・ティーハウス・アンド・コーヒーパーラー
- ↓ 徒歩7分
- 15:00 コペンハーゲン・ディライツ
- ↓ タクシー5分
- 15:30 西湖府

1 ベトナム人女性が営む 12:00 ヒューマニティ・ハノイ

Humanity Hanoi

エコフレンドリーな50以上のブランドをセレクトしたライフスタイルショップ。ベトナムブランドが中心で、コスメ、ウエア、フード、ポストカードなどおみやげにぴったりの高品質なアイテムが揃う。

Map 別冊P.12-B2

13 Xuân Diệu, Q. Tây Hồ　☎079-6100050（携帯）　10:00～20:00　休無休　Card A.J.M.V.　URL humanityhanoi.com　交西湖府からタクシーで約5分

ウエアはオリジナル

1. コールドプロセス製法の石鹸各16万ドン　2.「Hemilys」のハーブティー各18万ドン　3. バイクの行商人を描いたトランプ22万ドン　4.「Binon Cacao」のスティックチョコレートセット

2 テラスからのタイ湖の景色が評判 13:00 リパブリック

The Republic

テラス席からタイ湖が一望できる！

1.「パスター・ストリート・ブルーイング・カンパニー」（→P.46）のクラフトビールも楽しめる　2 カプチーノ7万ドン　3. マンゴー&バナナスムージー7万5000ドン　4. 晴れた日はテラスがおすすめ　5. 料理はどれもおいしく食べ応え抜群

タイ湖沿いにある欧米人や在住日本人が集う店。2階のテラス席はタイ湖を見下ろせる絶好のロケーション。フィッシュ&チップス（29万5000ドン）やハンバーガー（22万ドン～）がおいしくボリューム満点。サクサクのブラウニーやスムージーも人気。1階のカウンター席は、夜はスポーツバーとして欧米人でにぎわう。昼はカフェ、夜はバーと1日中利用できる店だ。

Map 別冊P.12-B2

12 Quảng An, Q. Tây Hồ　☎6687-1773　11:00～22:00　休テト　Card A.J.M.V.　予週末は望ましい　URL www.facebook.com/therepublicvietnam　交西湖府からタクシーで約5分

3 フード&スイーツが絶品の湖畔カフェ 14:00 イースタン・アンド・オリエンタル・ティーハウス・アンド・コーヒーパーラー

The Eastern & Oriental Tea House and Coffee Parlour

タイ湖を望むクアンアン通りに立つ一軒家カフェ。メニューはオーストラリア人オーナーによる西洋料理&スイーツが中心。特に20種類以上あるという自家製ケーキは、オーナー一家に伝わるレシピをもとに作られており、絶品。

Map 別冊P.12-B2

46 Quảng An, Q. Tây Hồ　☎090-4621649（携帯）　7:30～22:00　休無休　料+税10%　Card J.M.V.　予週末は要予約　URL orientalhanoi.com　交西湖府からタクシーで約4分

1. キッシュ12万ドンとハイビスカス&ストロベリーティー9万ドン　2. キャラメルマキアート5万5000ドン　3. レモンチーズケーキ9万ドン

タイ湖畔はのんびりとした雰囲気で、中心部の喧騒に疲れたときにおすすめです。（青森県・Y）

Map 別冊P.12

タイホー通り
スアンジエウ通り
アウコー通り
シレナ・ショッピングセンター
フォーリン寺
ダンタイマイ通り
クアンアン通り
タイ湖（西湖）
タイ湖ではスワンボートに乗れるよ！
タイ湖はハノイ最大の湖
タイ湖名物バイン・トム

トーゴックヴァン通りにも注目！

スアンジエウ通りを北上するとトーゴックヴァン通りTo Ngoc Van St.へいたる。この通りは外国人経営のカフェや多国籍レストランなどが点在する。

Map 別冊P.12-A1

5 タイ湖に浮かぶ神社 15:30 西湖府 Phủ Tây Hồ

民間信仰の聖母道（ダオマウ：Đạo Mẫu）を祀る総本山。玉皇上帝の娘の柳杏聖母が祀られ、ハノイの人々に親しまれている。特に毎月旧暦の1日、15日、テト（旧正月）後の2週間は多くの人が先祖供養に訪れる。

Map 別冊P.12-B1

住 Đặng Thai Mai, Q. Tây Hồ　電 なし　時 5:00～18:00（旧暦1・15日～21:00）　休 無休　料 無料　交 ホーチミン廟からタクシーで約15分

とても着心地がいいのよ

1. キッズ、レディース、メンズ服を展開　2. シルクコットンのチュニック159万9000ドン　3,4. デンマーク雑貨「rice」のメラミンプレート（39万9000ドン）とカップ（15万9000ドン～）

4 すてきウエアと北欧雑貨 15:00 コペンハーゲン・ディライツ Copenhagen Delights

ハノイに拠点をおく同名のアパレルブランドのブティック。デンマーク人デザイナーが手がけるウエアは北欧のエッセンスをベースに、ベトナムの気候でも快適に過ごせるように考え抜かれた逸品ばかり。

Map 別冊P.12-A2

住 55 Xuân Diệu, Q. Tây Hồ
電 3718-6290　時 9:00～19:00（土・日曜10:00～）　休 無休
Card A.J.M.V.　URL www.copenhagendelights.com
交 西湖府からタクシーで約6分

聖母信仰の三大聖地のひとつ

1. 参道に並ぶ食堂には米粉の天ぷらの上にエビがのったバイン・トムが山積み　2. 参道は大にぎわい　3. 柳杏聖母が祀られている西湖顕跡　4,5. お清めの塩や、燃やして神様やご先祖に送る「冥金」を売る店も多い

ラグジュアリーな雰囲気にうっとり……

Luxury hotels

宿泊者だけが楽しめるプール。プールの奥が「ル・クラブ・バー」、左が「バンブー・バー」

ハノイならではの特別なステイを満喫できる 憧れのラグジュアリーホテル7選

私たちがおもてなしします

由緒あるコロニアルホテルから、地上40階以上の天空ホテルまで 優雅な時間を約束するホテルと、泊まらなくても楽しめるとっておきポイントをご紹介。

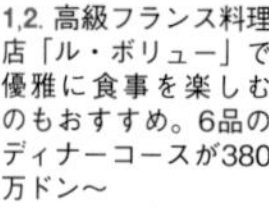

1,2. 高級フランス料理店「ル・ボリュー」で優雅に食事を楽しむのもおすすめ。6品のディナーコースが380万ドン～
3. メトロポール・ウイングのグレアム・グリーン・スイート
4. フランスの街角を思わせる「ラ・テラス」

泊まらずに楽しめる

- □ ル・クラブ・バーのアフタヌーンティー→P.84
- □ ル・スパ・デュ・メトロポールで極楽リラクセーションタイム→P.110
- □ バンブー・バーでハノイの夜に乾杯→P.129

コロニアル ハノイ最高峰のホテル

Sofitel Legend Metropole Hanoi

ソフィテル・レジェンド・メトロポール・ハノイ

★★★★★

1901年創業。各国のVIPや著名人が数多く宿泊してきた、ハノイを代表する格式高いコロニアルホテル。ベトナムいちとの声も高いフランス料理の「ル・ボリュー」など魅力的な施設が揃い、宿泊以外でも優雅な時間が楽しめる。本館のメトロポール・ウイングはクラシカルな内装、新館のオペラ・ウイングはモダンな雰囲気。

Map 別冊P.9-C2 ホアンキエム湖周辺

住15 Ngô Quyền, Q. Hoàn Kiếm 電3826-6919 料ツイン660万ドン～、スイート2400万ドン～（＋税・サ15％） Card A.D.J.M.V. 室364室 URL www.sofitel-legend-metropole-hanoi.com 交ハノイ大教会から徒歩約15分

「ソフィテル・レジェンド・メトロポール・ハノイ」は本当に別世界。ちょっとおしゃれして出かけてみてください。（静岡県・タエ）

コロニアル　美術館のようなアートホテル

Apricot
アプリコット

★★★★★

アートコレクターであるベトナム人オーナーが、「ベトナムのアートを世界中の旅行者に発信できる場に」という思いを込めてオープンさせた、モダンなデザインホテル。ロビーやレストラン、スパ、客室にいたるまで、ベトナム人アーティストのオブジェや絵画を600点以上展示しており、まるで美術館に滞在しているよう。

Map 別冊P.9-C1　ホアンキエム湖周辺

136 Hàng Trống, Q. Hoàn Kiếm　☎3828-9595
料ツイン614万1176ドン～、スイート1143万5294ドン～（朝食付き。＋税・サ15％）　Card A.D.J.M.V.　室123室
URL apricothotels.com　交ハノイ大教会から徒歩約3分

1. レトロな客室電話　2. ホアンキエム湖のほとりという好立地。スパ、プール、ライブラリー、レストラン、バーがある　3. ルーフトップのプールではリゾート気分が味わえる　4. マスターピースと名付けられたスイートは大理石のバスルーム付き。各客室に2作品以上のアートが配されている

泊まらずに楽しめる

□アトリエ・ラウンジのアフタヌーンティー

13:00～17:00の間、光が差し込む穴場のラウンジでアフタヌーンティーが楽しめる。

8:00～22:00　料55万ドン（2人前）

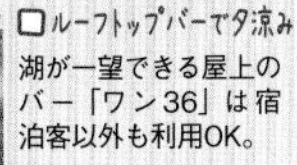

□ルーフトップバーで夕涼み

湖が一望できる屋上のバー「ワン36」は宿泊客以外も利用OK。

16:00～22:00　料5万ドン～

憧れのラグジュアリーホテル7選

コロニアル　モダンとレトロが融合するヒップな空間

Hotel De L'opera Hanoi
ホテル・ドゥ・ロペラ・ハノイ

★★★★★

コロニアル建築が多く残るフレンチ・クオーター（→P.128）に立つ、5つ星のブティックホテル。フレンチコロニアルなたたずまいだが、館内にはコンテンポラリーな非日常空間が広がる。高品質なベッドマットレスを備える客室は、アーティスティックで洗練されたデザイン。プール、スパ、バーなども完備。

Map 別冊P.9-C2
ホアンキエム湖周辺

29 Tràng Tiền, Q. Hoàn Kiếm
☎6282-5555
料ツイン550万ドン～、スイート700万ドン～（＋税・サ15％）　Card A.D.J.M.V.
室107室
URL hoteldelopera.com
交ハノイ大教会から徒歩約10分

1. スイートはバスタブ付き　2. コンパクトにまとまったデラックスルーム　3. チャンティエン通りに面して立つ　4. 斬新なデザインが目を引くロビー　5. 半屋内のプール。奥にはフレンチ・クオーターの街並みを眺められる広々としたバルコニーがある

泊まらずに楽しめる

□ラフェ・ヴェルトのアフタヌーンティー
→P.85

高級ホテルでは宿泊やレストランに税・サービス料＋15％がかかる。

タイ湖ビュー　タイ湖に浮かぶリゾートホテル

InterContinental Hanoi Westlake

インターコンチネンタル・ハノイ・ウエストレイク

★★★★★

市内にありながらもリゾート気分が味わえる。広めの客室にはバスタブもあり、街の喧騒から逃れてゆっくり過ごすには最高のホテル。タイ湖上に浮かんだパビリオンと呼ばれる客室のバルコニーからは湖を見渡せ、夕方は黄金に輝く空と湖面が美しい。歴代の世界の外交官の顔のアートが特徴的な、「ディプロマラウンジ」でのアフタヌーンティーや朝食ビュッフェもおいしい。

Map 別冊P.12-B2 タイ湖周辺

5 Từ Hoa, Q. Tây Hồ　☎6270-8888
料ツイン160US$～（朝食付き。＋税・サ15.5%）
Card A.D.J.M.V.　室318室
URL hanoi.intercontinental.com
交西湖府からタクシーで約8分

1. モダンな内装のレジデンスルーム。全室バルコニー付きで43m²以上の広さがある　2. バルコニーからタイ湖の絶景を望む　3. ゲスト専用のプールでリゾート気分を満喫　4. サンセットバーからはきれいな夕日が見られる

泊まらずに楽しめる

□ディプロマラウンジのアフタヌーンティー

14:00～16:00の間、季節のティーセットが味わえる。

7:00～22:30　料42万ドン

□サンセットバーで夕日を見る

プールサイドの美しい夕日を見ながらカクテル（16万ドン～）を。

16:00～24:00　料20万ドン～

コロニアル　絢爛豪華なコロニアルホテル

Capella Hanoi

カペラ・ハノイ

★★★★★

2022年、フレンチ・クオーターにオープン。オペラハウスから着想を得て、フランス植民地時代のインドシナ様式をデザインに取り入れている。数多くの人気リゾートを手がけるビル・ベンスリー氏により設計されたホテル内はまるでミュージアム。そのきらびやかな世界観には圧倒されるばかり。

Map 別冊P.9-D2

ホアンキエム湖周辺

11 Lê Phụng Hiểu, Q. Hoàn Kiếm　☎3987-8888　料ツイン1100万ドン～、スイート1300万ドン～（朝食付き。＋税・サ15%）
Card A.D.J.M.V.
室47室　URL capellahotels.com/en/capella-hanoi　交ハノイ大教会からタクシーで約10分

1. プレミアキングルーム
2. カーブを描く美しい外観
3. 宮殿のようなロビー

泊まらずに楽しめる

□ハイレベルなレストランで食事

オペラハウスの楽屋をイメージした「バックステージ」、ベトナム初のミシュランガイドで1つ星を獲得した「ヒバナ・バイ・コーキ」など。

 ロッテ・ホテルの「ラウンジ・スカイ」は超高層階からの眺めがすばらしく、ハノイではなかなかできない経験だった。（東京都・M・K）

タイ湖ビュー 行き届いたホスピタリティ

Sheraton Hanoi
シェラトン・ハノイ

★★★★★

静かな環境とタイ湖の眺めのよさが自慢。全室に快眠を追求したシェラトン特製のスイート・スリーパー・ベッドを用意するなど、こまやかなおもてなしの心が光る。フィットネスセンターやプールを完備するほか、ビュッフェレストラン「オーヴン・ドール」などの飲食施設も評判がいい。

Map 別冊P.12-B2 タイ湖周辺

K 5 Nghi Tàm, 11 Xuân Diệu, Q. Tây Hồ ☎3719-9000 料ツイン400万ドン～、スイート900万ドン～（＋税・サ17%） Card A.D.J.M.V. 日 室299室 URL www.marriott.com 交西湖府からタクシーで約8分

泊まらずに楽しめる

□ オーヴン・ドールのビュッフェ
各国料理の豪華ビュッフェを提供。

1. デラックスルーム。バスタブと独立したスタンディングシャワーが付くなどうれしい設備がいっぱい 2. レストランも広々 3.「オーヴン・ドール」のビュッフェはスイーツも種類豊富 4. メインプールの隣には子供用プールもある

市内を一望 ハノイいちの絶景ホテル

Lotte Hotel Hanoi
ロッテ・ホテル・ハノイ

★★★★★

地下5階、地上65階建てで、高さ267mというベトナム国内3位の高さを誇るビル「ロッテ・センター・ハノイ」の38～61階を占めるホテル。客室の広々とした窓からは、ハノイ市内をはるか遠くまで見晴らせ、夜景もきれい。

Map 別冊P.4-A2 ホーチミン廟周辺

54 Liễu Giai, Q. Ba Đình ☎3333-1000 料ツイン300US$、スイート600～1万US$（朝食付き。＋税・サ15.5%） Card A.D.J.M.V. 室318室 URL www.lottehotel.com/hanoi-hotel 交ホーチミン廟からタクシーで約10分

1. クラブジュニアスイートの客室。51階の高層からの眺めが楽しめる。客室は最小でも42㎡と広く全室足を伸ばせる大きさのバスタブ、シャワートイレ付き 2. 7階の屋外プールは全長25m 3. ビルの1～6階はロッテ・デパート、B1階は「ロッテ・マート」（→P.105）が入店

泊まらずに楽しめる

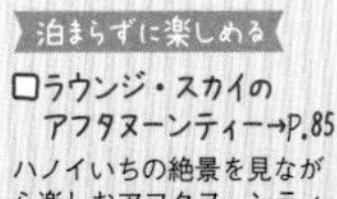

□ラウンジ・スカイのアフタヌーンティー→P.85
ハノイいちの絶景を見ながら楽しむアフタヌーンティーは、編集部イチオシ！

□ロッテ・オブサーベーション・デッキ
ビルの65階にある展望台。床がガラス張りの「スカイウオーク」で度胸試し！ 料23万ドン～

シェラトン・ハノイの「オーヴン・ドール」のランチビュッフェは67万5000ドン～。

女子旅におすすめ！ インテリアにときめくブティックホテル

デザインも気になる！

フレンチコロニアルな雰囲気のホテルやリゾート感たっぷりのホテル、コスパ抜群のホテルなど非日常を味わえるおしゃれなブティックホテルが知りたい！

リビングと寝室に分かれたスイートルーム。大理石のバスタブと独立シャワーがある

旧市街を見下ろす屋上のインフィニティプール

宿泊客が利用できるジャクージやサウナも完備

1. テーブルと椅子を備えたバルコニー付きのスイート　2. ルーフトップには360°の景観が楽しめる「イグナイト・スカイバー」がある。カクテル19万ドン～　3. 高級西洋料理の「オリヴィン・レストラン」

グランドデラックスダブル

旧市街のラグジュアリーホテル

Peridot Grand Luxury Boutique

ペリドット・グランド・ラグジュアリー・ブティック

2022年、旧市街にオープンした5つ星ブティックホテル。路地の少し奥にあるため旧市街の喧騒から逃れた別世界。館内はエレガントな雰囲気で、インテリアには木や竹といった自然素材を多用。インフィニティプールとルーフトップバーでリゾート気分も味わえる。

Map 別冊P.6-A3 旧市街

住 33 Duong Thanh, Q. Hoàn Kiếm　電 3828-0099　料 ツイン430万ドン～、スイート600万ドン～（朝食付き。＋税・サ15％）　Card A.D.M.V.　室 104室　URL peridotgrandhotel.com　交 ハノイ大教会から徒歩約10分

「ペリドット・グランド・ラグジュアリー・ブティック」のバーはDJプレイが行われることもあります。（ハノイ在住・K）

1.手編みのラタン製ベッドは天然素材のいい香り。全室バスタブ付き 2.屋上のバー。MKはMỹ Kinhの頭文字で、“美しい都”を意味する 3.エントランスのカフェスペース

旧市街のど真ん中に立つ奇抜なホテル

MK Premier Boutique

MK プレミア・ブティック

棚田を連想させる一風変わった外観のブティックホテル。リゾートを感じさせるモダンな内装にドンホー版画やラタンの家具が不思議とマッチ。バルコニーデラックスとスイートは旧市街を見下ろすバルコニー付き。宿泊客以外も利用できるルーフトップバーがある。

Map 別冊P.7-C2 旧市街

住72-74 Hàng Buồm, Q. Hoàn Kiếm
☎3266-8896
料ツイン75US$～、スイート140US$～（朝食付き。＋税・サ15%）
Card A.J.M.V. 室52室
URL mkpremier.vn
交ハノイ大教会から徒歩約13分

ブティックホテル

ショッピング派におすすめ

Anatole Hotel Hanoi

アナトール・ホテル・ハノイ

ハノイ大教会から徒歩約1分という立地が魅力。客室は木を基調としたスタイリッシュかつシンプルなインテリアで統一されており、くつろげる雰囲気。ベトナム全土の料理が味わえる「ベトナム・フージョン」や、ステーキを提供する「ジョセフ・レストラン」がある。

Map 別冊P.8-B1 ホアンキエム湖周辺

住26-28-30 Nhà Chung, Q. Hoàn Kiếm ☎3675-1888、096-1575599（携帯） 料ツイン181US$～、スイート255US$～（朝食付き。＋税・サ15%）
Card A.M.V. 室70室
URL anatolehotelhanoi.com
交ハノイ大教会から徒歩約1分

1. バルコニースイートルーム 2. ベトナム料理の朝食ビュッフェが好評 3. ジャクージ&サウナのほか、インフィニティプールも完備 4. グランドエグゼクティブルーム

1. 最上階のスイートルーム 2. 窓付きのデラックスルーム。スーペリアは窓なし 3. ビュッフェ朝食が楽しめるレストラン

旧市街の小さなブティックホテル

Hanoi Graceful

ハノイ・グレイスフル

フレンチコロニアル建築を改装した、21室のみの小さなブティックホテル。客室は広くはないが、クラシカルな調度品で統一され、おしゃれな内装。最上階のスイートルームには広いテラスが付き、旧市街の眺望を楽しめる。スタッフの応対もていねい。

Map 別冊P.6-B2 旧市街

住21 Hàng Phèn, Q. Hoàn Kiếm
☎3923-3397
料シングル、ツイン90万ドン～、スイート150万ドン～（朝食付き。＋税・サ15%） Card A.J.M.V. 室21室
URL hanoigracefulhotel.com
交ハノイ大教会から徒歩約8分

「ハノイ・グレイスフル」ではサパ行きのバスの手配などをしてくれる。

女子ひとりでも安心♪ エコノミーから5つ星まで ハノイの日系ホテル

ひとり旅なら立地はもちろん、安全面や居心地にもこだわりたい！
困ったときは日本語でサポートしてくれる、安心の日系ホテルはこの4軒。

キンマー2号店の男性専用大浴場。開放感たっぷり

おすすめポイント
空港送迎やツアーの手配、両替も日本語でお願いできて女子旅にも安心。

全室クイーンベッドを完備。ゆっくり休んで旅の疲れも吹きとびそう

キッチン付きのエグゼクティブルーム

ゴックカン湖のほとりという静かな立地

キンマー2号店は男女ともに専用大浴場&サウナを完備。こちらは女性用

お困りの際は日本語で相談してください

エコノミー

日本クオリティのサービスを提供

Azumaya Hotel Kim Ma 2

東屋ホテル　キンマー2号店

“和”をコンセプトにした、ベトナム全土で展開するビジネスホテル。完全日本語対応はもちろん、和朝食、日本語TVのリアルタイム視聴が可能など、日本人に寄り添うきめ細かなサービスが好評で、女子旅やファミリーにもおすすめ。

Map 別冊P.4-A2 ハノイ中心部

18A Phạm Huy Thông, Q.Ba Đình
3724-7570　料ダブル150万ドン～、スイート187万5000ドン（朝食付き。＋税10%）　Card J.M.V.　室37室
URL azumayavietnam.com/ja/kim-ma-2-detail
交ハノイ大教会からタクシーで約20分

1. 浴衣を着たベトナム人スタッフが迎えてくれる。タクシーの手配など気軽に頼めるのがうれしい　2. 全室バスタブ&シャワートイレ付き　3. 長期滞在者におすすめのキッチン付きの客室もある　4. 洗濯&乾燥機は無料で自由に利用できる　5. 土・日曜の朝食はビュッフェではなく選べる定食スタイルで提供。写真はいちばん人気の和定食　6. 焼き魚やから揚げが並ぶ朝食ビュッフェ。フォーなどのベトナム料理もある

支店情報 ▷▷▷

Azumaya Hotel Kim Ma 3
東屋ホテル　キンマー3号店
2023年5月オープン。キンマー2号店から徒歩約2分。
Map 別冊P.4-A3
68 Phạm Huy Thông, Q. Ba Đình　3734-9730

Azumaya Hotel Hai Ba Trung
東屋ホテル　ハイバーチュン
観光エリアに近く、ツーリストにおすすめの支店。
Map 別冊P.10-B1
16 Bui Thi Xuan, Q. Hai Ba Trung　6278-6688

「東屋ホテル ハイバーチュン」に宿泊。客室も広々として使い勝手もよく安心して滞在できた。（東京都・S）

エコノミー

日本にいるかのような安心感

Sakura Hotel I

サクラ・ホテル Ⅰ

すべて日本語対応で日本人スタッフが駐在。館内には無料で利用できるランドリーなどを完備し、朝食は和食を提供。客室には日本式の風呂やシャワートイレ、空気清浄機を設置している。男性専用露天風呂やサウナもある。

Map 別冊P.4-A2 ホーチミン廟周辺

16 Liễu Giai, Q. Ba Đình ☎7106-5678
料ダブル60～80US$（朝食付き。＋税・サ15%）
Card A.D.J.M.V. 室47室 URL www.sakurahotel.net 交ハノイ大教会からタクシーで約15分

支店情報 ▷▷▷

サクラ・ホテルⅡ Map 別冊P.3-C3

サクラ・ホテルⅢ Map 別冊P.3-C3

1. 客室にはリクライニングチェアやデスクを完備。日本の民放も視聴可能 2. 大浴場、サウナは男性専用。サクラ・ホテルⅢのみ女性専用大浴場あり 3. リラックスルームには日本の漫画も揃う

日系ホテル

エコノミー

日本発のホテルチェーン

Kuretake Inn Kim Ma 132

くれたけイン キンマー132

ハッピーアワーの17:00～20:00の間、ビールやソフトドリンクのワンドリンクサービスや、枕・アイロンの無料レンタルなど、日系のホテルグループならではの質の高いサービスが好評。朝食は和洋中のビュッフェ。

Map 別冊P.4-B2 ホーチミン廟周辺

132 Kim Mã, Q. Ba Đình ☎3987-7777 料シングル・ツイン55US$～（朝食付き） Card A.D.J.M.V. 室83室 URL kuretake-inn.com/hotel/hanoi-kinma 交ハノイ大教会からタクシーで約10分

1. 全室バスタブ、シャワートイレ、ミニキッチン付き 2. 最上階には男女浴場があり、男性専用サウナもある 3. 朝食会場

5つ星

日本のVIPも利用する

Hotel du Parc Hanoi

ホテル デュ パルク ハノイ

1. 大きな窓の外は緑が配され広々としたロビー 2. マッサージも好評 3. グランドデラックスフロアの客室

2019年にリブランディングしたハノイ唯一の日系5つ星ホテル。ナチュラルカラーの客室は最小でも36㎡と広々、全室バスタブ付きで高層の部屋からはトンニャット公園が見下ろせる。日本料理の「麻布」をはじめ飲食施設は3つ。

Map 別冊P.10-A1 ホアンキエム湖南部

84 Trần Nhân Tông, Q. Hai Bà Trưng ☎3822-3535 料シングル300万ドン～、スイート1080万ドン～（朝食付き。＋税・サ15.5%） Card A.D.J.M.V. 室255室 URL hotelduparchanoi.com 交ハノイ大教会からタクシーで約10分

北部の名物鍋にハマる

ディープ過ぎる鍋の世界

お粥鍋に酢しゃぶ鍋など、想像もつかない鍋が存在するハノイ。寒い夜はディープな鍋と地酒で決まり！

お粥鍋 Lẩu Cháo

ハト肉入りのお粥鍋（Đặc Sản Lẩu Cháo Chim、3～4人前45万ドン）は優しい味わい。

お座敷で鍋をつつくベトナム居酒屋

ナムズオントゥー Nam Duong Tuu

数種類の漢方とともにトロトロに煮込んだ白粥に具材を入れて食べる、お粥鍋ラウ・チャオ（Lẩu Cháo）が名物。

Map 別冊P.11-C3 ホアンキエム湖南部

331 Trần Khát Chân, Q. Hai Bà Trưng ☎39 72-7898 9:00～14:00、16:00～23:00 休テト Card A.J.M.V. 交ハノイ大教会からタクシーで約13分

1, 2. お鍋がぐつぐつ煮立ってきたら野菜やキノコ類を入れる 3. 自家製の焼酎Nam Duong Tuuを飲みながら鍋をつつこう

ヘルシーなキノコ鍋の有名店

アシマ Ashima

ベトナムにキノコ鍋ブームを起こした鍋料理店。好みのスープ（15万ドン～）とキノコ（8万9000ドン～）を選べば、スタッフが具材の投入から取り分けまで行ってくれる。

Map 別冊P.10-B2 ホアンキエム湖南部

182 Triệu Việt Vương, Q. Hai Bà Trưng ☎7300-7318 11:00～22:00 休テト Card J.M.V. 予望ましい 交ハノイ大教会からタクシーで約10分

キノコ鍋 Lẩu Nấm

十数種類のキノコと、肉、魚、野菜、麺などを入れて煮込むヘルシー鍋。ピーナッツ、トウガラシ塩、ゴマをスープで溶いてつけだれにする。

田ガニ鍋 Lẩu Cua

トマトベースの酸味のあるスープに、すり潰した田ガニをたっぷり入れ、揚げ豆腐や野菜を煮込んで食べる。カニみその豊かな風味が楽しめる絶品鍋。

1946 → P.73

ヘルシーなベトナム式牛しゃぶ

ボーニュンザム999 Bo Nhung Dam 999

ローカル人気が高い大衆鍋屋。メニューは牛肉の酢しゃぶ鍋ラウ・ボー・ニュンザム（Lẩu Bò Nhúng Dấm）のみ。シメのインスタント麺もおいしい。

Map 別冊P.11-C1 ホアンキエム湖南部

48 Trần Xuân Soạn, Q. Hai Bà Trưng ☎091-3358338（携帯） 10:30～14:00、18:00～23:00（日曜17:00～） 休日曜の午前、テト Card 不可 交ハノイ大教会からタクシーで約10分

お酢の効いたスープがウマイ

牛肉の酢しゃぶ鍋 Lẩu Bò Nhúng Dấm

1人前12万ドンで、牛肩バラ肉、スジ肉、野菜や麺が付く（ふたり以上から注文可）。

地元人気No.1のヤギ鍋店

ニャットリー Nhat Ly

ヤギ肉をタロイモやクコの実、デーツなどと長時間煮込んだスープはあっさりながらコクがあり美味。ヤギのおっぱい焼肉のシメとして食べられることが多い。

Map 別冊P.6-B1 旧市街

15A Hàng Cót, Q. Hoàn Kiếm ☎3 927-1434 10:00～15:00、17:00～22:00 休テト Card J.M.V. 予不要 交ハノイ大教会からタクシーで約6分

ヤギ鍋 Lẩu Dê

1～2人前37万ドンで、豆腐、野菜、キノコ、米麺が付く。

ヤギ肉はベトナムではポピュラー

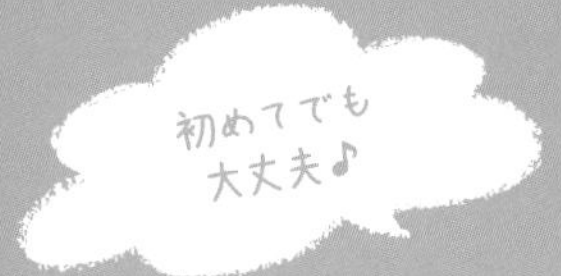

安全・快適
旅の基本情報

ベトナムの首都ハノイは、道行くバイクに圧倒されることはあるけれど、
比較的治安もよく、世界中から観光客が訪れる街。
とは言っても思いがけないアクシデントもあるかも、と不安や心配は尽きないもの。
初ハノイの人はもちろん、リピーターさんも基本情報を飛行機の中で事前にチェックしておいて☆

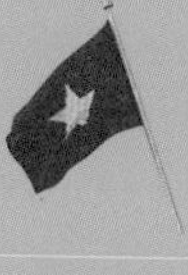

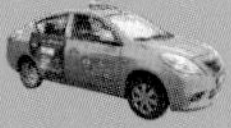

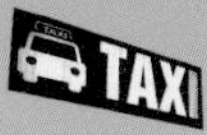

TAXI

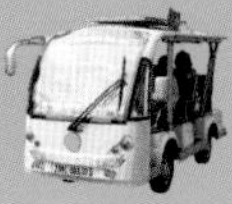

INFORMATION

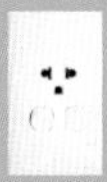

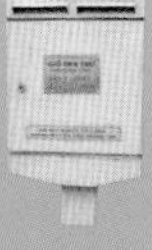

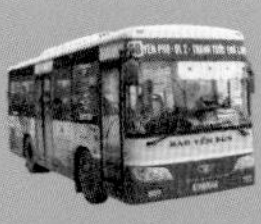

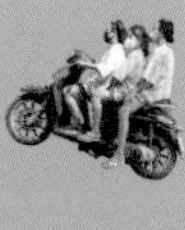

aruco的 おすすめ旅グッズ

四季のあるハノイでは、ベトナム中部や南部とは違って、旅行する時期によって持ち物が変わってくる。冬は10℃以下になる日も多いため、薄手のダウンなどの防寒具を忘れずに。旅の持ち物をしっかり準備して、女子旅をより楽しく快適にしよう♪

旅のお役立ちアイテム

□日焼け止め

市内のスーパーなどで現地調達も可能だけど、やっぱり日頃使っているものを持ち歩くのが安心。いつもより念入りに塗ってね。

□サングラスと帽子、マスク

夏の強烈な日差しだけでなく、バイクによる排気ガス対策にも有効。街歩きには忘れずに持っていこう。

□折りたたみ傘

5～9月の夏のうち、特に7～9月までは雨量も多くなり、ほぼ毎日短時間のスコールに見舞われる。また1～4月にかけては霧雨が降る。突然の雨に備えて持っておくと安心。

□ティッシュ&ウエットティッシュ

路上でつまみ食いをするときなどに便利。また、庶民派食堂ではウエットティッシュが有料なので、持参したものを使うようにしよう。

□ビーチサンダル

シャワーのとき、ホテルの部屋でくつろぐとき、ちょっとお散歩に出るときなどにお役立ち。

□はおり物／防寒具

暑い季節でもホテルやカフェはクーラーがガンガンということも多い。また、12～2月の冬は冷え込むため、日本の冬と同じ服装を心がけて。

機内手荷物のアドバイス

日本からハノイまでは直行便で4時間40分～5時間30分。パスポート、eチケット控えと貴重品類は機内に持ち込もう。機内は乾燥しているので、保湿マスクや乾燥対策の乳液（1～2回分のサンプルがベスト）があるといい。肌寒いときのために、はおり物かストールもあると安心。アイブロウはさみ、スプレー、容器が100mLを超える液体物（ジェル含む）は持ち込めないので、預け荷物へ。

機内持ち込み制限についての詳細はP.145をチェック！

基本の持ち物チェックリスト

貴重品

- □パスポート
残存有効期間は要チェック！ →P.144
- □ビザ（必要な人のみ） →P.144
- □航空券（eチケット控え）
- □クレジットカード
- □現金
- □海外旅行保険証書

洗面用具

- □シャンプー類
- □歯磨きセット
- □洗顔ソープ
- □化粧水、乳液
- □タオル

衣類

- □普段着、おしゃれ着
- □靴下、タイツ
- □下着、パジャマ

その他

- □常備薬
- □虫よけスプレー
- □生理用品
- □電卓
- □目覚まし時計
- □雨具
- □スマートフォン
- □エコバッグ
- □カメラ
- □電池、充電器
- □変圧器、変換プラグ
- □スリッパ

歯ブラシを持っていくのを忘れてしまったが、たいていの日用品はスーパーマーケットで売っていた。（匿名希望）

知って楽しい！ ベトナムの雑学

**アオザイ、生春巻にフォー、天秤棒を担ぐ行商人……。
ベトナムのイメージは何となくあるけれど、実際はどんな国？
旅する前の少しの勉強が、ベトナム旅行をより楽しくする
きっかけになること間違いなし！**

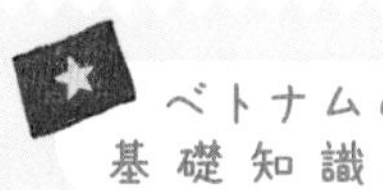

ベトナムの基礎知識メモ

正式名称	ベトナム社会主義共和国 (Socialist Republic of Viet Nam)
国旗	金星紅旗(コー・ドー・サオ・ヴァン)と呼ばれ、旧ベトナム（北ベトナム）の国旗として1955年に制定した旗を、南北統一(1976年)後も使用している。
国花	ハス　**面積** 33万1646㎢（日本の約90%）
人口	約9946万人（2022年）　**首都** ハノイ
政体	社会主義共和制　**国家主席** ヴォー・ヴァン・トゥオン Võ Văn Thưởng
民族	キン族（ベト族）が約86%。そのほかに53の少数民族が暮らしている。
宗教	約80%が仏教徒。そのほか、キリスト教（9%)、イスラム教、カオダイ教、ホアハオ教、ヒンドゥー教など。
言語	公用語はベトナム語。文字はクオック・グー（Quốc Ngữ）を使用する。

便利サイト

日々進化するハノイの最新スポットやニュースなど、ベトナム旅行前に役立つ情報満載のウェブサイトを有効活用しよう。『ベトナムスケッチ』が発行している在住者向けの日本語フリーペーパーは現地で入手可能。

ベトナムスケッチ…URL vietnam-sketch.com
新店舗情報はもちろん、食、文化など多岐にわたる情報が魅力。在住者向けの日本語フリーペーパーも発行している。

ベトナム観光総局…URL vietnam.travel/jp
政府観光局に当たる観光総局のホームページ。ベトナム全土の観光スポット、ツアー紹介、ビザ情報など。

Poste…URL poste-vn.com
医療・交通などの生活情報からニュース、新店舗情報などを掲載。お得なプロモーションやイベント情報も。

ベトナムの歴史年表

前期旧石器時代～鉄器時代　約30万年前～1・2世紀

ベトナムでの人類最古の痕跡は、北部ベトナムのタインホア省で発見された、約30万年前の前期旧石器時代の石器。紀元前8世紀～紀元後1・2世紀の鉄器時代に生まれたドンソン文化の頃は、農耕生活を行い、首長が共同体を支配する階級社会を形成していた。

中国支配の時代　紀元前111～紀元後939年

漢の時代から南漢が滅びるまで。

ミーソン遺跡（ベトナム中部）

ベトナム独立王朝～動乱時代　939～1802年

939年に呉権が南漢を破り、ベトナムを解放し、呉朝を興す。968年にホアルーに建都した丁朝、前黎朝と短命の独立王朝が続いた後、1010年に李公蘊（李太祖）が昇龍（現ハノイ）に都を定め、李朝がベトナム初の長期王朝となる。李朝は中国の諸制度を取り入れ国家を充実させた。現ハノイの名所である一柱寺（1049年）や文廟（1070年）はこの時代の創建。1225年に陳朝が成立したが、1414年に再び中国（明）が支配。1428年には後黎朝の黎利が独立を回復したが、諸侯の抗争、南北分裂など国内動乱の時代が続く。

タンロン遺跡（→P.123）、文廟（→P.124）、一柱寺（→P.122）、古都ホアルー（→P.61）

阮王朝時代　1802～1945年

1802年に嘉隆（阮福映）がベトナムの統一を回復し、首都をフエに定め阮朝を開いた。ベトナム最後の王朝となった阮朝は、フランスの侵略を受けながらも13代まで続いた。

仏領インドシナ時代　1882～1945年

1862年にフランスと協定を結び、メコンデルタの一部割譲を認めたが、1882年にフランスがハノイを占領。実質的にフランスの植民地となった後も抵抗が続けられ、革命家ホーチミン（→P.123）を中心に独立への動きが高まる。

オペラハウス（市劇場）（→P.128）

南北分断国家時代　1945～1975年

第2次世界大戦後、ベトナムは独立を宣言したが、ベトナム北部は中国軍が、南部はイギリス軍が進駐。イギリスの支援を受けてフランスの再侵略が始まり、第1次インドシナ戦争が勃発。南北分断国家時代が始まった。

ベトナム戦争の終結と社会主義共和国の誕生　1975年

1954年のディエンビエンフーの戦いでフランスはベトナムから撤退したが、その後アメリカの軍事介入が始まった。1960年からアメリカの傀儡政府である南ベトナム政権と、それに抵抗してきたベトナムの「南ベトナム解放民族戦線」との第2次インドシナ戦争はおよそ15年間も続いた。1975年、サイゴン陥落で南ベトナムが崩壊したことによってベトナム戦争が終結。翌1976年にベトナム社会主義共和国となり、現在にいたる。

ホーチミン廟（→P.122）

ベトナム入出国かんたんナビ

**日本から4時間40分～5時間30分のフライトでハノイに到着！
2024年1月現在、ベトナムへの入国に際して入出国カードの記入は不要。
税関申告書は5000US$以上の外貨を持ち込むなど、申告が必要な場合のみの提出にかぎられるため、入国もラクラク。**

日本からハノイへ

1 ハノイ到着

到着ターミナルに入ったら、案内板に従いイミグレーションカウンターに向かおう。

↓

2 ベトナム入国審査

日本人は「All Passport」と書かれた所に並ぶ。カウンターではパスポートと帰国便のeチケットの控え（→P.145欄外）を係員に提出する。入出国カードは不要。

↓

3 荷物の受け取り

イミグレーションカウンターを抜け、1階へ下りた所にある電光掲示板で、ターンテーブルの番号をチェックし、機内預けにした荷物を受け取る。荷物が出てこなかった場合は、近くにいる係員に搭乗地でもらった手荷物引換証（クレームタグ）を見せて探してもらおう。

↓

4 税関検査

申告すべき物がある場合は、「税関申告書」に記入して窓口へ。最後に空港出口で手荷物引換証の提示を求められることもあるので、機内預け荷物のクレームタグはこの時点まで捨てずに持っておこう。

↓

5 到着ロビー

両替所や旅行会社のカウンターがある。ツアーやホテルのピックアップサービスを予約している場合は、到着ロビーへ出た所で自分の名前が書かれたプラカードを持っている現地スタッフのもとへ。個人旅行ならタクシーやバスで市内へ（→P.146）。SIMカードの購入も可能。

ノイバイ国際空港　URL noibaiairport.vn

Map 別冊P.3-C1参照

国内線の乗り継ぎ

ハノイのノイバイ国際空港は、国際線のターミナル2と国内線のターミナル1が約850m離れており、無料シャトルバスが5:00～翌1:00の間に20分間隔で運行している。電気カーも1万5000ドンで運行。続けて国内便を利用する場合は、入国審査を受けてから国内線のターミナル1へ移動する。

ビザの取得

45日以内ならビザ不要

日本国籍で以下の条件を満たす場合は、45日間以内の滞在にかぎりビザが不要となる。

■入国時点でパスポート残存有効期間が6ヵ月以上ある。

■ベトナムの法令で入国禁止措置の対象になっていないこと。

eビザ

45日以上滞在する予定の人は電子ビザ（eビザ）を取得しよう。eビザもビザ免除入国と同じ上記条件を満たす必要がある。eビザは90日間滞在可能で、入国が1回のみのシングルビザ（25US$）または有効期間内なら何度でも入国可能なマルチプルビザ（50US$）が選べる。下記公式ウェブサイトからオンライン申請する。パスポートおよび顔写真をアップロード&必要事項を記入し、カード決済で支払う。所要3業務日。

URL evisa.xuatnhapcanh.gov.vn

ベトナム入国時の免税範囲

品名	内容
たばこ	たばこ200本、または葉巻20本、または刻みたばこ250gのいずれか
酒類	度数20度以上のもの1.5L、または度数20度未満のもの2L、またはその他ビールなどのアルコール飲料3Lのいずれか
外貨	5000US$、または同額相当の外貨、または1500万ドン ※上記以上を持ち込む場合で申告せず、出国時に上記以上の現金を持ち出す場合は没収の可能性あり
貴金属、ジュエリー	金の原石（Raw Gold）、ジュエリーは300g。銀行小切手、銀、プラチナ、宝石類は3億ドン相当
その他	ビデオカメラ、ラジカセ、テレビ、パソコン、通信機器など500万ドン相当を超える品。申告の際はメーカーや機種の明記が必要
おもな持ち込み禁止品	麻薬、毒物、花火、骨董品、銃器類、社会主義批判または卑猥な出版物や映像など。植物（種も含む）やキノコ類、動物性の生鮮食品も持ち込み禁止

 ウェブチェックインは時間的にも気持ち的にも余裕がもてた。ベトナム航空でもできました。（匿名希望）

ハノイから日本へ

1 チェックイン

チェックインは通常出発の2時間前（ベトナム航空は3時間前）から開始。カウンターではパスポートとeチケットの控えを提出し、機内預けにする荷物を預ける。ボーディングパスとパスポート、機内預けにした荷物のクレームタグを受け取ったらチェックインは終了。

↓

2 税関検査

申告すべき物がある、またはVATの還付を受ける場合は窓口へ。

↓

3 ベトナム出国審査

ボーディングパスとパスポートを提出する。問題がなければパスポートに出国スタンプが押されて返却される。

↓

4 セキュリティチェック&税関検査

機内持ち込みの手荷物をX線検査機に通す。ジュースなどの液体類は没収されるので要注意。チェックを通過したら免税店やカフェがある出発ロビーへ。VAT（付加価値税）の還付（→P.153）手続きもここで行う。

↓

5 帰国

体調不良の場合は入国審査前の検疫カウンターで申告を。顔認証自動化ゲートで入国審査を済ませたら、ターンテーブルで預け荷物を受け取り、記入した「携帯品・別送品申告書」を持って税関検査へ（別送品がある場合は2枚記入）。「Visit Japan Web」（→右下囲み）で税関申告を済ませることもできる。

荷物について

機内持ち込み制限

航空会社によって異なるが、ベトナム航空のエコノミークラスの場合、機内持ち込みは3辺の合計が115cm（56cm × 36cm × 23cm）を超えないもの1個と付帯品1個で合計12kgまで。日本を出発するすべての国際線では、容器が100mLを超える液体物は持ち込み禁止（出国手続き後の免税店で購入したものを除く）。液体物は事前に機内預け荷物の中に入れてカウンターで預ける。薬などの必需品は指定された透明な容器に入れれば持ち込み可能。

機内預け荷物重量制限

ベトナム航空の日本～ベトナム間の場合、エコノミークラスは各23kg以内2個までで、縦・横・高さの合計が115cm以内の物。規定は各航空会社によって異なるので、超過規定については各社に問い合わせを。

日本入国時の免税範囲

URL www.customs.go.jp

品名	内容
酒類	3本（1本760mL程度のもの）
たばこ	紙巻200本、葉巻50本、加熱式たばこ個包装等10個、その他250g ※免税数量はそれぞれの種類のみを購入した場合の数量で複数の種類を購入した場合の免税数量ではない。加熱式たばこの免税数量は、紙巻たばこ200本に相当する数量。
香水	2オンス（約56mL。オードトワレは含まれない）
その他	20万円以内のもの（海外市価の合計額）
おもな輸入禁止品目	・麻薬、向精神薬、大麻、あへん、覚せい剤、MDMA ・けん銃等の鉄砲　・爆発物、火薬類 ・貨幣、有価証券、クレジットカード等の偽造品、偽ブランド品、海賊版等

※免税範囲を超える場合は追加料金が必要。海外から自分宛に送った荷物は別送品扱いになるので税関に申告する。

日本入国時の食品持ち込み制限

海外からの植物・果物や肉類の持ち込みは厳しく規制されている。特に肉類は厳罰化されているので要注意。持ち込み可能なものでも入国時に必ず植物検疫または動物検疫カウンターで申告・検査を。植物防疫所ホームページでは持ち込み制限されている植物の検索が可能。

● 野菜・果物
生野菜、果物、根付きの植物、種子は不可。ドライフルーツ、瓶詰めのジャムなどは可

● 肉類
生肉、卵、ハムやベーコンなどの加工肉は不可（調理済みの肉類も不可）。長時間加熱調理し、長期で常温保存が可能な缶詰などは可

● 乳製品
牛乳、生クリームは不可。チーズ、ヨーグルトは可

植物防疫所
URL www.maff.go.jp/pps/j/trip/keikouhin.html
動物検疫所
URL www.maff.go.jp/aqs/tetuzuki/product/aq2.html

Visit Japan Webについて

日本入国時の税関申告をオンラインで手続きできるサービス。税関では二次元コードを提示したあと、電子申告の専用ゲートを通過とスピーディに入国できる。
URL vjw-lp.digital.go.jp/ja/

「携帯品・別送品申告書」記入例

A面　B面

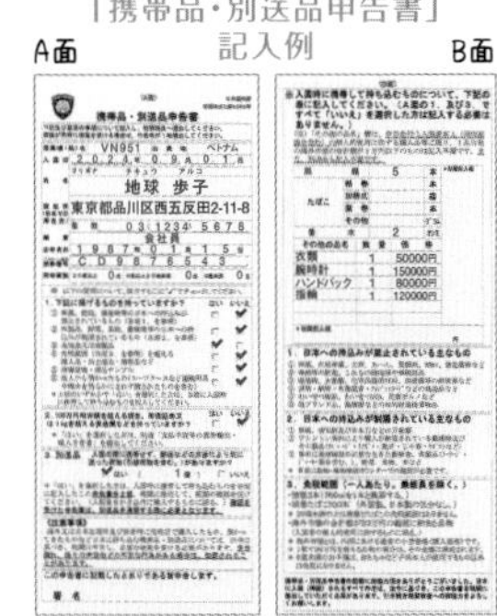

空港からハノイ市内へ

**ハノイのノイバイ国際空港から市中心部までは、約30km。
空港から市内へのアクセスには、タクシー、路線バス、エアポートバス、ミニバスがある。
空港にいるメータータクシーのなかには遠回りをするなど悪質なタクシードライバーもいるため、定額タクシーか86番バスの利用がおすすめ。**

到着ロビーでやっておくべきコト

1 まずは、両替

基本的に両替手数料はかからない

到着ロビーには日本円からベトナムドンへの両替が可能な銀行の窓口が多数ある。市内とほぼ同じレート。お金を受け取ったらその場で確認し、破れた札などは替えてもらい、レシートは保管しておく。SIMカードもここで購入するとよい（データ無制限で35万ドン～）。

2 市内までのアクセスを確認

到着ロビーを出るとすぐタクシー乗り場がある

市内へのアクセスは、下記を参照。メータータクシー利用なら到着ロビーを出て左右の両端、路線バスやエアポートバス、ミニバスの乗り場はP.147をチェック。定額タクシーは、到着ロビーのハノイ・ツーリズム・インフォメーションなどで手配可能。

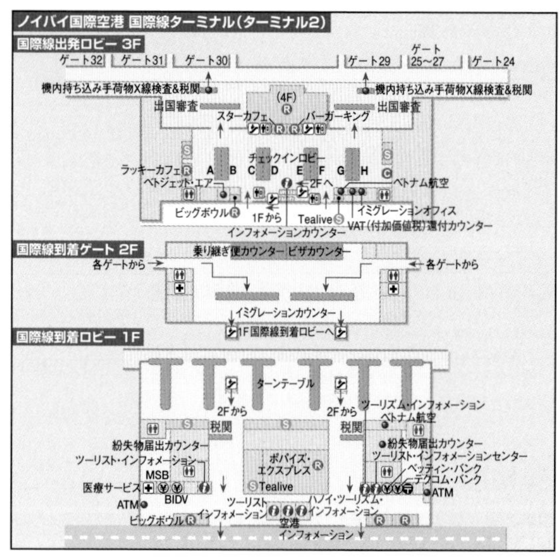

空港⇔市内

タクシー
Xe Tắc Xi

メーター制タクシー

- 料金　40万ドン～
- 所要　約35分

メータータクシー利用はタクシー乗り場へ

到着ロビーを出て左右の両端にタクシー乗り場があり、複数のタクシー会社（メーター制のみ）が乗り入れている。料金は各社によって異なるが、4人乗りで初乗り（最初の30kmまで1kmごと）1万5000ドンが目安。市内への料金の目安は、ハノイ駅 Map 別冊P.5-C3 周辺は50万ドン～、旧市街周辺 Map 別冊P.5-C2～D2 は45万ドン～、タイ湖北側周辺なら40万ドン～。渋滞に巻き込まれると、さらに高くなる。メータータクシーで比較的安全なタクシー会社はP.148。

定額タクシー

- 料金　50万ドン
- 所要　約35分

定額タクシーが手配できるハノイ・ツーリズム・インフォメーション

到着ロビー内にあるハノイ・ツーリズム・インフォメーションなどで定額タクシーの手配が可能。旧市街まで50万ドンだが、事前に要値段確認。

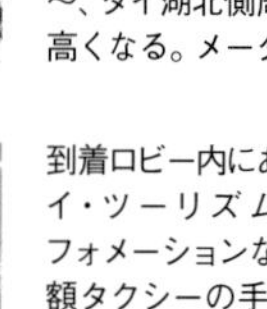

便利な配車アプリ

専用アプリをダウンロードして利用する配車サービス「Grab（グラブ）」を利用するのもいい。メータータクシーに比べるとトラブルが少なく、料金も割安。クレジットカード決済も可能だ。

 エアポートミニバスは安いけれど、乗客を降ろすのにあちこち回り、目的地までかなり時間がかかった。（匿名希望）

旅行会社の送迎バス&ホテルのシャトルバス

Xe Đón Khách cửa Công Ty Du Lịch & Khách Sạn

空港〜市内の送迎を含めたツアーに参加している場合や、事前にホテルを予約して、さらに空港からのトランスポーテーションサービスを頼んでいる場合は、自分の名前が書かれたプラカードを持って、到着ロビーの出口で待機している現地係員を探そう。送迎のみの予約が可能な旅行会社(→P.151)もある。

プラカードに書かれた自分の名前を探そう

ツアーの送迎は小型のバンで行われる

出迎えの偽ガイドに注意

ノイバイ国際空港では、旅行会社のプラカードを持った偽ガイドによる強盗・詐欺被害が多発している。通常、プラカードには旅行会社の名前(ロゴ入りの会社も多い)、客の名前が書かれている。不審に感じたら、ガイドの携帯を借りて旅行会社のオフィスに電話を。

万一ガイドに会えなかった場合の連絡先を控えておこう

路線バス

Xe Buýt

7番バス
- 料金　8000ドン
- 所要　約50分

86番バス
- 料金　4万5000ドン
- 所要　約55分

90番バス
- 料金　9000ドン
- 所要　約1時間5分

上記3ラインの路線バスが空港と市内間を運行している。7番バスは空港とカウザイ・バスターミナル Map 別冊P.3-C3 間を5:00〜22:30の間に10〜15分間隔で運行。86番バスは空港とハノイ駅 Map 別冊P.5-C3 間を7:00〜22:00の間に45分間隔で運行。90番バスは空港とキンマー・バスターミナル Map 別冊P.4-B2 間を6:40〜22:30の間に20〜30分間隔で運行。旧市街周辺での宿泊を予定しているのなら、86番バスの利用でロンビエン・バスターミナル Map 別冊P.5-C1 まで行くか、終点下車が便利だ。乗り場は、7番バスと90番バスは到着ロビーを出て左側に進んだ所にあるバスターミナルで、86番バスは到着ロビーを出て目の前の車道を渡り、左側に進んだ所にある「86番」乗り場。

7番と90番の路線バスは黄色と赤の車体が目印

オレンジ色の車体の86番バス。観光客向けのためほかのバスより料金は高いが、時間は正確

エアポートバス、ミニバス

Airport Mini Bus

- 料金　4万〜6万ドン
- 所要　約40分

到着ロビーを出て目の前の車道を渡り、左側に進むとベトジェット・エアのバス乗り場があり、空港と市内を結ぶエアポートバスが発着。またターミナル1(国内線)からベトナム航空のミニバスが運行(6:30〜19:30の間に1時間間隔)。市内の到着場所は、どちらもトンニャット公園正門近く Map 別冊P.10-A1 (空港行きミニバスも同じ場所から出発)。料金は到着後に支払う。ある程度客が集まらないと出発せず、1時間以上待たされる場合もあるので、時間の限られた旅行者にはおすすめしない。特に離れたエリアでなければホテル前まで行ってくれるが、ホテルによっては1〜2US$程度の追加料金を要求されることもあるので、乗車前に確認しよう。また、旧市街の狭いエリアや渋滞時などは途中で降ろされることもあり、降車時のホテルの客引きによるトラブルも多いので注意。

ベトナム航空が運行するエアポートミニバス

ミニバス乗り場。看板が出ているので目印にしよう

空港とハノイ駅間を結ぶ86番バスは、車内でWi-Fiが使えて便利。

ハノイ市内交通

観光スポットが点在するハノイ市内の移動には、乗り物が欠かせない。最も手軽で利用しやすいのはタクシーだ。旧市街散策には電気カーの利用もおすすめ。

タクシー
Xe Tắc Xi

数多くのメータータクシー会社が営業しているが、コロナ禍以降メーターを改造した白タクが増えており、被害に遭わないためにも観光地で客待ちしているタクシーや流しのタクシーの利用は避け、ホテルやレストランで呼んでもらうか、配車アプリ「Grab」の利用をおすすめする。路上でひろう場合は下記囲みのトラブルが少ないタクシー会社にしよう。

●料金　「ミニタクシー」と呼ばれる軽自動車タイプが最も安い。軽自動車のG7タクシーの場合、初乗り0.5kmまで1万2000ドン、その後20kmまでは1kmごとに1万4500ドン加算。料金はメーターに表示されるが、表示の数字に1000をかけて計算する。写真のように「6.0」なら「6.0×1000=6000ドン」となる。ハノイのタクシードライバーは英語を話せない人が多いので、乗車の際は、目的地のベトナム語表記と住所を見せて確認したほうがよい。

桁数を間違えて払い過ぎないように注意

トラブルが少ないタクシー会社

市内を走るタクシー会社で比較的トラブルが少ないのは以下。タクシー・グループには「ハノイ・タクシー」、「シーピー・タクシー」、「ハノイ・ツーリスト・タクシー」、「バーアー・タクシー」の4社があり、車体のロゴデザインが同じ。

G7タクシー	マイリン・タクシー	タクシー・グループ	ハノイ・タクシー
G7 Taxi	Mai Linh Taxi	Taxi Group	Hanoi Taxi
☎3257-5757	☎3833-3333、1055	☎3853-5353（代表）	☎3853-5353（代表）

Grab(グラブ)での配車方法

1. スマートフォンにGrabアプリをダウンロードしておこう。登録にはSMSで認証番号を受信できる電話番号が必要。日本で登録を済ませ、現地ではWi-Fiを使って利用するか、現地でSIMカードを購入し、その番号で登録を。
2. アプリを開き、目的地の住所と乗車場所の住所を入力するか、地図でプロットする。
3. 車種と目的地までの料金が表示されるので希望の車種を選択（車種によって料金が異なる）。バイクタクシーも選択可能。
4. 車をリクエストすると、近くにいるドライバーが承諾し、車のナンバーとドライバーの顔写真&名前が通知される。さらにドライバーの地図上での現在地と到着までのおよその時間が表示される。時間指定での配車リクエストも可能。
5. 車のナンバーを確認し乗車。乗車中も目的地までのルートや渋滞情報がアプリで確認できる。無事目的地に着いたら、アプリに表示された料金を支払って降りる。アプリにクレジットカードを登録すれば、カード払いも可能。

バイクタクシー
Xe Ôm

気軽に利用できるが、事故や料金トラブルも少なくない。小回りが利くため、入り組んだ道が多い旧市街内での利用ならいいが、そうでない場合はタクシー利用とそれほど料金は変わらない。事前交渉制で、外国人旅行者なら1km5万ドンくらいが目安。Grab（→上記）のバイクタクシーもあり利用するならこちらがおすすめ。

シクロ
Xích Lô

時間とルートを決めて旧市街を巡る観光目的で利用されることが多い。観光用シクロ乗り場Map 別冊P.9-D2があるが旅行会社を通して利用したほうがよい。毎日6:00〜8:30、16:00〜18:30は市内でのシクロ乗車が禁止されている。

レンタサイクル・バイク
Xe Đạp Thuê

旧市街のミニホテルやゲストハウスで貸し出しているところがある。しかし、ハノイ市内は交通量が多く、運転マナーも悪いため、慣れない外国人には非常に危険だ。旅行者の交通事故も多発しているので、市内での利用は避けたい。また、ベトナムでは50ccを超えるバイクの運転には免許証の携帯が義務付けられているが、日本とベトナムでは加盟する条約が異なるため、日本の国際運転免許証は通用しない。

ハノイはミニタクシーの数が多く、料金も安い。車のボディに初乗り料金が記載されていた。（匿名希望）

路線バス
Xe Buýt

ミニバスもあるが多くは大型バス

市内・郊外を50以上の路線バスが走っている。たいていはエアコン付きで、市内なら7000ドン、9000ドンと路線によって運賃は異なる。運行時間も路線によって異なるが、だいたい5:00〜21:00頃で、ほぼ15〜30分間隔で運行している。

乗り方

1 ターミナルの天井に付けられた看板を見て、目的地へのバスが停まる場所で待つ。黄色い部分は乗車位置番号で、青い部分に路線番号と行き先が書かれている。

2 前のドアからバスに乗り込み、席に着く。車掌が順番に切符を売りに来るのでその場で切符を購入。小額紙幣を用意しておくと安心だ。降車まで切符は持っておこう。

3 バスを降りるときはブザーを鳴らす。降車場所がわからなければ、目的地をベトナム語で書いたメモをあらかじめ車掌に見せて、お願いしておこう。

観光に便利なバス路線

47A番、47B番バス

ロンビエン・バスターミナル Map 別冊P.5-C1 〜バッチャン（→P.62）を結ぶ。5:00〜19:28の間に28〜33分間隔で運行。7000ドン、所要約40分。

バス内でのスリに注意

ハノイ市内のバスでは、スリ被害が多発している。なかには、バッグやリュックをナイフで切り裂き、財布やスマートフォンなど金目の物を取るという手口も。満員のバスに乗車する場合は特に注意したい。

電気カー
Xe Điện

7人まで乗車可能な観光電気カーが運行している。おもな周遊ルートは旧市街周辺の2ルート。たいていは出発から終点まで、貸し切りで運行されているため、途中乗車はほぼ不可能。

ルート

旧市街周辺

ホアンキエム湖や旧市街のおもな見どころ、旅行者に人気の通りを周遊するルートで、出発はタンロン水上人形劇場前 Map 別冊P.7-C3 と、ドンスアン市場前 Map 別冊P.6-B1 の2ヵ所。ルート1は旧市街の喧騒をダイレクトに感じられるホアンキエム湖北側の旧市街を走り、ルート2はホアンキエム湖の西側から南側の比較的大きな通りを走る。運行ルートの詳細は別冊P.6〜7、P.8〜9を参照。

ドンスアン・コマーシャル・ジョイント・ストック・カンパニー
Dongxuan Commercial Joint Stock Company

☎098-7134156、093-6624566（携帯） 🕘8:00〜21:00（金〜日曜〜17:00） 休無休 料2ルートともにスピード運転タイプで所要約30分、1台24万5000ドン。スロー運転タイプで所要約60分、1台36万ドン

都市鉄道（ハノイ・メトロ）
Đường Sắt Đô Thị Hà Nội

2021年11月に開業したベトナム初の都市鉄道。現在運行しているのはカットリン駅〜イエンギア駅の12駅を高架で結ぶ2A号線。運行時間は5:30〜22:30で、6〜10分間隔で運行している。

乗り方

1 日本と同様に自動券売機で切符を購入する。画面右下のボタンをタップして英語表記にすることができる。画面に表示された路線図で行き先をタップし、表示された料金を投入。支払いは現金のみ。

2 改札を入るには、カードタイプの切符を改札機上部にあるセンサーにかざす。改札を出るときは改札機に切符を投入する。

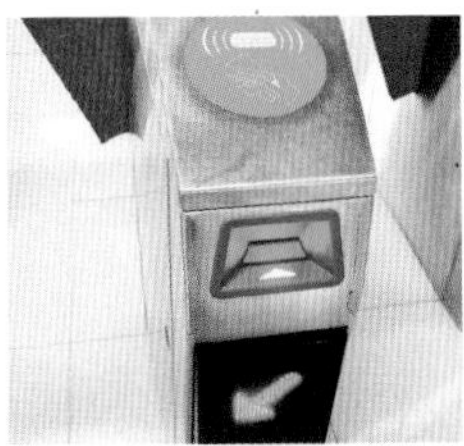

ハノイの路線バスは、短期旅行者には慣れないと乗りこなすのは難しい。終点利用など利用する路線を選ぼう。

ベトナムの国内交通

ハノイからの移動にはおもに飛行機、列車、バスがある。滞在時間や予算に合わせて、ベストな移動手段を選んで。

飛行機
Máy Bay　マイバイ

ベトナムの国内線はベトナム航空、ベトジェット・エア、バンブー・エアウェイズなどが運航している。国内線は、オーバーブッキングや予告なくフライト時間が変更されることも多いので、ウェブチェックイン済みだとしても、空港には早めに着いておきたい。

ベトナム航空
主要な十数都市間を結んでいる。サービスもしっかりしていて人気がある。
URL www.vietnamairlines.com

ベトジェット・エア
ベトナム初のLCC（ローコストキャリア）。主要な都市間の便数が多く、便利。
URL www.vietjetair.com

バンブー・エアウェイズ
2019年末に登場した新しい航空会社。
URL www.bambooairways.com

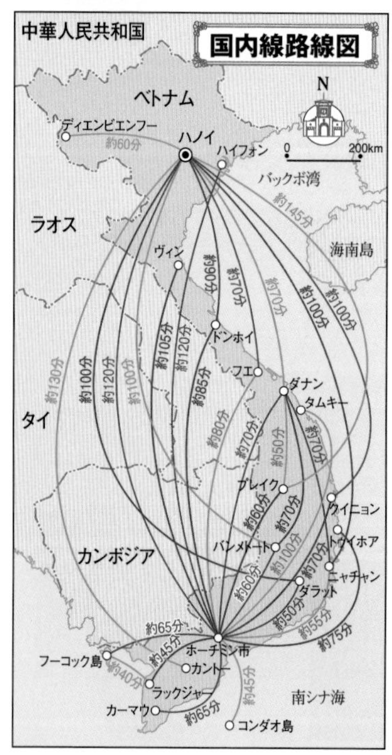

列車
Tàu Hỏa　タウホア

ホーチミン（サイゴン駅）からニャチャン、ダナン、フエなどを経由し、ハノイまでを結ぶ全長1726kmにわたる統一鉄道が有名。ハノイ駅～サイゴン駅間は最短でも約32時間17分（料金：2段ベッドで139万1000ドン～）と、時間がかかる。座席クラスはソフトシート、ハードベッド、ソフトベッドの3種類。
【Vietnam Railways】 URL www.vr.com.vn

チケットの予約と買い方

長距離列車を利用するときは、事前に予約をする必要がある。特に、テト（旧正月→P.11）前後などのピーク時は早めの予約が望ましい。ハノイ市内のおもな鉄道駅はハノイ駅（Ga Hà Nội Map 別冊P.5-C3）、ザーラム駅（Ga Gia Lâm Map 別冊P.5-D1参照）とロンビエン駅（Ga Long Biên Map 別冊P.5-C1）の3つがあり、列車や行き先によって利用する駅が異なる。なお、ハノイ駅には、裏側（徒歩約15分）にハノイB駅があり、便によってハノイ駅かハノイB駅かが異なるため、現地で確認を。

●ウェブサイトで買う　統一鉄道の公式チケット予約サイトで、オンラインチケットの発券ができる。座席の指定までできて便利。クレジットカード決済後、eチケットがメールで送られてくる。
URL dsvn.vn

●駅で買う　各鉄道駅の窓口で予約とチケット購入ができる。通常1ヵ月くらい前から可能。

●旅行会社で買う　早めに席を確保したい場合や、英語に自信がない場合は、旅行会社で手配したほうが確実。

長距離バス
Xe Buýt　セーブィット

バスはほかの交通機関に比べれば安上がり。空港や鉄道駅のない町までカバーしていて、地方のどんな町にも行くことができる庶民の足だ。各町のバスターミナルに発着する公共バスは、バスターミナルでチケットを購入し、旅行会社（→P.151）が運行しているツアーバスは、市内の旅行会社でチケットを購入する。

ハノイの長距離バスターミナル

ザップバット・バスターミナル
Bến Xe Giáp Bát　Map 別冊P.3-D3参照

ホーチミン行き……12:30～19:00の間に5便運行。92万ドン、所要34～36時間。

ニンビン行き……6:00～18:00の間に30分間隔で運行。7万～9万ドン、所要約2時間30分。

ミーディン・バスターミナル
Bến Xe Mỹ Đình　Map 別冊P.3-C3

バイチャイ（ハロン湾）行き…10:00～19:30の間に30分間隔で運行。25万ドン、所要4時間30分。

サパ行き……6:00～23:55の間に1時間間隔で寝台バスが運行。31万ドン、所要5時間～6時間30分。

ベトナムの祝日（連休）に国内移動をしようと思ったら飛行機も列車も満席だった。（東京都・TM）

ハノイの現地旅行会社利用法

市内観光ツアーやバッチャン、ハロン湾へのツアーは、ほとんどの現地旅行会社が毎日催行している。現地での予約もできるが、ハロン湾やニンビンなど遠出するツアーは日本からインターネットでの予約が安心。

安心の日系旅行代理店

HISハノイ支店

HIS Hanoi

日本語可能なスタッフが常駐するツアー・ラウンジ。ベトナム国内のオプショナルツアーの申し込みや、スパやレストランの予約代行が可能。アクセス抜群のラウンジでは、ドリンクやWi-Fi無料のサービスがあり、アオザイレンタル半日（15US$）もできる。ハロン湾とバッチャン村1日（160US$）、ホアルーとチャンアン終日観光（105US$）、ハノイの夜（65US$）などのツアーを催行。

Map 別冊P.9-C3 ホアンキエム湖周辺

10F, Hong Ha Center Bldg., 25 Lý Thường Kiệt, Q. Hoàn Kiếm
8585-5797 8:30～17:30
休土・日曜、祝日 Card M.V.
URL www.his-discover.com/vietnam

実績20年の現地旅行会社

スケッチトラベル ハノイ店

Sketch Travel Hanoi

ハノイ発の日本語ガイドツアーやホテルやスパの予約、航空券の手配などが可能。日帰りハロン湾クルーズ（175US$～）、古都ホアルー&世界遺産チャンアン（105US$～）、バッチャン★ドンホー（45US$～）など。マイチャウツアー（120US$～）、琉球ガラス工芸製作所訪問ツアー（90US$～）などリピーター向けのツアーも充実。日本語対応可能。ツアーデスク機能はないため、予約・問い合わせはウェブサイトから。

Map 別冊P.3-D3 ハノイ中心部

8F, 59 Phương Liệt, Q.Thanh Xuân
7307-6068 9:00～12:00、13:00～16:30 休土・日曜、祝日 Card J.M.V.
URL vietnam.sketch-travel.com
vietnam@sketch-travel.com

格安英語ツアーなら

シン・ツーリスト・ハノイ

The Sinh Tourist Hanoi

ベトナムのおもな観光地に支店をもつ、老舗の旅行会社のハノイ支店。観光地を結ぶ乗り降り自由なオープンツアーバスの運行や、各種格安英語ツアーを催行。ハノイ1日市内観光（79万ドン～）、ハロン湾1日（119万ドン～）など。ハノイにはシン・ツーリスト（以前のシン・カフェ）の看板を出すところが無数にあるが、ホーチミンに本店があり、全国展開しているシン・ツーリストのハノイオフィスは下記1店のみ。

Map 別冊P.7-C2 旧市街

52 Lương Ngọc Quyến, Q. Hoàn Kiếm
096-9690685（携帯）
7:00～22:00 休無休
Card A.J.M.V.（3～4%の手数料がかかる）
URL www.thesinhtourist.vn

※いずれの旅行会社もウェブ予約が可能なので、遅くとも前日までに予約しておこう。もちろん現地オフィスでも予約可能。また、空港への送迎、ツアーバス、航空券、ホテル、スパなどの手配も可能。料金目安は2名以上で参加の場合。

人気のオプショナルツアー

1 ハロン湾ツアー

ハロン湾については→P.48

ベトナムが誇る世界遺産、ハロン湾へは一度は行ってみたい！ 日帰りツアーと船上宿泊ツアーがあるので、旅程や予算に合わせて選ぼう。ハロン湾へは高速道路を利用すれば2時間ほどで行けるが、利用しなければ4時間ほどかかるため、アクセス方法も要確認。

雄大な自然を心ゆくまで満喫

料金目安 **日本語1日ツアー（約11時間）175US$～**

2 ハノイ市内観光ツアー

ハノイは見どころが点在しているし、休館日や開館時間を考慮してスケジュールを組むのは意外に大変……そんなときに利用価値大なのがこのツアー。ホーチミン廟、一柱寺、文廟、ハノイ大教会、タンロン遺跡、ホアンキエム湖など、ハノイの主要な観光スポットを効率よく回っちゃお♪

ベトナム最古の大学だった文廟

料金目安 **日本語半日ツアー（約4時間）40US$～**

3 バッチャンツアー

バッチャンについては→P.62

バッチャン村では絵付け体験もできる

ハノイの中心部から車で約20分のバッチャン村。バスやタクシーで個人でも行けるけれど、滞在時間に余裕がない人はぜひツアー参加を！ スケッチトラベル（→上記）をはじめ、各旅行会社がバッチャン村散策の半日観光ツアーを催行している。

料金目安 **日本語半日ツアー（約4.5時間）40US$～**

4 ニンビンツアー

ニンビンについては→P.60

手こぎ舟でゆっくり進むタムコッククルーズ

ベトナムで最も新しい世界遺産といえばここ。陸のハロン湾ともいわれるタムコックやチャンアン、古都ホアルーなど、美しい自然と史跡がいっぱいのニンビンへGO！ 日帰りツアーが多いけれど、訪れる場所は、各旅行会社によって異なるので事前に要チェック！

料金目安 **日本語1日ツアー（約9時間）150US$～**

シン・ツーリスト・ハノイ（→上記）は偽の看板のあるオフィスが多いので注意。

旅の便利帳

**ベトナムの旅に必要なノウハウをぎゅぎゅっとまとめました。
旅の基本をきっちりおさえていれば、
イザというときに慌てないで済むよね。**

お金・クレジットカード

ベトナムの通貨単位はベトナムドン（Đồng=VND）。紙幣が100、200、500、1000、2000、5000、1万、2万、5万、10万、20万、50万ドンの12種類だが100ドン札と200ドン札はほぼ流通していない。硬貨も200、500、1000、2000、5000ドンの5種類あるがほぼ流通していない。

ベトナムでは、外貨での価格表示も支払いも禁止されている。以前はUSドルが流通していたが、現在は原則として指定された場所以外で外貨での支払いはできない。わかりやすいようにUSドルを併記している場合もあるが、ドンで支払うようにしよう。

日本円はハノイのノイバイ国際空港や街なかの両替店でドンに両替できる。レートはほぼ同じ。

クレジットカードは、観光客が利用するホテルやレストランなどでは使えるところが多く、ATMでベトナムドンのキャッシングもできて便利（ただし金利に留意を）。

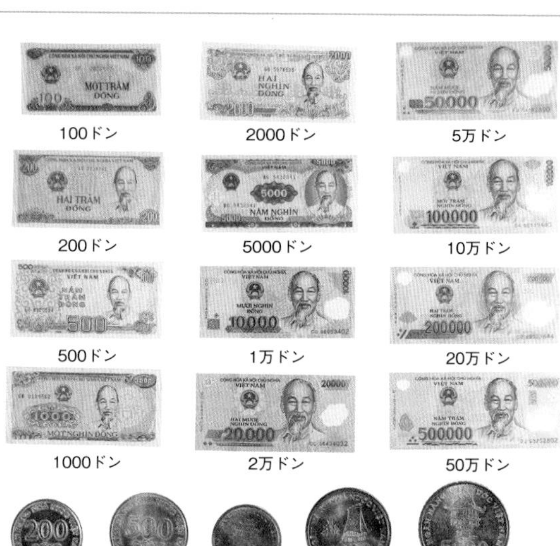

100ドン　2000ドン　5万ドン
200ドン　5000ドン　10万ドン
500ドン　1万ドン　20万ドン
1000ドン　2万ドン　50万ドン
200ドン　500ドン　1000ドン　2000ドン　5000ドン

電話

国際電話

都市部の中級以上のホテルなら、客室からダイレクトに国際電話がかけられる。1分300〜1万ドンと割高で、ホテルの場合は相手が電話に出なくても料金がチャージされる場合がある。

SIMカード

おもな通信会社はVinaphone、Mobifone、Viettel、Viefoneなど。SIMカードは空港の到着ロビーで購入可能で、ハノイのノイバイ国際空港のViefoneの場合、通話付きでデータ無制限のSIMカード（15日間有効）が35万ドン。

日本で使用しているスマートフォンをベトナムで使用する際の料金やサービス内容などは、日本の各社に問い合わせよう。

日本からベトナムへ

国際電話会社の番号 0033/0061 ※携帯からは不要 ＋ 国際電話識別番号 010 ＋ ベトナムの国番号 84 ＋ 市外局番（頭の0は取る） ＋ 相手の電話番号

※ハノイの市外局番は「024」

ベトナムから日本へ

国際電話識別番号 00 ＋ 日本の国番号 81 ＋ 相手の電話番号 市外局番や携帯番号の頭の0を取った番号

ベトナム現地での電話のかけ方

市外局番 ＋ 相手の電話番号
※市内通話なら「市外局番」は不要。携帯電話からかける場合は市内でも市外局番が必要

ハノイの街なかで両替するならハーチュン通りHà Trung St. Map 別冊 P.8-B1 がレートがよい。（ハノイ在住・T）

電源・電圧

電圧はほとんどが220Vで、まれに110Vがある。周波数は50Hz。プラグは2本足のAタイプ（日本の形状）とCタイプのどちらのコンセントも使える複合型が多い。ただし、日本の100V用の電化製品を使用するには変圧器が必要。

中級以上のホテルであれば変圧器を借りられる所もある。

トイレ

ベトナムのホテルのトイレは、ほとんどが水洗の洋式。流すときには、脇に置いてあるバケツから桶で水をくんで流すタイプもある。水洗の洋式タイプでないものは、トイレットペーパーは流さないで、近くに置いてあるカゴに捨てる。外出時はショッピングセンターや高級ホテルのトイレを利用しよう。

郵便

ベトナムの郵便局はベトナムポスト（Vietnam Post Corporation）と呼ばれる郵便公社が運営していて、手紙や小包を国内外に送れる。日本までのエアメールは、はがき、封書とも20gまで3万ドン。少し高めだが、各主要都市にはDHLやFedEx、佐川急便などの国際宅配便のオフィスもある。

水

ベトナムの水道水は日本とは異なり硬水。水道水は衛生面に問題があるため、飲まないほうがよい。また、屋台のジュースなどもなるべく氷を抜いてもらうことをおすすめする。ミネラルウオーターは街なかの商店をはじめ、あらゆる場所で購入できる。種類にもよるが500mLで5000～6000ドン。

インターネット

高級ホテルではもちろん、安宿でも宿泊客が無料で使えるパソコンを設置していたり、客室でWi-Fiが利用できたりと、インターネット環境は非常に整っている。無料でWi-Fiが利用できるカフェやレストランも多い。そのほか、現地SIMカードを購入してインターネットに接続する方法や、海外用モバイルWi-Fiルーターをレンタルして現地で使う方法もある。

マナー

老人を敬い、女性を優先するのは基本。共産党や政府の根本にかかわるような批判は公の場では控えること。軍事施設、政府関係の建物など、撮影禁止、立ち入り禁止区域が意外に多いので注意しよう。また、1歳未満の赤ちゃんに対して「かわいい」「きれいだ」などのほめ言葉は使ってはならない。

服装

四季のあるハノイでは、旅行の時期によって準備する服が異なる。5～9月の夏は蒸し暑く、特に6～8月は猛暑となるが、エアコンの冷え過ぎ対策などに、はおり物があると便利。12月からはやや肌寒くなり、1～2月は10℃以下の日もあるため防寒具が必要だ。ベトナムではあまり服装に気を使う必要はなく、高級レストランなどでもワンピースがあればこと足りる。

VATの還付

2014年からベトナムでVAT（付加価値税）の還付制度がスタートした。ベトナム旅行中に、還付手続き可能な還付登録店（購入前に要確認）で商品を200万ドン以上購入したら、パスポートを提示して付加価値税申告書兼インボイス（領収書）を作成してもらおう。購入から30日以内に、国際空港の出発ロビー（チェックイン前）にある税関で、パスポート、インボイス、商品を提出し、インボイスにスタンプを押してもらってから入国審査へ進もう。入国審査を終えたら、免税カウンターで同様のものを提出。通常その場で還付金（ベトナムドンのみ）を受け取れる。

クレジットカードは、第三者の不正利用には支払い義務はナシ。覚えのない利用明細があったらカード会社にすぐ連絡！

旅の安全情報

**東南アジアのなかでも、比較的治安がいいといわれているベトナム。
でもスリやひったくりなど、外国人旅行者を狙ったトラブルは起きている。
また、都市部では街を縦横無尽に走り回るバイクにも要注意だ。
女子旅を最後まで楽しいものにするためにも、気を引き締めてトラブル回避！**

治安

旅行者がベトナム旅行中に遭うトラブルで多いのが、シクロ、タクシー、みやげ物店、レストラン、ホテル、旅行会社などでの詐欺&ぼったくり。レストランやみやげ物店ではレシートをもらってその場で内容と金額を確認する、中級以下のホテルでは貴重品はフロントに預けずに自分で管理するなどの対策を。また、ハノイはスリも多いので、貴重品はあまり人目にさらさず体から離さないようにすること。

病気・健康管理

ベトナムの衛生状態は年々よくなってきており、渡航前の予防接種などは義務付けられていない。しかし、おなかに自信がなければ生野菜、生の魚介類、屋台のカットフルーツ、氷などは口にせず、必ず火の通ったものを食べるようにしたほうがよい。

また、ハノイでは夏も冬も気温の変化による体調管理には気をつけたい。もし病気になったら現地の外国人専用の病院（→P.155）で診療を。

海外旅行保険

体調を崩したり盗難に遭ったり、さまざまなアクシデントの可能性がある海外旅行。しかし保険なしで現地の病院に行くのは、金銭的にも大きな負担になる。もしものときのために、必ず海外旅行保険に入っておこう。日本語医療サービスのある海外旅行保険に加入していれば、サービスセンターに電話して提携病院を教えてもらうこともできるので安心。補償内容や現地の連絡先はあらかじめ確認しておくこと。

こんなことにも気をつけて！

エピソード1 細工されたタクシーメーターに注意

加算金額は小額でも、メーターの上がり具合が異常に早いと感じたら、メーターが細工されている可能性が高い。通常は1kmごとに1万1100〜1万5000ドン加算が目安と考えよう。こういったドライバーには、英語で文句を言っても英語がわからないふりをされてしまう。諦めて早めに降りるのが正解。

エピソード2 マッサージでは女性のマッサージ師を指名しよう

観光客向けのマッサージ店のなかには、力の強い男性マッサージ師に施術させるのが、女性客へのサービスだと考えている店もある。しかしセクハラまがいの施術を受けたとの声もあり、男性マッサージ師ではやっぱり不安という場合は、最初に女性のマッサージ師をと明確に伝えておいたほうがよい（→P.115のミニ会話）。

エピソード3 歩道だからといって気を抜かないように！

最近改善されてきてはいるが、ハノイの交通ルールはあってないようなもの。夕方18:00頃から始まる、帰宅&下校のお迎えラッシュ時は、歩道に乗り上げてショートカットしようとするバイクが急増するので要注意。歩道だからといって、気を抜かないこと。もちろん道路を横断するときは、細心の注意が必要。

エピソード4 強引な靴磨きによる被害が多発

ホアンキエム湖畔やハノイ大教会周辺を歩いていると、靴磨きの若い男性がこちらの合意もなく勝手に靴を磨いてきたり、「靴底が剥がれている」と嘘を言って修理するふりをされ、高額を請求されるというトラブルが増加している。特に日本人女性は狙われやすいので、合意なしに靴に触らせないように注意したい。

エピソード5 スマートフォンを狙ったスリに注意

バイクに乗ったスリにスマートフォンを奪われたという被害が続出。また、手に持っていなくともナイトマーケット（→P.47）やバス車内など、人混みの中で知らぬ間に盗まれていたという被害も。スマートフォンの使用は人目につく場所では控える、人混みでは貴重品は持ち歩かず、バッグは肌身離さずを心がけたい。

エピソード6 タクシー&バイクタクシーはよく道に迷う!?

日本ではあまり考えられないけれど、ベトナムでは意外に多い。ドライバーの「そこ（目的地）知ってる」はあまり信用できない。ちょっと迷いそうだな〜と思ったら地図で一緒に確認するか、自分が地図を見ながらナビするつもりで。行き先の住所を見せるほうがスムーズなこともある。

中心部は交通量が多く、道を渡るにもひと苦労。逆走バイクも多く、危うく事故に遭うところだった。（匿名希望）

トラブル別 困ったときのイエローページ

 パスポートを紛失したら

まずは警察（公安）に届け出て、現地日本国大使館で手続きを

パスポートの盗難に遭ったり紛失したりしてしまったら、すぐに最寄りの警察に届け出て「紛失届出受理証明書」を発行してもらうこと。それを持って日本国大使館へ行き、まず、紛失したパスポートの失効手続きを行う。その後パスポートの新規発給、または帰国のための渡航書の発給を行う。

パスポートの失効手続きに必要な物

- □警察（公安）発行の紛失届出受理証明書1通
- □写真（縦4.5×横3.5cm）1枚

パスポートの新規発給もしくは帰国のための渡航書に必要な物

- □旅程が確認できる書類（eチケット控えなど）
- □写真（縦4.5×横3.5cm）1枚
- □身分を証明する書類・証明書1通
- □戸籍謄本1通（パスポートの場合）
- □手数料（支払いはベトナムドンのみ）
  パスポートは190万ドン（5年有効）、276万ドン（10年有効）。帰国のための渡航書は43万ドン。

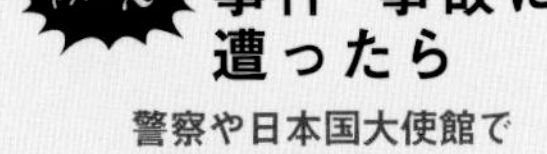 事件・事故に遭ったら

警察や日本国大使館で対応してもらう

事件に巻き込まれたり、事故に遭ったりしてしまったら、すぐに最寄りの警察に届けて対応してもらう。事件・事故の内容によっては日本国大使館に連絡して状況を説明し、対応策を相談しよう。

緊急連絡先

警察 113
在ベトナム日本国大使館（ハノイ）
(024) 3846-3000
Map 別冊P.4-A2
在ホーチミン日本国総領事館
(028) 3933-3510
在ダナン日本国総領事館
(0236) 3555-535

 クレジットカードを紛失したら

至急クレジットカード会社に連絡

クレジットカード会社に連絡をして、悪用されないようにカードの利用停止手続きをしてもらう。その後警察に行き、紛失届出受理証明書を発行してもらう。カードの再発行の手続きは、基本的に帰国後に行う。

緊急連絡先

カード会社 ※国際電話コレクトコール可

アメリカン・エキスプレス	65-6535-2209
ダイナース	81-3-6770-2796
JCB	81-422-40-8122
MasterCard	120-11576
VISA	1-303-967-1090

 病気になったら

緊急時は救急車。保険会社への連絡も忘れずに

病気になってしまったら緊急の場合はすぐに救急車を呼ぶこと。ハノイの東京インターナショナルクリニックは日本人医師が在駐しており、日本語対応可能。海外旅行保険に加入している場合は、保険会社のサービスセンターにも連絡をしよう。

緊急連絡先

救急・消防／病院

消防	114
救急	115
東京インターナショナルクリニック	(024) 3661-1919
さくらクリニック	(024) 3718-1000

 荷物を忘れたら

きっぱり諦めて旅の続きを楽しんで

ベトナムでは路上や交通機関で忘れた物はまず戻ってこない。自分の過失で忘れた物は保険が適用されないので、警察などに届けたりするのは時間の無駄。きっぱりと諦めて、必要な物は買い直すなど次善の策を。忘れないのが一番なので、気をつけよう。

緊急連絡先

遺失物取扱所

ノイバイ国際空港遺失物センター……(024) 3884-0008、098-3774546（携帯）

その他連絡先

保険会社（日本のカスタマーセンター）

東京海上日動	(0120) 868-100
AIG損保	(0120) 016-693
損保ジャパン	(0120) 666-756

航空会社 ※すべてハノイ市内

ベトナム航空	1900-1100（ホットライン）
ベトジェット・エア	(024) 7108-2868
バンブー・エアウェイズ	1900-1166（ホットライン）
日本航空	(028) 3842-2161
全日空	(024) 3926-2808

観光案内所

ハノイ・ツーリスト・サポートセンター……1800556896

ベトナムから日本語オペレーターに申し込むコレクトコール：「KDDIジャパンダイレクト」アクセス番号は120-81-0010。

index

▶：プチぼうけんプランで紹介した物件

見る・遊ぶ

食べる

買う

プチぼうけん
どれにしよう?

プールで
泳ぐんだ!

いっぱい
買っちゃお♪